中古典のすすめ

斎藤美奈子

紀伊國屋書店

はじめに　中古典のすすめ

中古典とは中途半端に古いベストセラー

中古典《ちゅうこてん》とは、私・斎藤の勝手な造語である。古典未満の中途半端に古いベストセラーを指す。発端は、ほんの出来心で、その昔読んだ一九六〇年代、七〇年代の本を読み直してみたことだった。個別の評価は本文に譲るけれども、「おおー、まだ全然いけるじゃん」な本がある一方で、「さすがにこれはもう無理だな」な本があったりする。

文学研究の世界で「古典」といったら、上代から近世までの文学のことで、近代以降の作品は「古典」とは呼ばれない。とはいえ、夏目漱石や森鷗外は現代人の感覚では十分「古典」だろう。長い間読み継がれ、普遍的な価値を持つ本、それがここでいう古典である。

一方、中古典は歴史的な評価がいまのところ定まっていない本である。それが古典に昇格するか否かは、現時点では神のみぞ知るである。

明治以降の文学史に登場する作品は、発売直後からベストセラーだったり話題作だったりしたものが、じつは多い。ベストセラーなどに意味はない、という説も一面では事実だが、初手《しょて》から話題にもならずに消えた本が古典になる可能性は低いのだ。逆にいうと、その時々にヒットしたり注目を集めたりした本は、すべて古典候補である。

たぶんに斎藤の趣味が反映しているのは否めないにせよ、本書では一九六〇年代、七〇年代、八〇年代から各一五冊、九〇年代初頭から三冊、計四八冊をチョイスした。時代的な区分でいうと、戦後の高度経済成長期から、七〇年代の低成長期、八〇年代のバブル期、そしてバブル崩壊直後まで、ということになる。小説、エッセイ、ノンフィクション、評論など、本の種類は雑多である。ただ、四八冊を年代順にたどっていくと、繰り返し登場してくる「お決まりのジャンル」がいくつかあることに気がつくはずだ。以下、予習を兼ねて軽く紹介しておきたい。

若者たちの生態を映す青春小説

日本の近代小説は、二葉亭四迷『浮雲』（一八八七〜八九年）と森鷗外『舞姫』（一八九〇年）からスタートしたといわれている。どちらも主人公は若い男だ。その伝統のせいなのか、日本の名作文学やベストセラーには十代、二十代の若者を主人公にした青春小説が多い。

青春小説の主人公は、悩むのが仕事である。『浮雲』の内海文三も『舞姫』の太田豊太郎も悩める青年であった。しかし、より今日の感覚に近い青春小説の原点は、夏目漱石『三四郎』（一九〇八年）だろう。主人公の小川三四郎は熊本の高校を出て、東大に入学するため上京してきた若者だ。彼は明治の立身出世コースに乗ったエリート候補、知識人予備軍である。そして若者というものは、制度であれ経済であれ流行であれ、時代の波をもろにかぶる。

『三四郎』から庄司薫『赤頭巾ちゃん気をつけて』(一九六九年)まで六〇年。ノンフィクション的な作品も含め、発表年ではなく、作品の舞台にだけ注目すると、北杜夫《もりお》『どくとるマンボウ青春記』は敗戦前後の、早船ちよ『キューポラのある街』、柴田翔『されど われらが日々——』、井上ひさし『青葉繁れる』は一九五〇年代の、石川達三『青春の蹉跌《さてつ》』、庄司薫『赤頭巾ちゃん気をつけて』、高野悦子『二十歳《にじゅっさい》の原点』、村上春樹『ノルウェイの森』は六〇年代の青春を描いている。興味深いのは学生運動との距離の取り方で、それひとつとっても「時代の波をかぶる」の意味がわかってもらえるのではないだろうか。

しかし七〇年代に入ると、『三四郎』型の青春小説はめっきり姿を消し、青春そのものが多様化して、片岡義男『スローなブギにしてくれ』のようなニューウェーブの作品が登場。同時に主役も交代する。橋本治『桃尻娘』、五木寛之『四季・奈津子』、田中康夫『なんとなく、クリスタル』、吉本ばなな『キッチン』、小林信彦『極東セレナーデ』。『キッチン』を除くと、いずれも作者は男性で、主人公は十代、二十代の女子である。近代の青春小説は、もっぱら人生いかに生《い》くべきかを描いてきたが、たぶんこのへんで青春の質が変わったのだ。

「自立の時代」の女性エッセイ

もうひとつ、時代の雰囲気を色濃く反映するのは、女性によるエッセイだ。なぜ小説ではなくエッセイかといえば、これはまあ出版側の事情だろう。かつての文壇は男社会で、女性作家が世に出るまでのハードルは高かった。『感傷旅行』で芥川賞を受賞した田辺聖子は、ハードルを越えて人気を獲得した女性作家だが、同時に彼女はエッセイの名手でもあった。筆の立つ書き手に出会いさえすれば、エッセイは空前のヒット作を生む可能性を持つ。

東京五輪の二年後に出版された森村桂《かつら》『天国にいちばん近い島』は、その嚆矢《こうし》だろう。北杜夫『どくとるマンボウ航海記』や小田実《まこと》『何でも見てやろう』（一九六一年）など、海外渡航記がベストセラーになった六〇年代、二〇代女性の大胆不敵な旅行記は大きな反響を呼んだ。

七〇年代に入ると、女性の「社会進出」とともに女性エッセイはますます興隆をきわめるが、しかし今日まで読み継がれている作品は少ない。時代の先端を行くエッセイは賞味期限が短いのかもしれない。それでもウーマンリブが大衆化し、「女の自立」や「翔《と》んでる女」がブームになった時代の気分は、小池真理子『知的悪女のすすめ』、山口百恵『蒼《あお》い時』、林真理子『ルンルンを買っておうちに帰ろう』などに刻印されている。思想あるいは学問としてのフェミニズムが開花するのはもう少し後の時代だ。プレ・フェミニズム期の貴重な証言というべきだろう。

反省モードから生まれた社会派ノンフィクション

今日ではめったにベストセラーにはならないが、中古典の時代の読書界で注目を集めたジャンルのひとつに、広い意味での「社会派ノンフィクション」がある。

住井《すみい》すゑ『橋のない川』は水平社運動と密接な関係がある小説だし、山本茂実『あゝ野麦峠』

は近代の製糸労働に、山崎朋子『サンダカン八番娼館』は海外に渡った「からゆきさん」に、森村誠一『悪魔の飽食』は戦中の陸軍七三一部隊に取材した歴史ノンフィクションである。

こうした本が書かれ、かつ広く読まれた理由のひとつは、近代に対する懐疑や反省の念が高まっていたこと、もうひとつは当事者がまだ存命で、生の証言が聞けたことだろう。この機を逃したら明治大正の話はもう聞けない、それが七〇年代だった。

早乙女勝元『東京大空襲』(一九七一年)、中沢啓治『はだしのゲン』(一九七三〜八五年)、高木敏子『ガラスのうさぎ』(一九七七年)など、体験者の声を中心に先の戦争の検証が進んだのも七〇年代だったし、高度経済成長の果ての公害が大きな社会問題として浮上したのも六〇年代〜七〇年代だ。すでに古典というべき石牟礼《いしむれ》道子『苦海浄土』(一九六九年)、東大の公開自主講座から生まれた宇井純『公害原論』(一九七一年)、朝日新聞に連載されてベストセラーになった有吉佐和子『複合汚染』(一九七五年)など、すべてこの時代の本である。

労働現場に自ら飛び込んだ、鎌田慧《さとし》『自動車絶望工場』や堀江邦夫『原発ジプシー』も含め、七〇年代はノンフィクションの時代だった。この種の本は全部「古典」に昇格させたくなる。

懲りずに湧いてくる日本人論

中古典の中でも特筆されるのが「日本人論」という摩訶《まか》不思議なジャンルである。西洋が論理の文化なら、日本は情の文化。西洋社会は個人主義だが、日本社会は集団志向が強い。西洋人は白黒はっきりさせたがるが、日本人は曖昧さを好む。――こうした日本人のイメージは、大なり小なり過去の日本人論が唱え、広めたものと考えていい。

日本人論の特徴については一二四ページを参照されたいが、この種の本のルーツは意外に古く、日清・日露戦争の時代にさかのぼる。内村鑑三『代表的日本人』（一八九四年）、志賀重昂《しげたか》『日本風景論』（一八九四年）、新渡戸稲造《にとべいなぞう》『武士道』（一八九九年）、岡倉天心《てんしん》『茶の本』（一九〇六年）などが初期の日本人論だ。昭和に入ると、ここに九鬼《くき》周造『「いき」の構造』（一九三〇年）や和辻哲郎《わつじてつろう》『風土』（一九三五年）が加わり、戦後は戦後で、ルース・ベネディクト『菊と刀』（一九四六年）や加藤周一『雑種文化』（一九五六年）が名を連ねる。

本書にも、この種の本が思いのほか多い。丸山眞男『日本の思想』、梅棹《うめさお》忠夫『文明の生態史観』、中根千枝『タテ社会の人間関係』、イザヤ・ベンダサン『日本人とユダヤ人』、土居健郎《たけお》『「甘え」の構造』。日本が経済力をつけてくるとエズラ・F・ヴォーゲル『ジャパン アズ ナンバーワン』や盛田昭夫・石原慎太郎『「NO」と言える日本』が日本企業の成功の秘密を語り、九〇年代に入ると、今度は縮小志向をよしとする司馬遼太郎『この国のかたち』や中野孝次『清貧の思想』が人気を集める。ちなみに二一世紀にも日本人論は出続けている。藤原正彦『国家の品格』（二〇〇五年）とか、内田樹《たつる》『日本辺境論』（二〇〇九年）とか。

この種の本があまりにも多いので、近年では「『日本人論』論」までが増殖しているほどだ。

このような現象から類推できるのは「日本人は他人の目がことさら気になる民族である」という

ことだろう。日本人とは「日本人について語りたがる人たち」だとすら思える。

中古典をいまも読む価値はある?

中古典は歴史的評価の定まっていない本だ、と最初に申し上げた。しかし、私たちにとって重要なのは、その本をいまも読む価値があるかどうかだ。

中古典の時代と現在は、地続きのようで、隔《へだ》たりも大きい。

特に異なるのは経済状況だ。バブル崩壊後、日本経済は長い低迷の時代に入り、デフレ不況が続いて雇用が悪化。「一億総中流社会」は「格差社会」にとって代わった。冷戦が終結し、世界情勢も東アジア情勢も変わった。国内政治も二転三転し、二〇一二年末には改憲を悲願とする第二次安倍晋三政権が発足。長期政権の下で政治への信頼は低下し、民主主義の危機まで叫ばれている。二〇世紀に比べれば人権意識が上がった半面、負の歴史を封印する動きが加速し、インターネットの普及で、出版界も苦境に立たされている。

今日の視点で見ると、中古典はときに眩《まぶ》しく、ときに恥ずかしい。

そんなわけで本書では、無謀にも、現在(二〇二〇年)の時点において、いまも再読にたえるかどうかを「名作度」と「使える度」の二つの観点から星印で示すことにした。「名作度」はいちおう客観的に考えた、本としての価値。「使える度」はあくまでも主観的に、読んでおもしろいかどうか、響くかどうかだ。星印の意味は次のページに示した目安を参照されたい。

「その評価は厳しすぎない?」「いやいや、甘すぎるでしょ」などなど、どのみち異論が続出するであろうことは百も承知だ。あくまで斎藤の評価は評価、みなさまの評価は評価である。ぜひご自身の評価と照らし合わせながら読んでいただきたい。未読の方には、星印を鵜呑《うの》みにしすぎず、ご自身の目で確かめることをおすすめしたい。

名作度	**使える度**
★★★　すでに古典の領域	★★★　いまも十分読む価値あり
★★　知る人ぞ知る古典の補欠	★★　暇なら読んで損はない
★　名作の名に値せず	★　無理して読む必要なし

中古典のすすめ

目次

一九六〇年代

一九七〇年代

一九八〇年代

一九九〇年代

ブックデザイン　鈴木成一デザイン室

一九六〇年代

水平社運動に向かった少年たちの物語

住井すゑ『橋のない川』●一九六一年／新潮社・新潮文庫

書名は知っていても、必読書のような気はしても、このボリュームを見て尻込みする人もいるんじゃないか。住井すゑのライフワーク『橋のない川』（一九六一年）は、文庫本で全七冊の大長編小説だ。一～七部の合計で四〇〇万部というロングセラーでもある。

すゑがこの仕事に着手したのは五六歳。夫を看取《みと》った後だった。一九六一年に第一部が発行され、七三年に第六部が完結するまでに一二年かかっている。それだけでも大仕事なのに、それから一九年後の九二年、作者はまさかの第七部を発表、読者を驚かせた。

当時、作者は九〇歳。第七部の「あとがき」でこんな風に述べている。

〈「なぜ、もっと早く、せめて三十歳代で稿を起さなかったのか?」と、悔やまれてなりません。／しかし、ひるがえって考えますと、「橋のない川」に橋を架ける作業は、決してたやすいものではなく、一生かかっても及ばないのがあたりまえか、とも思われます〉

第八部も構想中だったが、九七年、作者の死去（享年九五）で、それはかなわぬ願いとなった。

さて、この大部の著をどうやって攻略するか。

あ、その前に時間をかけて、あえていまこれを読む価値があるか、ですよね。

結論からいうと、読んだほうがいいです。といっても七冊読破するのは大変なので、まずは少年時代を描いた第一部と第二部を。続きが気になったら、物語が一区切りを迎える第四部まで。小説としておもしろいのは、圧倒的に最初の二巻だからだ。

被差別部落で育った子どもたち

舞台は奈良盆地の「小森」と呼ばれる集落。物語は一九〇八(明治四一)年からはじまる。

畑中誠太郎は数えで一一歳。弟の孝二は七歳。父の進吉は日露戦争に召集されて戦死し、祖母のぬい、母のふでとの四人暮らしだ。

小森の集落は貧しい。この年に六年制になった尋常小学校に通っている兄弟は、自分たちがなぜ「エタ」と呼ばれて差別されるのかわからない。ある日、誠太郎は同級生と大げんかをして廊下に立たされる。兵隊さんにさつま芋をふるまったことをとらえ、〈くうさい、くうさい、エッタのさつま食いよった〉とからかわれたのがキッカケだった。

〈それで、佐山をなぐったんやな〉と問う先生。誠太郎は答えた。〈はいそうですネ。仙やんはいつでも、わしを、エッタ、エッタといいます。他の子もいいます。先生、わしは、エッタやいわれるのが一番つらいネ。なんぼ自分でなおそう思うても、エッタはなおせません。先生、どねんしたらエッタがなおるか、教えとくなはれ〉

ここから誠太郎の苦悩がはじまるのだ。

兄弟は近所のお寺の息子、秀坊《ひでぼ》んこと村上秀昭と仲良しだ。優秀な秀坊んは小森でたったひとりの中学生である。

〈秀坊んとこはお寺はんで、秀坊んは中学生や。中学生のエッタなんかあらへん〉。そういってわが身の境遇を嘆く誠太郎に秀昭はいう。〈ところがな、誠やん、お寺でも、金持ちでも、学者でも、小森にうまれたらみんなエッタや。小森の親戚《しんせき》もみんなエッタや〉〈「ふーむ。なんでやな?」／「なんでというて、昔からそうなってるんや」〉

小学校卒業後、誠太郎は大阪の米屋に奉公に入るが、理不尽な差別との闘いはなお続く。

一方、弟の孝二は勉強好きで、高等小学校に入った際には副級長にも指名されたが、彼は彼で別の苦悩に直面する。それは、五年生の秋のことだった。孝二は同級生の杉本まちえに密かに思いを寄せていた。明治天皇の大葬の日の夜、校庭に集められて黙禱《もくとう》する中、隣に並んでいたそのまちえが、孝二の手を握ってきたのである。〈孝二は、力いっぱいにぎり返した。／手は、すなおに握《にぎ》り返されている……。／孝二は呼吸が迫《せま》って、胸のあたりが苦しかった〉

だが、やがて孝二は知ることになる。まちえが孝二の手を握ってきたのは好意ゆえではなかったことを。〈まちえは周囲《まわり》の大人たちから、小森の人らは、昼間は島名や坂田の人らと何も変ったとこはないが、夜半になるとみな蛇《くつな》みたいに肌《はだ》が冷とうなると聞かされとったそうな。それで、その噂《うわさ》が真実《ほんま》か嘘《うそ》か、検《しら》べてみるのにちょうどええ機会《おり》やと思うて、夜半の暗がりで畑中君

の手を握ってみたんやと言うとった〉

自らの勘違いを知り、孝二はどん底に突き落とされる。

瀬川丑松と幸徳秋水をめぐって

こうした「差別の原体験」に加えて、強い印象を残すのは、被差別部落の出身者を描いた島崎藤村『破戒』（一九〇六＝明治三九年）、そして大逆事件（一九一〇＝明治四三年）で処刑された幸徳秋水である。どちらも彼らにとっては同時代の出来事である。

二人に『破戒』の話をしたのはお寺の息子の秀坊んだった。〈師範《しはん》学校を卒業して、高等小学校の先生になりやはった瀬川丑松《せがわうしまつ》という人が、やっぱりエタやいうのがわかって、えらい苦労しやはる話があるネ〉〈その先生、しまいにどうしやはったン？〉〈しまいにアメリカへ行かはった。教えてた生徒たちに、今までエッタを隠《かく》してて、たいへん悪かったとあやまって〉〈先生があやまらはったの？〉〈そいつ、あかぬ奴《やつ》やな。そんなんあやまらんと、エッタやという奴を、みなどづいたったらええネ。わしやったら、どづいたる〉

だが、「どづいたる」といった誠太郎も、大阪で働くうちに考えるようになる。

〈秀坊んにしても、わしにしても、村から出た者は、みなうまれ故郷をかくそうとして丑松と同じ苦労をしてる。（略）わしが丑松を好かぬというのは、わし自身、丑松と同じに卑怯《ひきょう》で、意久地なしなのがようわかるからや〉

他方、大逆事件の直後、校長先生に〈その悪いやつらは戦争に反対したばかりではありません。まだもっと恐ろしいことを考えたのです〉〈そいつらは世の中から金持ちをなくそうとしました〉〈中心人物は幸徳秋水《こうとくしゅうすい》、名は伝次郎というのです〉と聞かされた孝二は、校長の意図に反して興奮する。〈こうとくしゅうすい・名はでんじろう〉は以来、彼のヒーローとなった。

こんな孝二と秀坊んの二人を軸に、小森の火事、出火の原因をつくった武の自殺、消防ポンプの放水競争、トンネル工事の事故など、多様な事件を織り込んで第二部までが終了。第三部では大阪や奈良にも及んだ米騒動（一九一八＝大正七年）が描かれ、第四部では孝二と秀坊んの手紙の往復などをまじえ、部落改善運動から水平社結成（一九二二＝大正一一年）までの経緯がつづられる。お寺の息子の秀坊ん（村上秀昭）のモデルは、「水平社宣言」を起草した西光《さいこう》万吉といわれる。孝二にもじつはモデルがいて、彼（やはり水平社の活動に加わった木村京太郎）は後に投獄されたりもするのだが、そのへんは第五部以降の物語となる。

いまだからこそ効くストレートパンチ

これほどドラマチックな物語なのに、『橋のない川』は文壇ではあまり話題にされてこなかった。西光万吉が戦争協力に走ったこと、今井正監督の手で映画化された「橋のない川」第二部（一九七〇年）に差別映画のレッテルが貼られたことなど、背景には部落解放運動をめぐる事情がからんでいたらしい。作品そのものには関係のない話である。

小説としておもしろいのは第二部までといったのは、ここが少年の成長譚《せいちょうたん》として優れており、また差別される側の気持ちが感覚的に伝わるからだ。

第三部以降になると孝二らはいっきに大人びてしまい、ことに東京の美術学校に進学した秀坊んなど、「いつからそんな活動家マインドに？」といぶかしくなるほどだ。小森の人々はみな勤勉で実直だし、孝二の祖母のぬいは差別の根源が天皇制にあることも見抜いているし、青年たちが水平社結成へと突き進んでいく過程には迷いがなく、部落差別の理不尽さがひたすら強調される点で、中盤以降は「文学としての深み」に欠けるきらいがある。

しかし、そうであっても特に中高生はみんな読んだほうがいいと私は思う。二〇一六年、障害者差別解消法やヘイトスピーチ対策法とともに、部落差別解消推進法が施行されたのはなぜか。今日も差別が解消されていないからである。差別への感受性が鈍っている時代にこそ効くストレートパンチ。『橋のない川』はそういう小説だ。

名作度★★★　使える度★★★

住井すゑ（すみい・すえ、一九〇二〜一九九七）――小説家・児童文学者。農民作家犬田卯《しげる》と結婚し、女性解放・農民文学運動を展開した。著書に『野づらは星あかり』、児童文学作品『夜あけ朝あけ』『みかん』など。

憲法が破壊される時代への警告
丸山眞男『日本の思想』●一九六一年／岩波新書

その昔、私が学んだ高校の国語の教科書には「『である』ことと『する』こと」という評論文が載っていた（もっとも授業の内容はまるで覚えていません。すんません）。ということは、かなりの数の日本人が高校時代にこの文章にふれているんじゃないだろうか。

ってことで、丸山眞男『日本の思想』（一九六一年）。

生誕一〇〇年に当たる二〇一四年には、雑誌で特集が組まれたり、NHKの番組（「日本人は何をめざしてきたのか　知の巨人たち」）で取り上げられたりした丸山眞男。一九九六年没。死後二〇年が経過しても、彼は二一世紀のいまもオジサンたちのアイドルだ。

さて、本書には一九五〇年代後半に発表された二本の論文と二本の講演録が収録されている。最後の第Ⅳ章がくだんの「『である』ことと『する』こと」だ。

とはいえ平易な本とはいいがたい。私自身、何度も読みかけては挫折した。なので律儀に第Ⅰ章から読みはじめ「あかんわ、これは」と思った方は、第Ⅳ章から読むことをすすめたい。この本はうしろから順（第Ⅳ章→第Ⅲ章→第Ⅱ章→第Ⅰ章）に読むのが完読するコツなのだ。

二〇一〇年代の日本を見越してた？

第Ⅳ章の冒頭近くで目に飛び込んでくるこんな文章。

〈たとえば、日本国憲法の第十二条を開いてみましょう。そこには「この憲法が国民に保障する自由及び権利は、国民の不断の努力によってこれを保持しなければならない」と記されてあります。この規定は基本的人権が「人類の多年にわたる自由獲得の努力の成果」であるという憲法第九十七条の宣言と対応しておりまして、自由獲得の歴史的なプロセスを、いわば将来に向って投射したものだといえるのです〉

おおー、こんなことが書いてあったんだ。

〈つまり、この憲法の規定を若干読みかえてみますと、「国民はいまや主権者となった、しかし主権者であることに安住して、その権利の行使を怠っていると、ある朝目ざめてみると、もはや主権者でなくなっているといった事態が起るぞ」いう警告になっているわけなのです〉

ドキッ。〈ある朝目ざめてみると、もはや主権者でなくなっているといった事態〉は、もう、すぐそこまで来ているのではないか……。現に二〇一二年に発表された自民党の改憲草案では、丸山が取り上げた第九十七条（「この憲法が日本国民に保障する基本的人権は、人類の多年にわたる自由獲得の努力の成果であって、これらの権利は、過去幾多の試錬に堪え、現在及び将来の国民に対し、侵すことのできない永久の権利として信託されたものである」）が丸ごと削除されてしまった。

そんな二〇一〇年代を見越したかのように、丸山の文章は続く。

〈これは大げさな威嚇でもなければ、教科書ふうの空疎な説教でもありません。それこそナポレオン三世のクーデターからヒットラーの権力掌握に至るまで、最近百年の西欧民主主義の血塗られた道程がさし示している歴史的教訓にほかならないのです〉

もはやシャレにならん、である。本書が発行されたのは新憲法の施行から十数年が経過した六〇年安保闘争の直後だった。それから六〇年。右の警告はすでに現実味を帯びている。二〇一二年末に発足した第二次安倍晋三政権下で強行採決された、憲法の精神に反する数々の法律（特定秘密保護法・集団的自衛権の一部行使を容認する安保法制・共謀罪＝テロ等準備罪を含む改正組織的犯罪処罰法など）。これらの成立を許したのも、われわれが主権者「である」ことに安住し、不断の努力を怠ったためだったのだろうか？　そ、そうかも……。

西欧はササラ型、日本はタコツボ型

丸山は語っている。身分制度が敷かれ、出生や家柄や年齢に縛られていた徳川時代は、武士や町人「であること」がすべての規範だった。だが、会社、政党、組合、教育団体など、多様な組織によって構成される近代社会においては「すること」に価値が移る。あらかじめ身分が保証されている封建社会の君主とはちがい、会社の上司や団体のリーダーがもっぱら業績によって評価されるのが、ひとつの例証である。「であること」が「状態」や「属性」なら、「すること」は「機能」といえる。しかしながら、実際にはどうか。政治家から官僚、活動家に至るまで「状態」

的思考が氾濫しているではないか。ここから彼の批判は、「民主主義」を信奉する、いわゆる左翼リベラル派をもって任じている人々に向けられるのだ。

〈「いまは民主主義の世の中だから」とか「日本は民主主義の国である以上、この秩序を破壊する行動は……」といった論理が、労働運動や大衆運動に対して投げかけられる際には、多かれ少なかれこのような発想が底に流れているからなのです。／そこでは民主主義は日々つくられるのではなくて、既存の「状態」であり、この「状態」の攪乱《かくらん》はいわば自動的に「反民主主義」のレッテルをはられてしまいます〉

どうですか、これ。耳が痛くありませんか？　いったい私たちは、これまでに何度「民主主義の破壊だ！」という言葉で、政府を批判してきたことだろう。だが、丸山はそうした批判の仕方を〈ある一定の「状態」を神聖化〉する態度にほかならないというのである。

乱暴に要約してしまうと、『日本の思想』を貫いているのは、このような「日本的な思考の型」の特質がどんなもので、それはどこから来たのか、という問題意識である。

中でも特に有名なのは、前の第Ⅲ章「思想のあり方について」で開陳される「ササラ型とタコツボ型」のモデルだろう。〈ササラというのは、御承知のように、竹の先を細かくいくつにも割ったものです。手のひらでいえばこういうふうに元のところが共通していて、そこから指が分れて出ている、そういう型の文化をササラ型というわけであります。タコツボっていうのは文字通りそれぞれ孤立したタコツボが並列している型であります〉

西欧近代思想はひとつの根から分化した「ササラ型」だが、近代日本が西欧近代思想を取り入れた一九世紀後半は個別化が進んだ後の時代だったため、政治、文学、科学から組織まで、あらゆる分野が孤立した「タコツボ型」になってしまった。根が共通で対話が成り立つササラ型に比べ、相互のかかわりを欠いたタコツボ型の文化では対話が成立しない。

このようなタコツボ型の文化的風土において、唯一統合的な力をもったのがマルクス主義であり、「国民的意識の統一」をもたらしたのが天皇制だった、というのが前半の議論なのだけど、まあこのへんは読み飛ばしてもいいです。それよりも、タコツボは無限に細分化するので、どんなグループも〈自分たちをマイノリティとして意識するという現象が発生する〉という指摘がおもしろい。〈保守勢力も進歩主義者も、自由主義者も民主社会主義者も、コンミ《マ》ュニス《マ》トもそれぞれ精神の奥底に少数者意識あるいは被害者意識をもっている〉〈保守勢力さえ被害者意識をもっているのですから、進歩的な文化人の方はなおさら〉だと。

あなた、自分を少数者だと思ってるでしょ? それはこういうわけだったのですよ。

右派も左派も進歩がない

一見そうは見えないが、『日本の思想』はジャンルでいえば「日本人論」の一種である。いまもうなずける点が多々あって、苦笑しちゃうほどだ。とはいえ、本書を神格化してありがたがるのもおかしな話。いま読むならむしろ積極的な誤読をすることだろう。憲法の話からはじめたので、再び憲法にまつわる箇所を引くと、第I章にこんな引用があった。

〈日本の新憲法は国家的、社会的義務を軽視し、個人の人権を極度に尊重する権利一辺倒の基調においては、実に社会思想発生以前の時代物で宛然《えんぜん》としてフランス革命人権宣言時代の主張に立つものである。（略）現段階では、権利と義務とをいかなる程度に調節するかということが、最も進歩的な思想的立場の課題たる筈《はず》である〉

丸山ではなく、京都学派の一角を占める哲学者、高山《こうやま》岩男の一文である（「戦後日本の精神状況」『現代宗教講座VI』創文社、傍点は丸山）。今日の自民党と改憲支持者がいっているのと瓜二つのご意見である。要はこの六〇年、右派も左派もほとんど進歩も成長もしていないのだ。丸山が一刀両断にした〈恐ろしく陳腐な批判様式〉から抜け出せという警告と私は読んだ。それ以外の価値は……ないかもね。でもそれだけで、十分でしょ。

名作度★★★　使える度★★

丸山眞男（まるやま・まさお、一九一四～一九九六）——思想家・政治学者。戦後民主主義思想を主導し、「丸山学派」と呼ばれる新しい政治学の潮流を生み出した。著書に『日本政治思想史研究』『現代政治の思想と行動』など。

貧しい少女を描いた社会派YA文学
早船ちよ『キューポラのある街』●一九六一年／弥生書房・けやき書房

キューポラとは鉄を溶かす溶解炉のことである。必ずしも一般的とはいえないこの言葉を私たちが知っているのは、ひとえにこの作品によるところ大だろう。

早船ちよ『キューポラのある街』（一九六一年）。

舞台は一九五〇年代末の埼玉県川口市。川口は鋳物《いもの》の街であり、工場の屋根の突き出た丸みのある煙突は町のシンボルだった。初出は母親向け雑誌『母と子』（一九五九年九月〜六〇年一一月）で、そもそもは母親たちのために書いたのだと「あとがき」で作者は述べている。

とはいえ、実際には児童文学、ないしヤングアダルト（YA）文学として十代の読者に愛読されてきた作品である。当時一七歳だった吉永小百合主演の映画（浦山桐郎監督・一九六二年）も大ヒット。映画の原作として読んだ人も多かったのではないだろうか。

『キューポラのある街』は一家四人の動向を追った家族のドラマだ。と同時に貧困の物語である。読みながら、昔は貧困などの逆境に耐えて成長する少年の物語がよくあったなあと思い出した。山本有三『路傍の石』（一九四一年）とか、下村湖人《こじん》『次郎物語』（一九四一〜五四年）とか。

『キューポラのある街』もその系譜に連なる（最後の？）作品といえようが、主人公が女子であり、また彼女が戦後民主主義教育を受けた第一世代に属していることが最大の特徴だろう。

鋳物工場の街で育った少女

主人公の鈴木ジュンは中学三年生。県立高校への進学を希望しているが、家計は苦しく、両親はいい顔をしない。父母に不満をもちつつ進学クラスに入った彼女の夢は明快だ。〈中学卒業だけで、個人的な商店の店員とか、イモノ工場の中子《なかご》つくりの女工になるなんて、いやなことだ。──と、ジュンはおもう。県立第一出だと、一万二千円もらう子だっている。独立《どくりつ》して生活できる職業につかなければ、かあちゃんや、ハナエおばのように、ダンナさんに寄生《きせい》する家庭婦人になるよりほかないんだわ。あたしは、保母になりたい。そして、ハナエおばのような家庭婦人が、安心して外で働けるように、赤ちゃんや幼児をみてあげよう〉

弟のタカユキは小学校五年生。少年たちの間では伝書バトの取り引きが流行《はや》っており、彼もハトのひなを育てて一発儲けてやろうと目論む。が、これがトラブルの元となり、父への反発もあって、しばしば家出。空き地の土管の中で一夜をすごしたりする強者《つわもの》だ。

父の辰五郎は鋳物工場の「炭たき職人」。彼が働く松永鋳物工場は二〇人足らずの小工場だ。〈鋳物工場では、まず、品物の型を砂でつくる砂型《すながた》のしごとからはじめる。これは、型ごめ工の受持だ。松永のような小工場では、その砂型の数がある程度そろうまでに、三、四日ぐらいかかる。そこで、ふだんは砂型つくりをして、三日目おきに、キューポラの〈吹き〉となる。それが、辰五郎のような〈炭たき〉職人《しょくにん》のしごとである〉

「吹き」の日は朝はやくから工場に出て、夜間労働が続く。職人としての誇りは高いが給料は安い。彼は家では焼酎を飲み、息子を理不尽に叩くような父親だ。しかも松永鋳物工場は借金のカタに売られ、後半で辰五郎は失業し、職探しを余儀なくされる。

そんな案配だから、母のトミにとっては家計のやりくりが最大の悩みである。家計補助のために三年前からビニール工場でパート労働をしているが、ジュンを高校に行かせる余裕はなく、タカユキの給食費を捻出するのもやっとである。

毎日の暮らしで精一杯、先のことは考えられない古いタイプの両親と、次の時代を夢見てもがく子どもたち。昭和三〇年代の典型的な家族の姿といえるだろう。

そんな一家四人にもうひとり、立ち位置の異なるメンバーが加わる。母の妹ハナエである。ハナエの夫・啓吉は臨時雇いの機関士として漁船に乗っていたが、李《り》ライン（韓国の李承晩《しょうばん》大統領が設定した海洋境界線）を侵したとして船が拿捕《だほ》され、もう一〇か月以上釜山《プサン》の収容所にいる。妊娠中だったこともあり、ハナエは夫が帰るまで、姉の家に転がり込んだのだった。

性教育から民族問題までてんこ盛り

というわけで物語は、ジュンの進学、タカユキの伝書バト騒動と家出、辰五郎の失業などをからめながら進んでいくのだが、断っておくと、『キューポラのある街』はホームドラマらしい「ほのぼの感」とは無縁である。父母を含めた一家四人の身勝手な思惑に加え、一家を貧困に追いやった社会的背景も作品は容赦なく描き出す。と同時に、この小説には他のヤングアダルト小説ではあまり目にしないモチーフが埋め込まれている。

ひとつは性の問題だ。なにしろ物語は、ハナエの出産からはじまるのである。辰五郎もトミも夜業で留守の夜、ハナエが破水。ジュンは叔母の出産を手伝うハメになる。

〈「おじょうさん、おねがい。産婦さんの、そっちの足、もちあげて……。そうそう、そうやって、膝《ひざ》をたててね」／ジュンは、助手にいわれるままに、ゴム引きの布の上へ、重たいハナエの足を持ちあげる。そして、ひざをたててひろげられたハナエの両股《りょうまた》を、まっすぐにみた〉

発表当時、ここを読んだ読者は飛び上がったんじゃなかろうか。作中ではジュンの初経も描かれていて、主人公が女子であることとの意味はこれか、とさえ思わせる。「産む性」を肯定的に描く性教育の意味あいも、おそらくそこにはあっただろう。

さらに時代を感じさせるのは、五九年からはじまった北朝鮮帰還事業が、肯定的に描かれていることだ。いまでは想像もつかないが、当時、北朝鮮に対する日本人（とりわけ左派）の期待は大きく、悪役はむしろ韓国（作中の表現では「南鮮」）のほうだった。

鈴木家の周辺でも、ジュンの同級生ヨシエと、タカユキの同級生サンキチの姉弟が父とともに北朝鮮に「帰国」することになる。

〈祖国って感じ、まだピンとこないのよ。わたし、この川口市でうまれて、川口市で育ったでしょ〉と一抹の不安を口にしながらも、ヨシエは将来への希望を語る。〈あたし、川口で就職するつもりで、就職しけん受けたら、二度も落ちちまった。チョーセン人だからなのよ。——でも、むこうへ帰れば、そんな差別待遇も、ひけ目も感じないだろうし〉

夫が抑留中のハナエが帰還民に悪感情を抱く、日本人であるヨシエの母が帰国を拒否するなど、いくつかの波乱を含みながらも、故国の建設のために働くというヨシエの声に触発され、昼は製糸工場の鋳物修理工として働き、夜間高校に通おうと決めたジュン。彼女に採用通知が来て、一家がささやかな祝いの膳《ぜん》を囲むところで物語は幕を閉じる。

この作品のテーマについて、作者は「あとがき」で、〈中学三年生のジュンを主人公に、いわばその〈近代的自我〉の目ざめを、心とからだの両面から、その成長過程を追究していくこと〉だと述べている。だからこんなに話が盛りだくさんなのかと納得する半面、さすがにもう古いかな、という印象は否めない。そのへんが社会派文学の辛いところで、細部が詳しく書き込まれていればいるほど、時代が変われば古びて見える。

全五巻の大河小説に発展したが

ところが、ジュンの物語はこの後も書き続けられ、最終的に本書は全五巻の大長編小説に発展するのである。ちなみに二巻目の『キューポラのある街2　未成年』（一九六五年）は、大宮のシルク工場に就職して二年半がたち、自主管理寮に住んで夜は定時制の高校に通う一七歳になったジュンの姿が描かれる。ここから先は反体制色全開である。学校を追われた恩師の教壇復帰をめざす高校生たちの運動あり、工場での理不尽な配置転換あり、親友の兄との恋愛あり、北朝鮮に帰ったヨシエとの再会あり。二〇歳になったジュンが沖縄返還闘争に参加する完結編の『キューポラのある街5　青い嵐』（一九七二年）まで、突き進む。最初の巻に比べると、二巻目以降のほうが青春小説度は高いが、プロレタリア文学度も高い。

本書は長い間入手困難で、続編どころか正編も読みづらい状況にあった（現在は全五巻とも電子書籍化）。著名なわりに「読んでない」って人が多いのはそのせいかもしれない。もしいま読むなら二巻目以降もぜひ、といいたいところだけれども、啓蒙臭が強すぎるのが難。作家が理想とする六〇年代の青春はこんなにも政治的だったのだ。そのことにむしろ驚く。

名作度★★★　使える度★★

早船ちよ（はやふね・ちよ、一九一四〜二〇〇五）——小説家・児童文学作家。小学校卒業後、地元新聞社の社員、看護婦見習いなどをへて小説執筆を開始。夫の井野川潔《きよし》（教育運動家）と「児童文化の会」を結成し、児童文化運動を推進した。著書に『いのち生まれるとき』『ちさ・女の歴史』など。

「しがないサラリーマン」の秘めたる思い

山口瞳『江分利満氏の優雅な生活』●一九六三年／文藝春秋新社・ちくま文庫

植木等（ハナ肇とクレイジーキャッツ）が「サラリーマンは気楽な稼業ときたもんだ」と歌う「ドント節」（作詞＝青島幸男／作曲＝萩原哲晶）がヒットしたのは一九六二（昭和三七）年。「ニッポン無責任時代」という植木主演の映画の挿入歌だった。

奇想天外な映画の内容はさておき、「サラリーマン」が「気楽な稼業」なんかじゃないことは、一度でも会社員生活を経験したことがある人ならだれでも知っている。六〇年代のサラリーマンとて同じだっただろう。それでも、高度経済成長の初期にあたるこの時期から「サラリーマンは気楽な稼業」という認識が、「しがないサラリーマン」「平凡なサラリーマン」という多分に自虐のまじった気分とともに世間にも本人たちの間にも醸成されていく。

そんな六二年の下半期に直木賞を受賞したのが、山口瞳『江分利満《えぶりまん》氏の優雅な生活』だった。作者は当時、寿屋《ことぶきや》（現在のサントリー）の宣伝部に勤務する会社員。同じ寿屋の宣伝マンだった開高健《かいこうたけし》が五七年に芥川賞を受賞した後、補強として途中入社したのが山口瞳だった。

プロフィールだけでできた小説

私小説ではないものの、主人公の江分利満は作者の姿ともかぶる。

江分利は作者と同じ大正一五（一九二六）年生まれ。東西電機の宣伝部に勤務する会社員である。昭和二四年五月二八日に妻の夏子と結婚した。結婚当時の江分利の給料は八千円、銀座の洋裁店で縫い子をしていた夏子の給料は四千円だった。翌昭和二五年一〇月二九日、ひとり息子の庄助が生まれた。現在、江分利は三五歳、夏子は三四歳、庄助は一〇歳。一家は渋谷からも東急東横線の桜木町からも二〇分程度の街（武蔵小杉か元住吉？）にある社宅に住む。この社宅は二軒続きのモダンなテラス・ハウスで、一階は四畳半と台所と風呂と水洗トイレ、二階が六畳に三畳という間取りである。折からの電化の波にのって、東西電機の景気はまあまあだ。今年も七月を待たずに扇風機と電気冷蔵庫が売り切れたが、家電は全戸に行きわたったらそれで終わり。会社は新発売の超小型テレビと一〇万円を割る普及型ルームクーラーに社運を賭けている節があるが、販売台数のメドがついているのかどうか、先行きに不安がないではない。

以上が江分利のざっとしたプロフィールで、普通なら、これを土台になにがしかの事件が起こるのが小説ってものである。ところが、極端にいえば、こうしたプロフィールだけで成り立っているのが、この小説なのだ。職場で、酒場で、通勤電車で、江分利は人々を観察し、ときに批評し、同僚を含めた自分たちの境遇を語る。読み心地はエッセイかコラム集である。そんな小説のどこがおもしろいのかと問われても困るのだが、おもしろいのだから仕方がない。

理由のひとつは衣食住のちまちました細部や数字が頻出することだろう。ある日、近所の団地で、江分利はそこに住む人々の姿を想像する。給料は手取りで五万円。家賃が七千円〜一万二千円として、家計に回せる額は約四万円。

〈4万円の若夫婦はどうやって暮すか。まず将来に備えて、5千円は貯金をしていただきましょう。生命保険に2千円。英会話か自動車の教習に2千円。交際費に3千円。御主人の小遣《こづか》いが1日2百円として6千円。衣料費に3千円、電気冷蔵庫かステレオの月賦が3千円。書籍、映画、旅行積立など3千円。これは、まず、モダン住宅に住む若夫婦にとっては仕方のない数字だ。不意の出費は考えないことにしても、残りは1万3千円。1日を約4百円で暮さなくてはならない。ガス・水道・電気・管理費もその中から払うのだ。子供でも生れたらどうする気か?〉

この小説の初出は『婦人画報』の連載（一九六一〜六二年）だった。細かい数字は他家の家計が気になるだろう家庭婦人たる読者へのサービスだったのかもしれない。実際、当時の婦人雑誌にも、ここまで生活実感のこもった家計まわりの数字はなかなか出てこない。

ホワイトカラーを揶揄する眼差し

ちくま文庫版の解説で〈この「江分利満氏」を支持しているのは、今日を生きる黙々たるサラリーマンの大群であろう〉と文芸評論家の秋山駿は書く。〈彼等は、日常生活が主題となった三十年代の真の主役を演ずる生活者なのであるが、自分の似姿を描き、現実生活を描き、その底にあるもっとも普通の内容を描いてくれるものを、他の場所に所有してはいないのである〉一面では、これはたしかに事実である。「優雅な生活」という表現には自虐のニュアンスがこもる。額面通りに受け取れば、『江分利満氏の優雅な生活』はなるほど「しがないサラリーマン」「平凡なサラリーマン」の自画像なのだ。しかし、はたしてそれだけなのか。

第一に注意すべきは、この小説の「ホワイトカラー」に対する意識である。大手家電メーカーの宣伝部に勤務する江分利は傍目《はため》にはホワイトカラーそのものだ。しかし、江分利は必ずしも自分をホワイトカラーの代表選手とは思っていない。〈来客にそなえて上等のウイスキーを常備しなくてはいけない。夫人にオードブルのつくり方を習わせなくてはいけない。ピアノとステレオがいる。スピッツを飼わねばならぬ。娘は私立へ入れる〉とは、平社員とは異なる「課長」についてのくだりだが、ここには揶揄《やゆ》の気分がある。ホワイトカラーを仮に「事務職に従事する大卒サラリーマン」と定義するなら、戦争中に大学を中退し、敗戦後はヤクザな毎日を送り、昭和三〇年に途中入社した江分利は生粋のホワイトカラーではない。

参考までに付け加えると、一九六二年の高校進学率は六四・〇パーセント、大学進学率は一二・八パーセントだった。高度経済成長期の中心が製造業である以上、労働者の主流はブルーカラーだった。そのことを江分利は知っている。知っていて、違和感も含めながら書いているのだ、サラリーマンを。

もうひとつ注意すべきは、江分利が自分を「古い人間」と感じている点である。

サラリーマンという集団の自画像を描いているかのごときこの小説は「昭和の日本人」と題された最終章にいたって突然、江分利その人の前半生にフォーカスする。そこから浮かび上がるのは、意外にも江分利の戦争体験である。

〈昭和16年、大東亜戦争がはじまって、朝、校庭で大日本帝国万歳を3唱した。／江分利の前には、いよいよ「死」しかなかった。江分利は、平静な気持で死ねるようになりたいと真剣に考えた。「青春の晩年」という言葉が流行した。／18歳で入営だから、15歳はすでに晩年だという意味である〉。昭和一九年に大学に入ったが、すぐ勤労動員に行かされ、大学は閉鎖になると考えて一〇月には大学をやめ、父の工場で旋盤工《せんばんこう》見習いになった。そして昭和二〇年。〈5月25日に家と工場が焼け〉〈7月3日に入営の通知がきた〉。〈9月20日に復員した〉

サラッとしか書かれていないが、大正一五年生まれは徴兵体験を持つ最後の世代なのである。

学徒出陣世代の復讐

こういう青春を送った人が、戦後の混乱期を経て、三十代で迎えた高度経済成長期。小説全体に漂う奇妙な明るさは「青春の晩年」を知る世代の余生感と無縁ではあるまい。

野球の練習を見物しながら、酔った江分利は昭和一二、三年ごろの神宮球場で行われた六大学野球を思い出す。〈あの学生達はどこへ行っちまったのだろう。半数は戦死したのだろうか〉。江分利にとって〈神宮球場は恥ずかしい。なさけない。悲しい〉場所なのだ。なぜってそこは、昭和一八年、学徒出陣壮行会が行われたところだから。

〈戦争も仕方がない。すんでしまったことだ。避けられなかった運命のように思う。しかし、白髪の老人は許さんぞ。美しい言葉で、若者たちを誘惑した彼奴《あいつ》は許さないぞ。神宮球場の若者の半数は死んでしまった。テレビジョンもステレオも知らないで死んでしまった〉

上は自分たちを戦場に送りこんだ世代。下は徴兵経験のない世代。その間に挟まれた学徒出陣世代が内に秘めた呪詛《じゅそ》と虚無感。経済白書が「もはや戦後ではない」と書いたのは一九五六年だが、過去を清算するようなふるまいが許せぬ人たちもいたのである。

私小説として書けたかもしれない内容を、あえて平凡な一サラリーマンの生活と意見として描く。植木等も江分利満と同世代。気楽なサラリーマン生活とは、青春を台無しにされた世代の復讐だったのではないだろうか。高度経済成長を牽引《けんいん》したのは、こういう人たちだったのだ。

名作度 ★★★　使える度 ★★

山口瞳（やまぐち・ひとみ、一九二六〜一九九五）――小説家・エッセイスト。寿屋（現サントリー）宣伝部で編集者、コピーライターとして活躍後本格的な執筆活動に入る。三一年間連載した「男性自身」など都会的なセンスにみちた軽妙なエッセイが人気を博した。小説に『人殺し』『家族《ファミリー》』など。

最低な男を正当化する弁明の書

遠藤周作『わたしが・棄てた・女』●一九六四年／文藝春秋新社・講談社文庫

遠藤周作の作品でいまも読み継がれているのは純文学作品として名高い『沈黙』（一九六六年）や『海と毒薬』（一九五八年）かもしれない。だが、こういう通俗的な作品（講談社文庫版の武田友寿《ともじゅ》の解説によれば「軽小説」）も、遠藤周作は書いていた。

『わたしが・棄てた・女』（一九六四年）。初出連載誌は一九六三年の『主婦の友』。なるほど、と思った方もいるだろう。その頃の婦人雑誌はけっこうエロい記事が載っていたのだ。

ときは高度経済成長期。日本が貧しさから脱しつつある時代によく読まれた作品だった。文庫の帯には「１００万人が涙した究極の愛」という惹句《じゃっく》が躍っているから、たぶん相当売れたのだろう。とはいえ、その昔、はじめて私が読んだ際の読後感は最悪だった。

一夜の関係を持った男女

物語の舞台は昭和二〇年代の東京。テキストは男性視点で描かれた「ぼくの手記」と、女性の側から描かれた「手の首のアザ」という二つのパートから成り立っている。

親の仕送りがあてにできず、さまざまなバイトで食いつなぎながら大学に通う主人公の吉岡は、年中〈ゼニコがほしいなあ。オナゴと遊びたいなあ〉と口にしている貧乏学生。その吉岡が古い芸能雑誌の文通欄で見つけたのが森田ミツだった。

〈映画の大好きな十九歳の平凡な娘。若山セツ子さんのファンならお便りお待ちしていますわ。東京都　世田谷区経堂町八〇八　進藤様方　森田ミツ〉

性欲を満たせるなら〈どんな女の子でもいいじゃないか〉とばかり、吉岡はさっそく手紙を書く。はたして後日、待ち合わせの場所にやってきた森田ミツは、服装もみすぼらしく背が低く小ぶとりの少女だった。町工場の事務員であるという。吉岡は幻滅するが、結局は〈どうせ……恋愛する相手じゃねえからな。やっちゃえよ、やっちゃえよ〉という心の声にしたがって彼女を渋谷の安宿に連れ込もうとし、その日は抵抗されるも、幼い頃にわずらった小児マヒで足がやや不自由なことをダシに同情を引き、二度目のデートでことを成し遂げる。

二人の関係はそれでおしまいだった。〈もう二度とこんな娘とは寝たくねえや。一度やれば沢山さ〉と吉岡は思う。〈誰が二度と会うもんか、お前なんかと。もう赤の他人だぜ〉

大学を出て日本橋の釘問屋に就職した吉岡は、同じ職場で働く社長の姪・マリ子（じつはミツとかつて同じ職場にいたことがある）と恋仲になり、やがて二人は婚約する。平凡だが、そこそこ幸福な人生のスタートだ。

一方、ミツの人生はここから転落への道をたどりはじめる。工場をやめた彼女は、その後、歌舞伎町近くの性風俗店、川崎のパチンコ屋、いかがわしい酒場などを転々としたあげくハンセン病と診断されて御殿場の療養所に入る。後に誤診と判明するも、彼女は病院で働くことを選んだ。が、やっと居場所を見つけたにもかかわらず、ラストで彼女は交通事故に遭遇する。ミツの死を吉岡に知らせてきた病院の修道女の手紙にはこのように書かれていた。

〈昏睡中、ミッちゃんは一度だけ目をぼんやりあけました。そして、何かを探すように手を動かしました。／「さいなら、吉岡さん。」／これが、ミッちゃんのその時の言葉だったのです。それっきり彼女はもう何も言いませんでした〉

いささかショッキングな結末ではある。

〈誰だって……男なら、することだから。俺だけじゃないさ〉。吉岡は自分にいいきかせる。〈しかし……しかし、この寂しさは、一体どこから来るのだろう〉

「あんなこと」はしたくなかった

二人の出会いは現在でも、出会い系サイトやSNSなどを通じてありそうな話である。吉岡みたいな男はどんな時代にもいるし、一回寝た女を捨てるのも、出世の役に立ちそうな社長の姪と婚約するのも悪事とまではいえない。ミツには身体を求めるだけなのに、恋人のマリ子には指一本ふれないのも、この時代の男にありがちな「女の種類による使い分け」だ。

作品の意図は、吉岡という利己的で卑小な男を描くことで読者の良心をチクリと刺すことだったかもしれない。吉岡ってサイテーでしょ、でもあなたにも身に覚えがあるでしょ。俎上《そじょう》にのせられているのは男だが、「あなたたちの中で罪を犯したことのない者が、まず、この女に石を投げなさい」（日本聖書協会『新共同訳 新約聖書』ヨハネによる福音書八章七節）というわけだ。

とは申せ、ミツの人物像はどうだろう。彼女は吉岡にも、他の人物にも「無償の愛」を捧げる女として描かれている。渋谷での一夜の後、ミツは考える。

〈もし吉岡さんにきらわれないですむなら、「あんなこと」はしたくなかった。しかし吉岡さんは、「あんなこと」をミツがさせなければ自分を愛していないんだと言ったんだ。そう言われれば、ミツはどうしてよいか、わからなくなった。吉岡さんがそんなことのために悲しい思いをしなくてもよいならと、彼女は考えてしまった。もともと、ミツ子《ママ》は子供の時からなぜか、たれかが不倖せな顔をしているのを見ると、たまらなくなるのだ。ましてその不倖せな顔が自分のためであると、もう耐えられなくなる。あの時も、そうだった〉

そもそも彼女は〈大学生さんのように偉い人から手紙をもらえるとは思ってもいなかった〉のであり、吉岡が待ち合わせの場所に来たというだけで〈その瞬間から、この大学生さんを好きになっていた〉のである。したがって吉岡との一件は、彼女にとっては唯一の（恋に近い）思い出で、一生それを抱きしめて生きる以外になかった……ということらしい。

無知で世間知らずで、人を疑うことを知らず、自己犠牲をも厭《いと》わないミツ。そのミツを小説は「聖女」と位置づける。吉岡は〈理想の女というものが現代にあるとは誰も信じないが、ぼくは今あの女を聖女だと思っている……〉と「ぼくの手記」の冒頭近くで記しており、また吉岡あてに届いた修道女の手紙も〈もし神が私に、どういう人間になりたいかと言われれば、私は即座に答えるでしょう。ミッちゃんのような人にと〉という一文で閉じられる。

昔はこれでOKだったかもしれない。いまはNGですからね。〈「あんなこと」はしたくなかった〉とミツが告白している以上、それは同意なきセックスで、レイプに近い行為を美しい思い出に転化させるのは単なる幻想だ。自虐的に書かれた「ぼくの手記」は、キリスト教徒が神に自らの罪を告白する「懺悔《ざんげ》（カトリックでいう告解）」を連想させ、吉岡の贖罪《しょくざい》の意識を際立たせはするが、一方的な性の相手を「聖女」と呼べば免責される、わけないじゃないの。

若くして死んだ女を男が回想する物語

森田ミツにはモデルがいるといわれている。一度はハンセン病と診断されて隔離されるも、三年後に誤診と判明。が、そのまま病院にとどまって、生涯献身的な看護を続けた井深《いぶか》八重である。ただし八重の前職は英語教師で、ミツと重なるところは少ないし、『わたしが・棄てた・女』にハンセン病が重要な役割を果たしているともいいがたい。

『週刊明星』『週刊平凡』といった当時の芸能雑誌には、よく「男に身体を許して捨てられた私」みたいな、エロ目的の投稿や手記が載っていた。ミツの手記はそれに近い。雑誌の手記と異なるのは、ミツがラスト近くで急死することだろう。

ここで参照すべきは、日本文学が伝統的に採用してきた「若くして死んだ女を生き残った男が回想する」というパターンの物語である。伊藤左千夫『野菊の墓』(一九〇六年)、堀辰雄『風立ちぬ』(一九三八年)が、そのたぐいである。六〇年代の類書としては、難病で死んだ大島みち子と、生き残った河野実との往復書簡『愛と死をみつめて』(一九六三年)があげられよう。翻訳物ならエリック・シーガル『ラブ・ストーリィ』(一九七〇年)、近年でいえば片山恭一『世界の中心で、愛をさけぶ』(二〇〇一年)。「純愛」と「女の死」を連結させた物語は常に高い需要があり、今日まで繰り返しベストセラーになってきた。

本書もその一種と考えればわかりやすい。すべてが終わった後で過去を語る「手記」は、もとより語り手に圧倒的に有利な形式だ。一人称という形式を巧みに利用して語られる弁明の書。それが多くの読者の涙を、本当に誘ったのだろうか。疑わしい。

名作度★　使える度★

遠藤周作(えんどう・しゅうさく、一九二三〜一九九六)――小説家。カトリック作家として、キリスト教を主題とした『海と毒薬』『沈黙』などの小説のほか、ユーモラスなエッセイ「狐狸庵《こりあん》」シリーズでも知られる。

アラフォー女性の恋の顚末

田辺聖子『感傷旅行』●一九六四年／文藝春秋新社・ポプラ文庫

　大阪弁を駆使した恋愛小説。抱腹絶倒のエッセイの数々。驚異的にわかりやすい古典文学案内。田辺聖子は日本の文学界で独特な地位を占めた作家だった。今日活躍する女性作家で田辺聖子の影響を受けていない人はいないとすら思われるほどだ。東京に対置される大阪、深刻に対置される笑い、男に対置される女。彼女は常にマイナーな側にいた。

『感傷旅行（センチメンタル・ジャーニィ）』は、そんな彼女の出世作となった芥川賞受賞作（一九六三年下半期）である。「え、芥川賞？　直木賞じゃなくて？」と思う人がいるかもしれない。関西流のユーモアとウィットに富んだ彼女の作風は、たしかに芥川賞の「ザ・純文学」のイメージとは隔たっている。だが読めばやっぱりそれは田辺聖子の世界であり、「頭の固い芥川賞選考委員にしては気の利いた作品を選んだじゃないの」と思わされる。

「党員」に恋したキャリアウーマン

〈それまでに彼女はずいぶん、数々の恋愛（もしくは男）を経てきており、ぼくらのなかまではマトモに扱うものもないくらいだった。／で、彼女の今度のあいてが党員だとわかると、みんな、オオ！　とうなずいた、珍種の好きな森有以子《ゆいこ》がコレクションのなかに加えていないのは、坊主と党員だけだったから〉

これが書きだし。この時代にしてはかなりブッ飛んだ、別にいえば「つかみはオッケー」な書きだしである（ちなみに、当時「党員」といったら共産党員に決まっていた）。

主人公の森有以子は三七歳。語り手の「ぼく」ことヒロシは一五歳下の二二歳。ともに関西の放送局に出入りする放送作家で、「ぼく」は有以子の親友を自称している。

かくて「ぼく」は有以子から電話で新しい恋の報告をされるのだが、相手が「党員」だけあり、出てきたのは矢継ぎ早の質問だった。「プレハーノフって何なの？」「弁証法的唯物論とさ、唯物論的弁証法とはどう違うの？」「トロツキストて、いいほう？　わるいほう？」。面食らった「ぼく」はいい加減に答えるが、有以子はあくまで本気で、「あたしたち婚約したの、愛し合ってることがたしかめられたの」とまでいい、さらに臆面もなく続けるのだ。

〈あたしはじめて会ったとき、あ、これこそ男の中の男、と思ったの。とてもリッパな人よ、肉体労働者の党員なの。（と、彼女はそこに力をこめた）かれこそ、誠実だと思うわ、だって、労働者なんですもの……それに、きっと正直よ、だって党員なんですもの〉

冒頭からここまでわずか数ページ。読者の心はすでにわしづかみである。三七歳の女と二二歳の男が「親友」であるという意表を突く設定。三七歳の女が独身で（女性の平均初婚年齢が二四歳だった時代。当時の三七歳は完全な「オールドミス」だった）、しかも現役の「恋多き女」であるという挑発的な展開。その「恋多き女」が党員にのぼせ上がった途端にわれを忘れ、その過程で左翼思想（というか左翼用語）が徹底的に茶化されるおかしさ。

その上、当時の最先端であった放送業界で仕事をし、いっぱしの文化人として数々の肩書きを持つキャリアウーマンのハシリみたいな有以子は、小説のヒロインにありがちな颯爽《さっそう》としたスレンダーな美女などでは全然ない。「ぼく」の観察によれば〈まるい出目、小さい鼻〉の持ち主で、濃いルージュは唇からハミ出ており、けばけばしい赤いドレスは似合っておらず、そのうえ太めで、〈盛りをすぎた醜業婦か、いたいたしい不慣れな手品師みたいに見え〉た。

革命思想への共感はゼロ

さて、以上の二人に加えて、物語にはさらに二人の男が登場する。

一人は有以子の元カレで、ジャズ歌手でコントもこなす元バンドボーイのジョニー・李《リ》。〈頬《ほお》骨《ぼね》のひいでた、目のほそく切れ上がった朝鮮系の美青年〉で、ヒロシより年下（二〇歳前後？）であるにもかかわらず、凄腕《すごうで》のプレイボーイである。

もう一人は、いうまでもなく有以子が心を奪われた「党員」のケイこと野末計《のずえけい》。年齢は有以子より下で、職業は線路工夫。がっしりした上背のある体格で〈埴輪《はにわ》にみられるようないい顔だち〉だが、〈直射日光に焼かれた、消耗のはげしい疲れた肌〉をしており、汚れた白いシャツと古いズボンに腰手ぬぐいという、いかにも労働者風の風貌である。

派手好きの有以子とこの朴訥《ぼくとつ》な男のどこに接点があるのかといぶかる「ぼく」をよそに、二人の仲は順調に進展していくように見えた。だが、やがて思いもかけない破局がやってくる。ケイには同じ党員として志を一にする別の恋人がいた。有以子はつまり、若い女と二股をかけられていたのである。

現実の「党員」は、ケイのような労働者ではなく、口先だけのインテリ男が多いような気はするものの、六〇年代の恋愛を描いているはずなのに、古さをほとんど感じさせない。

理由のひとつは、登場人物が徹底的に突き放され、戯画化されていること。これはヒロシという「傍観者」を語り手に採用したことが大きい。自称「親友」とはいえ、ヒロインの恋の行方には何の興味もなく、左翼思想にも何のシンパシーもない若い男が語り手を務めることで、有以子もケイも無惨なまでに揶揄され、デフォルメされるのだ。

戦前のプロレタリア文学はとうに廃《すた》れていたとはいえ、戦後の純文学界、具体的には野間宏『暗い絵』(一九四七年)から柴田翔『されど われらが日々――』(一九六四年)くらいまで、革命思想に傾倒し、思想と現実の間で悩む青年は、珍しくない主人公像だった。ところが『感傷旅行』には、革命思想や党に対する同情などカケラもない。同じように党と党員をナナメに見た同時期の小説としては倉橋由美子『パルタイ』(一九六〇年)が特筆されるが、たっぷり皮肉を利かせた『パルタイ』も、『感傷旅行』の苦い笑いには勝てない。ほんの脇役にすぎないジョニー・李の軽薄な伊達《だて》男ぶりも、とかく差別と一対で描かれがちだった当時の在日の扱いとしては際立っている（後の韓流美青年ブームを先取りするような感覚！）。

第二の理由は、しかし「ぼく」が単なる狂言回しで終わらず、物語も単に笑いをまぶした「ほろ苦い恋愛譚」では終わっていない点である。有以子が失恋した後、「ぼく」は突然傍観者であることを止め、「親友」の座から転落しかねぬ（換言すれば恋愛に発展しかねぬ）危険な領域に足を踏みいれるのだ。『感傷旅行』はこの瞬間から急激に「純文学度」を上げ、文体までシリアスに変わってしまうのだが、この変調または転調によって、有以子のイメージは修正を迫られる。

ハイミスものの原点だった

巻頭で〈数々の恋愛（もしくは男）を経てきており〉と紹介された「恋多き女」を、終盤、「ぼく」は冷たく批評する。〈ああ、この女は、まちがったドアをあけてはいってくる、そそっかしい宿なしみたいだ〉〈悪意ある部屋の住人たちが、彼女の魂をフットボールのようにほんろうするのは無理もない〉。男をとっかえひっかえしていた女が、じつは男たちに嘲弄《ちょうろう》されていただけだったという、なんとも哀しく残酷な現実。

明治以来、知識人の男の苦悩を追ってきた日本文学の伝統を、『感傷旅行』は非知識人の女を主役にすることで鮮やかに相対化する。と同時に「当世風の女」の内に潜む愚かさも、「寝たいでしょ」と聞かれて抗《あらが》えなかった若い男の弱さも容赦なく暴くのだ。

田辺聖子がアラサーやアラフォーの独身女性を主役にした「ハイミスもの」（たとえば一九七四年の『言い寄る』にはじまる乃里子三部作）で人気を博すのは七〇年代に入ってからだが、荒削りにせよ、その土台はここですでに確立されていたというべきだろう。

放送作家という職業を軽蔑し、〈軽佻《けいちょう》浮薄《ふはく》なるブルジョワモラリズムを宣伝し、民衆に害毒を流してあるくものだ〉と叫ぶケイのような男は日本では絶滅した。年齢のわりに大人びたヒロシも「なんだよオマエは」なやつではある。しかし、設定に多少のアレンジを加えれば、いまテレビドラマにしても十分もちそう。独身アラフォー女性を取り巻く恋の悲喜劇。二一世紀になって、ようやく時代が田辺聖子に追いついた、といっても大げさではないだろう。

名作度★★　使える度★★★

田辺聖子（たなべ・せいこ、一九二八〜二〇一九）——小説家。ハイミスもの「乃里子三部作」、評伝『ゆめはるか吉屋信子』、古典の現代語訳『新源氏物語』など、ユーモアと批評精神あふれる旺盛な創作活動を展開し、のちの作家に多大な影響を与えた。

性と政治のはざまの青春群像

柴田翔『されど われらが日々──』

●一九六四年／文藝春秋新社・文春文庫

一九七〇年代の村上龍や村上春樹のデビュー前、柴田翔は若い世代のアイドル的な作家だった。柴田翔が好きと公言する友人は男女を問わず何人もいたし、お世辞にも文学少女とはいえなかった私でさえ、新潮文庫版になっている小説はだいたい読んだ覚えがある。

さて、田辺聖子『感傷旅行』の翌年、一九六四年上半期に芥川賞を受賞したのが、柴田翔『されど われらが日々──』である。七四年に発行された文庫版も含めると、一九〇万部にも迫るベストセラー。たしかにこれは六〇〜七〇年代の「青春の書」であった。

〈ある冷たい雨の降る秋の夕方、私は郊外のK駅のそばの古本屋に寄った。それはその月の最後のアルバイトの帰りであった。／いつも通り、何気なく古本に眼をさらしているうちに、私は上の方の棚にまだ真新しいH全集があるのに気がついた〉

これが第一章の書きだし。K駅、H全集、F県のF大学、O高校、T省、S電鉄など、イニシャルで表示される固有名詞がオシャレ（というか思わせぶり）じゃあありませんか。

青春真っ只中で死を選んだ友人

語り手の「私」こと大橋文夫は英文学を専攻する東大の大学院生。現在は修士論文に専念しているが、F県のF大学に就職も決まっており、将来の安泰は約束された身だ。婚約者の佐伯節子は大橋の一歳下。東京女子大を出て、〈英語とタイプと、それに少しばかりのフランス語ができ、翻訳係兼タイピストとして、ある商事会社に勤めていた〉という女性である。

二人は遠い親戚筋にあたり、従兄妹《いとこ》同士に近い関係として育った。〈私たちは恋し合うこと、あるいは恋人らしく愛し合うことはできまい。それは仕方がないことだ。だが、私たちは互いに好意を持ち合っている。私たちはうまくやって行けるだろう〉。そんな関係。

ところが、大橋が買って帰ったH全集のうちの一冊が波紋を巻き起こす。この本の元の持ち主を節子が知っているといい、互いの過去を語ることで二人の間にすきま風が吹きはじめるのだ。

そして物語には、自殺した二人の人物が招請《しょうせい》される。

ひとりはH全集の元の持ち主であった佐野。彼は、女子大在学中に東大駒場寮の歴研に出入りしていた節子とも交流があった。佐野は高校時代から日本共産党員で、東大卒業後はS電鉄に就職したが、睡眠薬で自殺した。もうひとりは梶井優子。節子と同じ女子大の学生で、大橋の女友達でもあったが、五月祭の休暇で訪れた野尻湖畔の東大寮で大橋と関係を持ち、夏休みに入ってまもなく東大駒場の教室で睡眠薬を飲み自殺した。

二人の遺書を通して語られた自殺の動機は何だったのか。

佐野を自殺に追い込んだのは、いわゆる「六全協」による党の方針転換である。六全協とは日本共産党第六回全国協議会（一九五五年七月）の略称で、これを境に、共産党は武装闘争路線から議会闘争を中心とした平和的革命路線に方針を変えたのだ。

その間の経緯を佐野の遺書は次のように記す。〈昭和二十七年のメーデー事件、同年十月の資本主義国家としての日本の将来を見通したスターリン論文、翌年の徳田書記長の死などをきっかけとし、朝鮮戦線の膠着《こうちゃく》、スターリンの死の少し前からのソ同盟の平和共存への前進、社会主義圏の優位などを背景として、昭和二十五年来の党の軍事方針は再検討され、それが昭和三十年夏の軍事組織の解体、六全協によるその確認という結果になりました〉。軍事組織の解体は、山村工作隊として地下に潜り、一年も経たず大学に戻った佐野に、衝撃と同時に安堵感をもたらした。が、その感覚が一種のトラウマとなって彼を苦しめる。〈革命をおそれる党員。それは、何と滑稽な存在でしょう。ぼくは所詮、裏切り者でしかないのです〉

他方、優子の自殺の動機は、直接的には妊娠ないしは妊娠中絶である。

優子の遺書はいう。〈異様な手術台、光る器具、集中する照明灯、浮かび上る自分の身体。女がそうしたものを想像することがどんなことか。身体の内側の隅々までが、屈辱に熱してくるような恥の感覚。それをあなたに判らせてやりたい、味わわせてやりたい。女の子と、どこかの汚ないベッドに寝ころがって、いい気な汗を流しているあなたに、思いきり味わわせてやりたい〉

大橋はしかし、優子の死に衝撃を受けなかった。それが彼の心の傷なのだ。

なんで死ぬのかわからない

半世紀近く前に読んだ私でさえ、すでに理解不能だったのだ。この感じ、今日の若い読者には「なんのことやら」じゃないだろうか。平和の党を標榜《ひょうぼう》する共産党がかつては武装闘争を肯定していたというのはさておくとしても、暴力革命路線を捨てたことで若者たちが(自殺するほどの)衝撃を受ける。「なんで?!」である。

女性の登場人物の性に対するこだわりも、いまとなっては異常である。〈抱かれたことのない、接吻されたことさえない二十一歳!　何て醜いの!〉なぞと大橋を挑発しておきながら、妊娠したくらいで死ぬのか優子。〈ね、ホテルに連れて行って、今すぐ〉と要求しておきながら、婚約者と寝た帰り道で、わざわざ駅のホームから落ちるか節子。

生真面目な女性が肉体関係を求めるのは自暴自棄になったとき、という決めつけも不可解なら、自殺の動機が、男は思想・女は肉体という区別も失礼な話である。

『されど われらが日々――』が描いているのは青春の挫折である。とはいえ、これが一九五〇年代の若者たちの典型的な青春だったとはいえないだろう。ここで描かれているのは、ごく限られた時代(一九五〇年代末)、特定の世代(一九三〇年代生まれ?)、特定の階層(都市の中産階級、あるいは知識人層)の青春である。地方の大学に就職が決まっている大橋と、その婚約者である女子大出の節子は、ピカピカのエリートとはいえないまでも、周囲には十分羨ましがられるだろう中産階級のカップルだ。だが、大橋をとらえているのは、青春の真っ只中で自ら命を絶った佐野と優子に対する罪悪感だ。自分だけが生き残ってしまった、あるいは自分は取り残されてしまったという、後ろめたさとわだかまり。

それがしこりとなって二人の仲はぎくしゃくし、最後、節子は東北のとある小さな町のミッションスクールに英語教師の口をみつけ、大橋への長い手紙を残して東京を去る。はたして手紙には切々たる節子の思いがつづられていた。佐野と同じ活動家の野瀬に恋していたこと。党の方針転換で自分たちの未熟さを思い知り、野瀬への気持ちも冷めたこと。H全集を見て当時を思い出したこと。そして過去にとらわれた大橋に耐えられなくなったこと。

〈あなたの優しさの中には、いつも、あなたが残してきた過去が感じられました〉といやみったらしく節子は書く。はじめて寝た日でさえ大橋は心ここにあらずだった。〈過去の日々がなかったかのように、私はあなたに愛してもらいたかった。はじめてのようなやり方で、あなたに愛してもらいたかったのです〉〈さようなら、文夫さん。また、いつお会いできるかと思うと、悲しみが私を打ちひしぎます。けれども、心の願いに従う他、私にどんな道がありましょう〉

過去への憧憬、過去との決別

一九六四年は東京オリンピックの年である。世間は浮かれていたが、六全協から一〇年もたっていない。大橋文夫や佐伯節子と同世代の大卒者にとって党の方針転換は大きな体験だっただろう。が、一般読者はその「インテリ感」に憧れたんじゃないのかな。

時代的な背景を知らない今日の読者にも本書が響く点があるとすれば、やはり純文学らしい性と死への憧憬《しょうけい》だろう。とりわけセックスに対する過剰なこだわりは、この時代の青春を特徴づけると同時に、性体験のない若い読者に強い印象を残すだろう。セックスなんてどーってことない、という風潮は変なのかも、と。

大人の立場でいうと、気になるのは性より政治だ。共産党という組織がかつてどれほど若者たちを圧迫したかという、その残酷さ。組織への忠誠を誓ったために、組織の裏切りにあって、ある者は死を選び、ある者は生きる方向性を見失う。仮に今日、この時代の若者たちを描くなら、宗教にも似た当時の党の犯罪性を問わずに作品化はできないだろう。

本書のわずかな救いは、節子が自らの意思で東北での自活の道を選んだことだ。そのほうがいいよ。過去から脱却できない婚約者のことなんかすぐ忘れちゃうよ。

名作度★★　使える度★★

柴田翔（しばた・しょう、一九三五〜）——小説家・ドイツ文学者。東京大学名誉教授。一九九九年にゲーテ生誕二五〇年記念として『ファウスト』第一部、第二部完全版を訳出した。他の著書に『贈る言葉』『われら戦友たち』など。

組織内の権力闘争を描くピカレスクロマン

山崎豊子『白い巨塔』●一九六五年／新潮社・新潮文庫

山崎豊子『白い巨塔』（一九六五年）。大学の医局を舞台にした虚々実々の権力闘争を描いた作品として、ロングセラーを誇る人気長編小説である。

とはいえ、人々によく知られているのは小説よりもテレビドラマだろう。田宮二郎の主演でドラマ化されたのが一九七八年。唐沢寿明の主演でドラマ化されたのが二〇〇三年。新しいところでは、二〇一九年にV6の岡田准一が主役を務めている。ここまでは有名だが、これ以外にも、佐藤慶が主演したバージョン（一九六七年）や、村上弘明が主演したバージョン（一九九〇年）もあり、二〇〇七年には韓流ドラマにもなったそうだ。

そりゃそうか。連続ドラマにしてくれといわんばかりの大長編小説（新潮文庫版で全五冊）ですからね。映像化のたびに原作も読まれ、結果的にロングセラーになったのだろう。

悪玉の医師と、善玉の医師

というわけなので、大まかなストーリーはみなさまもご存じだろう。

物語の舞台は大阪の国立浪速《なにわ》大学附属病院。主人公は第一外科助教授の財前《ざいぜん》五郎（四三歳）だ。財前は食道外科を専門とする優秀な外科医だが、いささか傲慢で出世欲が強すぎるキライがあり、次期教授の座をねらっている。もうひとり、財前と正反対のタイプとして登場するのが大学で財前と同期だった第一内科助教授の里見脩二《しゅうじ》である（ちなみに田宮二郎版のドラマでは山本學、唐沢寿明版では江口洋介、岡田准一版では松山ケンイチが演じた）。里見は病理学教室で研究の道を選んだ学究肌の人物だが、病院で病み疲れた患者たちの姿を見るにつけて迷いが生じ、三四歳にして臨床に転身。四年目に助教授になった。

二人の差異は大学病院を見る目に端的に表れている。

ジコチューな財前は助教授というポストに不満タラタラだ。

〈五十人余りもの人員をかかえる医局の中で、助教授の役目は、二人の講師と十八人の有給助手と、その他はすべて無給の助手と研究生という大所帯《おおじょたい》の統率と、万《よろず》承り解決役であった。医局員の勤務の不満から、無給の研究生のアルバイト先の斡旋《あっせん》、彼らの博士論文のテーマの相談と指導まで、すべて助教授が引き受けなければならない。その上、医局の研究費の捻出《ねんしゅつ》方法まで頭を搾《しぼ》り、それが出来なければ有能な助教授といわれないから、始終、治療と関係のある薬品会社や医療器具会社とのつきあいもよくし、幾ばくかの研究費の醵出《きょしゅつ》をさせるように仕向けなければならなかった〉

一方、こちらはヒューマニストの正義漢たる里見の慨嘆。

〈教室に働いている無給助手たちのことを考えると、里見は何時も暗い気持に陥った。大学を卒業し、インターンを終えても、なお国立大学の医学部に残って研究を続ける限り、有給助手の籍が空《あ》くまで、三年でも四年でも無給助手を勤めねばならなかった。それが学問という美名に飾られた人権無視であり、不条理であると解っていながら、現実に国立大学医学部の研究とその附属病院の診療は、これらの無給助手の犠牲の上に成りたち、里見もまた曾《かつ》て四年間、無給助手の苦しい研究生活を経て来たのだった〉

なかなか巧みな導入である。二人の性格的な差と同時に、ピラミッド型の医局の組織とそこで生じる立場と待遇の差を、右の部分は要領よく伝えている。

〈助教授などというものは、次期教授を約束されておればこその助教授で、万年助教授など、軍隊でいえば内務班の班長のようなもので、医局内部の雑務を一手に引き受け、教授の縁の下の力持ちを勤める割の合わないポストであった〉とグチる財前と、〈国立大学医学部には、幾つかの矛盾にみちた奇妙な機構と慣例があり、それが何ものによっても批判されず、今日まで来ていることに、里見は云いようのない矛盾と苦悩を覚えた〉と嘆く里見。

悪いお医者と良いお医者。じつにわかりやすい悪玉と善玉の描き分けじゃあありませんか！

最初の結末はちがった

さて、タイプの異なる二人の医師を軸に、物語は主として二つの出来事を追う。

ひとつは、第一外科の教授の座をめぐる出世争いだ。

第一外科の東《あずま》教授が停年退職した後、教授のポストは当然自分のものになるはずだと信じていた財前。だが、東教授は財前の能力を評価しつつも、自分より腕のいい彼を快く思っていなかった。かくて他大学からの人材移入を目論む東と、医師会の役員である義父の力を借りるなど、なりふりかまわず教授選での勝利を画策する財前の確執が描かれる。

もうひとつは、財前をめぐる医療過誤裁判である。

教授選に勝ち、鼻高々でドイツの国際外科学会に旅立った財前だったが、思わぬピンチが彼を襲う。外遊中に彼が担当していた胃がん患者の佐々木庸平が死亡。財前が必要な処置を怠ったとして、佐々木の遺族が民事訴訟を起こしたのだ。事実の隠蔽《いんぺい》に走る大学。部下に圧力をかける財前。遺族の求めに応じて証言に立つ里見。しかし、結局裁判は……。

〈里見君、君の友情のない証言で対質《たいしつ》にまで持ち込まれ、一時は苦境にたたされたが、これでやっと、僕に誤診の事実がなかったことが明らかになったよ〉と勝ち誇る財前に、里見は問い返した。〈財前君、こういう勝ち方をして、法律的責任は逃れられても、医者としての良心、倫理に問うてみて、君は恥ずかしいとは思わないのか〉

ええーっ、遺族は裁判に負けちゃうの？　その通り。捨て身の訴えも白い巨塔には届かず、財前に不利な証言をした里見が大学を追われるところで第三巻が幕を閉じる。

『白い巨塔』という小説は、じつは当初、ここで終わりだったのだ。『サンデー毎日』に一九六三年から六五年まで連載された小説は非情な判決で結末を迎えたのである。だが、作者の「あとがき」によると、この後、読者の批判が殺到したらしい。「小説といえども、社会的反響を考えて、作者はもっと社会的責任をもった結末にすべきであった」云々。

それで書かれたのが『続 白い巨塔』、現在の四巻・五巻に該当する部分である。一年半のブランクの後、『サンデー毎日』で六七年から六八年まで続いた続編では、第一外科教授のさらに上を目指して学術会議会員選を目指す財前と、医療過誤裁判の控訴審が描かれる。

で、結果は？　どうせみんな知っているだろうから結末を明かしてしまうと、財前はめでたく学術会議会員に選ばれるも、控訴審で敗訴。さらには回復不能な胃がんが見つかり、かなり唐突に財前が死を迎えるところでジ・エンド。正直、四巻・五巻は一〜三巻の蛇足、あるいは焼き直しの感は否めない。だが、このへんがエンターテインメント小説の宿命で、正義が全うされ、悪事の主には相応の罰が下されて、はじめて読者は納得するのだ。理不尽なことが多すぎる現実。せめて小説の中だけでも、正義が通ってほしいと願うのが人情ってものである。

階級闘争としての権力闘争

『白い巨塔』が人気を集めたのはしかし、財前五郎みたいな悪玉が主人公だったからである。逆にいうと、生真面目で愚直な里見脩二が主人公だったら、小説のスリルは半減し、何度もドラマ化されるほどの人気作にはならなかっただろう。

日本のとりわけ純文学は、気弱で内省的なダメ男を好んで描いてきた。財前は正反対である。野心家で傲慢。出世と保身のためならば、人を蹴落とすことも裏から手を回して政治力を使うこともいとわない。通常ならば「敵役」の人物を主役に配し、権力欲と欺瞞《ぎまん》に満ちた大学病院の実態を暴き出す。『白い巨塔』は一種のピカレスクロマン（悪漢小説）なのだ。

ときは高度経済成長期。企業社会に生きるサラリーマンにとって組織内の権力闘争は身近だったにちがいない。岡山県の田舎に生まれ、幼くして父を失った五郎は、村の開業医である篤志家の援助で浪速大学医学部を卒業。その縁で産婦人科の開業医・財前又一の娘杏子と結婚し、養子婿として財前の名字を名乗ることになった。彼の出世欲は、故郷に残してきた母への思いも秘めた一種の階級闘争なのだ。当代随一の人気俳優が財前をやるのは、時代や舞台が変わっても、同様の闘争がくり返されている証拠だろう。実際の権力闘争はもっと陰湿だとしてもである。

名作度★★★　使える度★★

山崎豊子（やまさき・とよこ、一九二四〜二〇一三）――小説家。『華麗なる一族』『不毛地帯』『二つの祖国』『沈まぬ太陽』など、綿密な取材に基づき実際の事件や社会問題を題材とした長編作品を次々発表し、人気を博した。映像化された作品も多い。

六〇年代的旅行記の価値と限界

森村桂『天国にいちばん近い島』●一九六六年／学習研究社・角川文庫

年長の読者なら「アンノン族」という言葉を覚えておいでだろう。七〇年代、創刊されたばかりだった女性誌『ａｎ・ａｎ』（一九七〇年創刊）と『ｎｏｎ・ｎｏ』（七一年創刊）に由来するこの言葉は、ひとりで、または女だけで旅を楽しむ若い女性たちを指した。「女子旅」のルーツである。それ以前は、女のひとり旅は失恋の旅とみなされ、自殺を警戒して宿も泊めたがらない、なんて都市伝説めいた話までささやかれていたのだから、ひどい話だ。

そんなアンノンの創刊前、若い女性の海外熱を刺激したのがこの本だった。森村桂『天国にいちばん近い島』（一九六六年）。太平洋のフランス領ニューカレドニアへの旅行記である。「天国にいちばん近い島」がニューカレドニアの代名詞になったのも、この島が『赤毛のアン』の舞台プリンス・エドワード島と並ぶ、日本女性の憧れの島になったのも、ひとえにこの本に由来する。

働かなくてもいい天国の島

幼い頃、亡き父に「ずっとずっと南の地球の先っぽに天国にいちばん近い島がある」という話を聞いた思い出から、旅行記ははじまる。二四歳の「私」はやっと入った出版社で働いていたが、何をやってもうまくいかない。そんなある日、東京鉱業という会社の鉱石運搬船がニューカレドニアという島と行き来していることを知る。〈その島は、気候は常に暖かく、一年中花が咲き、マンゴーやパパイアがたわわに実り、原住民の土人は二日働けば、あと五日は遊んで暮している。伝染病もなければ、泥棒もいないところだという〉〈ここだ！　と私は思った。そこが父の言っていた、天国にいちばん近い島にちがいない〉

それから彼女は一面識もない東京鉱業の社長に手紙を書き、七か月後の秋、社長の計らいで新造船の初航海に乗せてもらえるという幸運をつかむのである。赤道を越えてようやく島の中心地ヌーメアに着いたのは一二日後。ところが、彼女を襲ったのは幻滅だった。目に入るのは赤土ばかり。物価は高く、ホテル代はかさみ、現地で迎えてくれた日本人商社マンはけげんな目で彼女を見る。もう帰ろうと思った矢先、偶然出会ったのが日仏混血の二世で、日本国籍をもつ林氏だった。〈せっかくここまで来て、あんなヨーロッパスタイルのホテルにいたってしようがないでしょう。それよりどうです、家に来ませんか〉

こうして妻と四人の子どもがいる林家にホームステイすることになった「私」だったが、次なる不運が彼女を襲う。盲腸（虫垂炎）で入院するハメになったのだ！

と、ここまでで三分の二。いま読むと「こんなに文字の多い本だったっけ」と感じるものの（いまなら担当編集者に「半分に削れ」といわれかねない）、そのわりにニューカレドニアの地理や歴史を掘り下げるわけでもなく、とてもよくできた遠足の作文という感じ。

それでも、著者のドジぶりにハラハラしつつ読み進めると、終盤、ようやく事態は好転する。ウベア島は、現地人の青年レモが連れていってくれた彼の出身地だった。レモは島の酋長の息子で、この島にはまだ日本人が訪れたことがないという。美しい海、珍しい祭り、親切な人々。〈天国にいちばん近い海。私はここを見た。ここを見るために、ただこの目でたしかめるために、ニューカレドニアへ来たような気がする〉

六〇年代は、海外への渡航記がしばしばベストセラーになった時代だ。北杜夫『どくとるマンボウ航海記』（一九六〇年）しかり、小田実『何でも見てやろう』（一九六一年）しかり。一九六四年までは海外への渡航がそもそも自由化されていなかったし、一ドル三六〇円の時代に海外旅行は高嶺《たかね》の花。未知なる海外への憧れは強かった。この本も渡航記ブームの一環とはいえるが、何より若い娘の単独旅行記というのが新鮮だった。

実際、この本はニューカレドニアを有名にすると同時に、森村桂を一躍スター作家にした。出る本出る本すべて売れ、七〇年代には「森村桂文庫」というシリーズまで出ていたほどだ。『天国にいちばん近い島』自体も六九年に出版された文庫を含めて二〇〇万部のベストセラーとなり、八四年には大林宣彦監督、原田知世《ともよ》の主演で映画化もされて（ただし映画の主役は八〇年代の高校生で、内容は大きく異なる）、ロングセラー街道を走ってきた。

にもかかわらず現在、この本は新刊では手に入らない。えっ、どうして？

じつは今日の観点からすると看過できない問題点が、この本には隠されていたのである。

NGなのは用語だけ？

発売当時のこの本には「地球の先っぽにある土人島での物語」という副題がついていた。「土人」はいまでは差別語扱い、出版や放送ではNGである。人種、民族、性別などのちがいによる差別や偏見を含まない、公正中立な表現を使おうという考え方（PC＝ポリティカル・コレクトネス）が浸透したのは、日本では九〇年代だった。「土人」の言い換えは「先住民」だ。

『天国にいちばん近い島』の九四年の角川文庫版・改版には、PCの観点から用語を改訂しようとした跡が見られる。副題はなし。「土人」はほぼ「島人《しまびと》」に置き換えられ、「土人の顔」は「島の人の顔」に、「土人たちの部落」は「島の人たちの村」や「原住民の村」に、「土人語」は「現地語」に、「土人服」は「現地服」に直されている。

しかし、用語を変えればすむ話かというと……。

この島はいつからフランス領なのかという質問に、商社マンの青木氏は答える。〈百年前とかいってましたよ。それまではヤッコさんたち人を食ってたっていいますからね〉。ほ、ほんと？〈いえ今は食いませんよ。肉とパンなんかは土人【連中】でも買えるように安くしてありますからね。町じゃそれ食って、田舎《いなか》じゃ芋ばかり食ってますよ。今ではすっかりフランス政府に飼いならされちゃって、おとなしいもんですよ〉（【　】内は改版。以下同様）

彼の言葉に著者も感化される。入院中、外の騒がしさにおびえた森村は、看護師の女性に〈「パ・ボン・ナティーフ?（悪い土人【島人】か）」〉と問う。〈彼女は首を振り、〈「ボン・ナティーフ（良い土人【島人】）だ」。／でも、今日は土曜日だから、という〉〈私は、土人【島人】の看護婦のうしろ姿を見ながら、ふと、この人はつらいのではないかな、という気がした。ヌーメアの土人【島人】は、ふだんはおとなしいのに、お酒を飲むと抑える力がなくなるという。人食人種であったころの凶暴な心にもどるのだとも聞いた〉

「土人」を「島人」に変えても差別的な意識は残る。駐在員の口から「人食人種」という語が出る。そこにあるのは先住民を劣等とみなすコロニアリズム（植民地主義）だ。これが六〇年代の限界で、ついでにいえば森村が入院した際のこんな一節。

〈さっきの院長とアロハを着た白人の大男が入って来た。腕の毛が十センチくらいも伸びている。大男は、おおいかぶさるようにして私を見すえ、太い人さし指をつき出していった。／「カットし！」／「このお医者さんが切るんですよ」／これが医者、どう見ても棍棒《こんぼう》構えた屠殺場の牛殺し【鶴嘴《つるはし》振り回す方がお似合い】だ。私はブルッとふるえた〉

「屠殺場の牛殺し」を回避したかわりに、肉体労働者を差別する結果になってない?

歴史的使命は終わった

差別的な表現がある本はすべて絶版にすべきだとは必ずしもいえない。差別語や差別意識が散見される古典や中古典はふつう注意書き付きで出版される。しかし、『天国にいちばん近い島』は九四年の改版を最後に新刊市場から消えた。若い読者が多い上、海外への旅行記という本の性質上、教育的に難ありと判断されたのではないだろうか。

ニューカレドニアは、現在は自治権を持つフランス海外領。本書で「土人」と呼ばれているのはニューカレドニアのメラネシア系先住民族「カナック」で、人口の四割を占める。

先住民族に関する意識は近年大きく変わった。「北海道旧土人保護法」（一八九九年）が廃止されたのは一九九七年。二〇〇七年には、先住民族の権利を文化や土地も含めて保障する「先住民族の権利に関する宣言」が国連で採択された。日本の出版文化史において、本書が果たした役割は大きいが、歴史的使命は二〇世紀をもって終わったと考えるべきなのだろう。二一世紀のポストコロニアル時代に相応《ふさわ》しい旅行記は、そうだよ、きっとほかにあるはずだ。

名作度★★　使える度★

森村桂（もりむら・かつら、一九四〇～二〇〇四）――作家。出版社退社後の一九六四年にニューカレドニアに渡り、帰国後その体験をもとに執筆した本書がベストセラーになった。著書に『違っているかしら』『結婚志願』など。

左右の論客を刺激した居酒屋談義
梅棹忠夫『文明の生態史観』●一九六七年／中央公論社・中公クラシックス

梅棹忠夫はベストセラー『知的生産の技術』（一九六九年）の著者として知られている。が、梅棹の代表作をあげるとしたら、『文明の生態史観』（一九六七年）だろう。

私がこれを読んだのは、大学二年か三年のときだった。たしか新聞会の顧問だった橋本長四郎先生に薦められたのだ。正直、ひえー、そ、そうだったのか！　と思いましたですね。

『文明の生態史観』は、『中央公論』一九五七年二月号に発表された同名の論文（初出時の表題は「文明の生態史観序説」）を核に、五六年から六二年までの論文一〇本を加えて編集された論考集である。単行本が出版されたのは一九六七年。文庫版が出版されたのは七四年。論文発表から本になるまでに一〇年、文庫に落ちるまでにさらに七年。昔のペースは悠長だったのである。

西洋と東洋の間には中洋がある

一九五五年、梅棹忠夫はアフガニスタン、パキスタン、インドへの調査旅行に参加した。くだんの論文はその約一年後に書かれている。内容をざっと要約すれば……。

私たちは通常、世界を「西洋」と「東洋」の二つに分けて考えているが、この分け方はナンセンスである。じつはその間に西洋とも東洋とも異なる「中洋」と呼ぶべき地域がある。ソ連、中国、インド、中東を含むこの地域は、歴史的にも文化的にも日本とは大きく異なる。逆に、日本と西欧はむしろ類似点が多い。よってアジア、ヨーロッパ、北アフリカを含む旧世界は、二つのカテゴリーに分けることができる。西ヨーロッパと日本を含む「第一地域」と、その間に挟まれた全ユーラシア大陸を含む「第二地域」だ。以下は本から引用しよう。

〈第一地域は、歴史の型からいえば、塞外《さいがい》野蛮の民としてスタートし、第二地域からの文明を導入し、のちに、封建制、絶対主義、ブルジョワ革命をへて、現代は資本主義による高度の近代文明をもつ地域である。第二地域は、もともと古代文明はすべてこの地域に発生しながら、封建制を発展させることなく、その後巨大な専制帝国をつくり、その矛盾になやみ、おおくは第一地域諸国の植民地ないしは半植民地となり、最近にいたってようやく、数段階の革命をへながら、あたらしい近代化の道をたどろうとしている地域である〉

ユーラシア大陸をはさんで反対側に位置する西ヨーロッパと日本が構造的には同じだという指摘！　でもさ明治以降、日本は脱亜入欧をめざしたわけでしょ。同じに見えるのはそのせいじゃないの？　という当然予想される反論も見こして梅棹はいう。

〈わたしは、明治維新以来の日本の近代文明と、西欧近代文明との関係を、一種の平行進化とみている。はじめのうちは、日本はたちおくれたのだから仕かたがない。そうとう大量の西欧的要素を日本にもってきて、だいたいのデザインをくみたてた。あとは運転がはじまる。ただ西欧から、ものをかってくればよい、というのではなかったはずだ。

日本はもともと高度な文明国だった。よって〈日本はかならずしも西欧化を目ざしていたのではない。（略）ただ、西ヨーロッパ諸国と日本とは、いろいろな点でたいへん条件がにていたために、平行的な道をあゆんでしまったとみるのである〉。

もう少し子細に見てゆくと……。

第一地域は高度資本主義社会だが、第二地域は資本主義体制が未発達である。資本主義以前の第一地域は封建体制で、この体制がブルジョワを養成し、ブルジョワ革命がなしとげられた。第二地域も革命によってもたらされた社会だが、その前は専制君主制か植民地体制で、革命後はおおむね独裁者体制である。両地域の大きな差は封建制の有無である。

古代、第一地域は辺境の地であったが、第二地域は早くから古代帝国が栄えた。ナイル、メソポタミア、インダス、黄河など、いずれも古代文明は乾燥地帯で成立している。乾燥地帯の人間の集団は破壊的だ。たえず建設と破壊をくり返し、外からの攻撃に戦々恐々で成熟する時間がなかった。その点、温暖な森林地帯である第一地域は、文明の発祥地にはなりにくいが、ゆっくりと脱皮しながら成熟できた。両者を分けるのはサクセッション（遷移）である。

成熟した第一地域と、未熟な第二地域。建設的な森林の民と、破壊的な砂漠の民。

無知な学生をこけおどしただけのことはある。学校で習った世界史とはあまりに異なる大胆な見立て。今日でも、はじめて読んだ読者は「ひえー、そ、そうだったのか！」と思うよたぶん。

日本人論と受け止められた

実際、それほど長くはないこの論文は、一般読者はもちろん、論壇でも衝撃をもって受け止められた。世界史と世界地図が塗りかえられた気がする点で、サミュエル・ハンチントン『文明の衝突』（鈴木主税訳・一九九八年）や、ジャレド・ダイアモンド『銃・病原菌・鉄』（倉骨彰訳・二〇〇〇年）が出たときの衝撃と似ていたかもしれない。

西洋と東洋というそれまでの区分をぶち壊したこと、歴史は生産様式の発展段階に規定されるというマルクス主義的唯物史観を否定するように見えたことなど、生態史観が物議をかもす要因は多々あった。だが、賛否両論あっても、廣松渉《ひろまつわたる》『生態史観と唯物史観』（一九八六年）、川勝平太『文明の海洋史観』（一九九七年）など、生態史観の続編というべき論がその後も書かれてきたことは、この本が左右の多くの論者を刺激した証拠といえるだろう。

ところが、この本は意外な受け止められ方をした。同じ『文明の生態史観』に収録された後日の講演録「生態史観から見た日本」で、梅棹は読者の反応に驚いたと述べている。

〈ひじょうにおおくのかたが、生態史観というものを、一種の日本論としてうけとって、そのつもりで反応しておられる、ということであります。たとえば、そういうかたは、世界における日本の地位というようなことを、おおきな問題としてかんがえておられるので、生態史観もまた、その問題に対する解答のひとつであるとおかんがえになる〉。先進国なのか後進国なのか、〈日本という国は、兵隊の位でいえばどのあたりにくるか〉を聞きたがる。かくて彼は〈日本の知識人諸氏の、日本以外の世界に対する関心のなさに、おどろいたのであります〉。

ハハハ、そりゃそうだ。本人は比較文明論のつもりでも、多くの日本人は日本にしか興味がない。日本人論と取るな、というほうが無理な相談である。

この論文が書かれたのは一九五七年。サンフランシスコ講和条約(五一年)、国連加盟(五六年)でようやく国際社会に復帰したものの、西欧に対する日本の劣等感はまだ強かった。「進んだ第一地域/遅れた第二地域」といっているわけではないものの、日本は西欧と同格の「高度な文明をもっている」という説は、ショボくれていた日本人を勇気づけたにちがいない。

歴史は生態史観通りに進んでる?

では現在はどうか。二一世紀の現在でも、『文明の生態史観』は通用するのだろうか。

本書が発表された後の歴史も、この本の通りになっている、とじつはいえなくもないのである。思えば東西冷戦なんて、第一地域である西側(資本主義国)と、ソ連と中国を含む第二地域である東側(社会主義国)の対立そのものだろう。極東の日本が「西側」の一員であり続けたのも「もともと第一地域なんだから」と思えば納得がいく。

八〇年代末から九〇年代初頭にかけての、東欧の動乱からソ連崩壊に至る過程は「第二地域は建設と破壊をくり返す」のまたとない事例だし、冷戦終結後のイスラムの台頭と、米国同時多発テロ（二〇〇一年）へと至る道筋は「乾燥地帯の民は破壊的」の例証であろう。二〇一〇年代もしかりで、ロシアにおけるプーチン大統領、中国における習近平総書記の独裁的な体制は「第二地域は独裁体制になりやすい」の証明にすら思える。

ここがしかし、『文明の生態史観』の落とし穴なのだ。いかにも本当らしく見えるこの本は、実証しようがない点で、じつは思いつきの域《いき》を出ない。ところが、六〇年代の読者が日本人論として読んだように、今日の読者は本書を国際情勢の解説に利用したがる。「だからロシアや中国では民主主義が育たない」としたり顔で説明する右派論客までいるほどだ。ただし梅棹当人も生態史観は〈単なる知的好奇心の産物〉だと述べているのだ。本書を論拠に世界を語ろうとする人には「バカだね、あれは居酒屋談義だよ。与太話《よたばなし》だよ」といってやるべきだろう。

名作度★★★　使える度★★

梅棹忠夫（うめさお・ただお、一九二〇〜二〇一〇）――民族学者・比較文明学者。京都大学名誉教授。独創的な文明・文化論で文化人類学をリードした。国立民族学博物館の設立に尽力、初代館長となる。著書に『知的生産の技術』『サバンナの記録』など。

どこが名著かわからない

中根千枝『タテ社会の人間関係――単一社会の理論』●一九六七年／講談社現代新書

二〇一二年の帯には〈日本論不朽の名著／読まれつづけて110万部突破〉と書いてあった。二〇一九年の帯は〈刊行から50年、日本論の新しい古典／117万部〉である。本のもとになった論文「日本的社会構造の発見」が掲載されたのは『中央公論』一九六四年五月号。中根千枝『タテ社会の人間関係――単一社会の理論』（一九六七年）は一三〇刷を超えるロングセラーだ。

である以上、もうちょっとおもしろいのかと思っていた。

それが！　いやはや、びっくりした。私の理解力がよほどないのか。それとも本に人をねじ伏せるような説得力がないのか。私が担当編集者だったら「先生、これでは読者が寝てしまいます」「もう少し具体的な事例を入れてください」と注文しただろう。六〇年代には読者より著者が偉かったので、読者サービスなど必要ないと判断されたのだろうか。

「資格」と「場」のちがいとは

もっとも、本全体のサービスが悪いわけではない。

第一にタイトルが上手い。第二に小見出しの付け方が上手い。

近年の著者インタビューによると〈実は、タテ社会は単行本のタイトルとして、編集者が考えたものです。本文では使っていません。タテ社会はちょっと「かどわかされる」言葉。覚えやすいし、それゆえに売れたのでしょうけれど〉（朝日新聞二〇一二年七月一〇日夕刊）だそうだ。なるほど、編集者はちゃんと仕事をしていたのである。学者先生の退屈な原稿に小見出しをつけ、キャッチーなタイトルで読者の興味を引く、という形で。

まあいいや。ともかく内容を見ていこう。

〈従来の近代化論においては、いわゆる下部構造が上部構造を規定していくという考え方が強く、したがって、日本の工業化が西欧の水準に達すれば、社会のあり方も西欧と同様なものになるはずだという見方に支配されていたので、西欧にないような社会現象を一括して、日本の後進性とか、封建遺制と説明する傾向が強かった〉と著者はいう。

本書のカギとなるのは、タテとヨコというより「資格と場」ないし「ウチとヨソ」という概念だ。「資格」とは、生まれ、学歴、地位、職業などのように〈一定の個人を他から区別しうる属性〉のこと。一方の「場」とは帰属集団、すなわち〈一定の枠によって、一定の個人が集団を構成している場合〉を指す。技術者というのは「資格」、A社の社員といったら「場」。英文学者は「資格」だが、B大学の教授というのは「場」。そして日本社会は、職種よりも会社名、「資格」より「場」を重んじる社会だという。

場の典型的な例は「家」であり、日本では企業も「家」に近似する。必然的にそれは「ウチとヨソ」という意識を招き寄せる。学校でも企業でも人は内輪の集団を重んじるため、他の集団とは交わりにくい。そのかわり内輪の集団の中での序列には敏感で、序列が下の者は上の者に逆らいにくい。こうして、日本社会の特質といえそうな例を、著者は抽出していくのである。

「お家の問題」にすぎない企業別労働組合。能力差を認めない「人間平等主義」。似たような製品をわれもわれもと作りたがる企業。官僚機構に見られるセクショナリズム。政党の中の派閥。序列によって決まるリーダー……。なるほど個別の事例に関しては、思い当たる節がないでもない。だけど、やっぱりいまいち腑に落ちないのである。

比較の相手がなぜインド?

疑問その一は比較の対象について。日本対西欧という単純な比較論を否定する本書は、かわりにインドを（あるいはインドに近い社会として中国やイギリスを）引き合いに出す。

いわく。〈日本人の集団意識は非常に場におかれており、インドでは反対に資格（最も象徴的にあらわれているのはカースト——基本的に職業・身分による社会集団——である）におかれている。（略）社会人類学の構造分析のフィールドとして、日本とインドほど理論的アンチテーゼを示す社会の例は、ちょっと世界中にないように思われる〉

いわく。〈インドには、周知のように、数多い異なるカースト集団が存在するが、そのカースト・ヒエラルキーの最下層に属する人たちに対してさえ、日本人の場合にみられるような、感情的な差別を露骨にあらわす態度はみられない〉

さらにまたいわく。〈インド人や中国人にとっては、実際に知らない人々の中につねに「見えないネットワーク」によって結ばれている人々がいるという大前提がある。（略）知らないからといって日本人のように、「ヨソ者」とは限らないのである〉

なぜ比較の相手がインドなのか。それは南アジアと東アジアの文化の差なのか。大陸と島国という地理的条件の差か。単に著者の専門がインドだからか。さっぱりわからない。

疑問その二は、日本社会のそのような特質（資格より場を重んじ「ウチとヨソ」の意識が強く、序列意識が存在する）がなぜつくられたか、だ。本書はそれを「単一社会だったからだ」と説明する。単一社会とは同質社会、均質社会とも換言できようが、ではなぜ日本が「単一社会」になったのかという点について十分に論証されているとはいいがたい。

それらしき理由に話が及ぶのはようやく「あとがき」においてである。〈日本列島は圧倒的多数の同一民族によって占められ、基本的な文化を共有してきた〉。それが〈江戸時代以降の中央集権的政治権力にもとづく行政網の発達〉によって助長され、近代以降は〈戦時の挙国一致体制〉と〈徹底した学校教育の普及が人口の単一化にいっそう貢献し〉たというのが著者の説。それでも疑問は氷解しない。日本を「単一民族の国」とみなすこと自体が神話だし、身分制度に縛られた江戸の幕藩体制は単一社会といえるのか。

ついでにいえば、この本には、先行する論文や文献が一切参照されていない（ように見える）。本の名前が一冊も出てこないのは、この種の論としては異例ではなかろうか。

という風に考えると、はたしてこれが名著の名に値するかどうか、はなはだ疑問だ。

実際、本書について、船曳建夫《ふなびきたけお》は〈古典というのは、読まれずにその名だけが流布する段階に至った著作、という皮肉なことが言いたくなる〉（『「日本人論」再考』講談社学術文庫・二〇一〇年）と述べ、小谷野敦は〈さすがに今これを名著と言う人はあまりいない〉（『日本文化論のインチキ』幻冬舎新書・二〇一〇年）と切って捨てている。

ですよね。誰だってそう思うよね。

東大を論じればよかったのに

ただ、本書で妙にリアリティがあるのは、著者自身の体験に根ざした愚痴である。

ヨーロッパ人の学術調査団では、一定の目的で集まったメンバーは団長の命令に服従する。団長がどんなに無名でも若くても、だ。しかるに日本だと、寄り合い所帯の調査団は感情のもつれが生じて必ず失敗する。〈これに対して、リーダーが長老格の教授で、その愛弟子《まなでし》ばかりを団員とした調査団ほどうまくいっている〉。したがって〈学問的に非常にすぐれ、才能のあるリーダーが、それを十分発揮することができない場合が多い〉。

日本では議論も対話も成立しない。たとえば学会や研究会である。〈学会での反論の仕方をみると、まず、不必要な賛辞（それも最大限の敬語を羅列した）に長い時間を費やし、そのあとで、ほんのちょっぴり、自分の反論を、いかにもとるにたらないような印象を与える表現によってつけ加えたりする。客観的にみると、学者にあっても真理の追求より、人間関係のリチュアル〔斎藤註：礼儀〕のほうが優先している、といわざるをえない〉

一九二六年生まれの中根千枝は、東大ではじめて教授になった女性である。東大あるいはアカデミズムの人間関係で、相当苦労したのではなかろうか。インドなどではなく、自身の体験に取材した「タテ社会の人間関係」を分析すればよかったのだ。

もっとも、それは不可能な相談だっただろう。なぜって彼女自身もまた一人の学者という「資格」以上に東大という「場」の人だからである。それでも読者はこのタイトルにノセられた。「タテ社会の人間関係」で悩んでいる人がそれほどいるという証拠かもしれない。

名作度★　使える度★

中根千枝（なかね・ちえ、一九二六〜）——社会人類学者。東京大学名誉教授。研究対象は、インド・チベット・日本の社会組織。一九七〇年、女性初の東大教授に就任した。著書に『適応の条件』『タテ社会の力学』『家族を中心とした人間関係』『タテ社会と現代日本』など。

争議も描いたドラマチックな記録文学

山本茂実『あゝ野麦峠――ある製糸工女哀史』●一九六八年／朝日新聞社・角川文庫

本は読んだことがなくても「野麦峠」という地名は聞いたことがあるんじゃないかな。山本茂実『あゝ野麦峠――ある製糸工女哀史』（一九六八年）。私がこの本を読んだのは、大学の浅井良夫ゼミのテキストに指定されたからだった。細井和喜蔵《わきぞう》『女工哀史』（一九二五年）と並ぶ、産業革命期の工場と、女子労働者を描いた名著である。

よく似たイメージの二冊だが、『女工哀史』は綿花を紡いで綿糸にし、織物までを担う紡績業。『あゝ野麦峠』は蚕《かいこ》の繭《まゆ》から生糸（絹糸）をとる製糸業。『女工哀史』が大正時代後期の工場の悲惨な実態を記した「告発の書」なら、『あゝ野麦峠』は戦後に書かれた歴史ノンフィクションである。どちらも隠れたロングセラー。『あゝ野麦峠』は一九七九年に公開された映画（山本薩夫監督）もヒットしましたよね。

あわれ、飛騨が見える峠で死んだ工女

本書の意図は冒頭で明言されている。

〈人はよく御維新とか、文明開化と簡単にいうが、鹿鳴館《ろくめいかん》のはなやかさにしても、電信電話も、汽車も汽船も鉄砲も軍艦も、イルミネーションも、さては洋学洋書も、技術者を招いても、それには大変なゼニが必要だったはずである。そのゼニはいったいどこから持ってきたのか？　ここが一番大事なところである。こういうことを無視して明治を論じても意味がない〉

どうですか、この力強い宣言。表題に「あゝ」とついているだけあり、この本は非常にドラマチックなのだ。ノンフィクションというより「記録文学」と呼びたい。

まず「野麦峠」だけれども、この峠は標高一六七二メートル、岐阜県高山市と長野県松本市との境にある。生まれ故郷の飛驒と、出稼ぎ先の岡谷をはじめとする信州・諏訪《すわ》地方を行き来する工女たちのそこは通り道であり、峠自体が彼女らの行く手を阻《はば》む交通の難所だった。ちなみに「野麦」とはクマザサの別名で、実際にも、この峠にはクマザサが群生している。

というわけで、ひとりの工女の逸話から本書ははじまる。

〈明治四十二年十一月二十日午後二時、野麦峠の頂上で一人の飛驒《ひだ》の工女が息を引きとった。名は政井みね、二十歳、信州平野村山一林組の工女である。またその病女を背板《せいた》にのせて峠の上までかつぎ上げて来た男は、岐阜県吉城《よしき》郡河合村角川《つのかわ》の政井辰次郎（三一）、死んだ工女の兄であった〉

死亡時間まで特定されている細かさ。妹を看取った辰次郎（明治一一年生まれ）本人の証言をもとに書かれているためだ。それをニュージャーナリズム風というか小説風に、「見てきた」がごとく描くのが山本茂実の得意技である。

「ミネビヨウキスグヒキトレ」という電報を受け取った辰次郎が、七つの峠と三十数里（一二〇キロ超）の山道を歩き通して岡谷の山一林組の工場に着くと、かつて優等工女の代名詞である「百円工女」と讃《たた》えられたみねは、見る影もなくやつれていた。そんな妹を背負子《しょいこ》で背負い、やっとたどり着いた野麦峠。〈「アー飛驒が見える、飛驒が見える」と喜んでいたと思ったら、まもなく持っていたソバがゆの茶わんを落として、力なくそこにくずれた。／「みね、どうした、しっかりしろ!!」、辰次郎が驚いて抱きおこした時はすでにこと切れていた〉

映画の「あゝ野麦峠」はここが最大のクライマックスで（みねを演じたのは大竹しのぶ、辰次郎を演じたのは地井《ちい》武男）、観客の涙を誘う名場面となった。もっとも、みねの死は本の中ではたった三ページにも満たない小さな逸話にすぎない。で、その後はこう続く。

〈ちょうどそのころ、東京では帝国ホテルに朝野《ちょうや》の名士を招いて「生糸《きいと》輸出世界一大祝賀会」が盛大に催され、わが国蚕糸《さんし》業界の洋々たる前途をたたえる祝辞が述べられ、絹のもすそをひるがえした華やかな舞踏会も開かれていた〉

峠で死んだ工女と、華やかな舞踏会との対比。あざといよなあ。でも上手い！

行くぜ！　工女たちの労働争議

生糸は近代日本最大の輸出産業だった。日清日露戦争時の歴史的背景と岡谷の状況の両方をにらみつつ、元製糸工女や関係者の証言をはさんで本は進行する。取材対象は、明治二年〜明治三二年生まれ（六〇歳〜九〇歳前後）の元工女を中心に、じつに三八〇人！

数あるエピソードからもう一箇所拾うなら、「女工惨敗せり」と題された章だろう。

　ことのおこりは昭和二（一九二七）年八月二八日。〈この日岡谷には、ここに製糸業が始まって以来、未《いま》だかつて体験したこともない大事件が秘《ひそ》かに進行していることを、新聞記者も、ましてや地元平野村民はほとんど知らなかった〉

　その日の朝、山一林組本社の男工五人が社長室に歎願書を届けに来た。労働組合加入の自由を認めてください、食料や衛生上の配慮もお願いしますなど、全七項目の、著者によれば「可憐な嘆願書」である。しかし会社は突っぱねた。かくて一三〇〇人の工女が決起。翌々日にはストライキに突入し、ことは製糸業で最初の大争議（山一林組争議）に発展したのである。

〈〽搾取《さくしゅ》のもとに姉は逝《い》き　地下にて呪《のろ》う声を聞く／いたわし父母は貧に泣く　この不合理は何たるぞ／〽かくまでわれら働けど　製糸はなおも虐《しいた》げぬ／悲しみ多き女子《おみなご》や　されどわれらに正義あり／〽若き血潮を犠牲にし　真心こめてつむ生糸《いと》は／みな貴人《あてびと》や富者《とむもの》の　栄華を飾るために消ゆ〉

　岡谷の町に響きわたり、人々を驚かせたという、工女たちの労働歌である。彼女らは口々に叫んだ。〈募集時の契約どおりの賃金を支払って下さい〉〈私たちはブタではない、人間の食べ物を与えて下さい〉〈この最低限の歎願《たんがん》を受け入れてくれるまでは、私たちは死んでも引きさがりません!!〉。野麦峠で政井みねが死んでからおよそ二〇年。米騒動も大正デモクラシーも彼女らは見ている。「虐げられた女工」というイメージが少し変わりません？

会社側との激しい攻防の末、ストの決行から一九日目、争議団は力尽きて解散のやむなきに至ったが、平均年齢一七歳という工女たちの争議は新聞を通じて全国に伝わり、労働組合団体のほか、多くの心ある人を動かした。同年九月一九日の信濃毎日新聞社説が引用されている。

〈女工たちは、繭よりも、繰糸枠《そうしわく》よりも、そして彼らの手から繰《く》り出される美しい糸よりも、自分たちのほうがはるかに尊い存在であることを知った。彼らは人間生活への道を、製糸家（資本家）よりも一歩先に踏み出した。先んずるものの道の険《けわ》しきがゆえに、山一林組の女工たちは、製糸家との悪戦苦闘ののち、ひとまず敗れたとはいえ、人間の道がなお燦然《さんぜん》たる光を失わない限り、しりぞいた女工たちは永久に眠ることをしないだろう〉

名文である。この一文のほうが私は泣ける。山本茂実もこの争議にたっぷり五〇ページ近くを割《さ》いている。後半の、いや全体のクライマックスといっていいだろう。

再び「野麦峠化」が進む時代に

二一世紀になって、製糸業はふいに脚光を浴びることになった。二〇一四年、群馬県の「富岡製糸場と絹産業遺産群」がユネスコ世界文化遺産に登録されたためである。富岡製糸場は明治五（一八七二）年に明治政府が設立した官営工場で、集められたのは旧武士階級の娘たち。待遇もよいエリートだった。だがそれはごく初期の話で、一八九三（明治二六）年には富岡製糸場も民間に払い下げられ、製糸業はなべて「野麦峠化」が進むのである。

問題は、富岡のエリート工女が有名になるにしたがい、「ここには女工哀史はなかった」的な言説が台頭しはじめたことである。戦時中の慰安婦《いあんふ》や徴用工の扱い同様、負の歴史を「なかったこと」にする言説。富岡でも野麦峠でも、その種のことを口にする説明ガイドがいて、私は倒れそうになったことがある。そういうことは本を読んでからいってよね。

経済格差が広がり、非正規雇用者が激増し、劣悪な職場環境が社会問題化し、社会の「野麦峠化」が顕著な今日、本書を読む意味はむしろ上がったんじゃないだろうか。ついでにいえば、すでに古典の『女工哀史』も読んでほしい。どちらもやや大時代的《おおじだいてき》なところはあるものの、ただただ自らの境遇を嘆くだけではない、闘う女性労働者の書でもあるからだ。

名作度 ★★★　使える度 ★★★

山本茂実（やまもと・しげみ、一九一七～一九九八）――小説家。早稲田大学在学中に雑誌『葦』を創刊、青年労働者のサークル運動に影響をおよぼした。雑誌『潮』の編集長をつとめたのち、執筆に専念。著書に『人生、幕引きは芸術である』『カチューシャ可愛や』など。

法に溺れて破滅した青年
石川達三『青春の蹉跌』●一九六八年／新潮社・新潮文庫

高校生の頃、よく知らないまま石川達三を読んだのは、新潮文庫の背表紙のせいである。当時の文庫は岩波と新潮と角川くらいだったが、書店の新潮文庫の棚の前に立つと、川端康成の紺、太宰治の黒、三島由紀夫の緋色《ひいろ》、大江健三郎の茶色などといっしょに、石川達三の水色の背表紙が帯をなして目に飛びこんできた。これだけたくさん出ているんだから、読まなきゃいけない作家なんじゃないか……と田舎の高校生は思ったのである。

それがどうだ。紺、黒、緋色、茶色が現役であるのに比べ、石川達三の水色はほぼ駆逐《くちく》され、現在残っているのはほとんどこれ一冊というありさまである。

石川達三『青春の蹉跌《さてつ》』（一九六八年）。青春という言葉を冠していながら、これほど陰々滅々とした小説もない。それでもこの本（だけ）は版を重ねている。なぜだったのだろうか。

人生の勝者をめざして

物語は私大の法学部生の、文字通りの蹉跌（挫折）を描いている。

江藤賢一郎は母ひとり子ひとりの家庭で育ち、資産家の伯父の援助で大学に進学した青年。いまは司法試験をめざしている。打算的でエゴイスティックで傲慢不遜。現実主義者の彼は、同級生が熱中する左翼運動を冷たい目で眺め、恋愛で身を持ち崩したくないとも考えている。しかし半面、かつて家庭教師の教え子だった登美子とずるずる付き合っているのである。司法試験に合格し、陶器会社の社長である伯父の娘・康子との婚約も決まった頃、登美子の妊娠が発覚した。病院に行くのをぐずぐずと拒み、中絶可能な時期を逸してしまった登美子。このままではすべてがおじゃんになる。焦った賢一郎はとうとう登美子を箱根に誘いだし……。

と、以上が物語の概要。アメリカ映画「陽のあたる場所」（ジョージ・スティーヴンス監督／原作はシオドア・ドライサー『アメリカの悲劇』一九二五年）を連想させる、通俗の極致みたいなストーリー。一九七四年に映画化された際には（神代辰巳監督／長谷川和彦脚本）、賢一郎を萩原健一、登美子を桃井かおり、康子を檀ふみが演じて話題になった。

ところで、こういうタイプの男、前にもどこかで見た覚えがありません？　母子家庭で育ち、篤志家の援助で大学に進み、出世のために資金提供者の娘と結婚する。そう、『白い巨塔』の財前五郎と同じ。貧しいが優秀な青年に学費を出してくれる人が昔はいたのよね。しかし、彼は資金提供者に頭が上がらない。「打算的な男」のステレオタイプだ。

とはいえ、この小説のたたずまいは独特である。それはひとえに法学部生である賢一郎の独特な歪み方による。社会経験は乏しいが、彼は法律にだけは詳しいのだ。

夜の商店街を歩きながら、〈一体どれだけの法律が彼等の行動を規制しているだろうか〉と、支配者にも似た気分で彼は考えるのである。〈商法の中のたくさんの条文、有限会社法、手形法、商業登記規則、それから彼等にとって最大の悩みの種の税法。民法の方では地上権に関する法律。債権債務に関する法律。親族法と相続法。婚姻法と戸籍法。借地借家法。義務教育法。行政法の方では道路法、道路交通法があり、建築基準法があり、さらに業種によっては薬事法とか医師法とか、公益質屋法とか食品衛生法とかの取締りを受け、そのうえ経済関係の無数の法律が彼等の生活にからんで来る。おそらく一軒の商店の主人の、生活と営業とに関連をもつ法律条文の数は、一万条、一万五千条にも達するに違いない〉

これが〈容姿に自信があり、健康に恵まれ、学業成績も優秀であった〉という二二歳の青年の頭の中身だ。六法全書が洋服を着て歩いているようなものである。

そんな賢一郎に対置される人物として登場するのが、革命を熱く語り、学生運動に熱中する同じ大学の三宅と、司法試験に落ち続けている間に二七歳になり、すでに妻も子もいる従兄の小野精二郎である。賢一郎はどちらも人生の敗者とみなしている。革命思想を捨てない限り、三宅は〈悲惨な生涯《しょうがい》を送るに違いない〉し、若くして結婚し、生活に困窮している小野は〈劣敗者の人生を辿《たど》るより仕方がない〉と。

人をこういう風に見くだす男、いるでしょ、いまも。

学園紛争の時代の新聞連載

では女性はどうか。人生の勝者をめざす彼にとっては女も人生の道具である。

すでに述べたように、物語には二人の女性が登場する。まず一八歳の大橋登美子。母を亡くして、いまは父の後妻と三人家族。意にそわぬ縁談を持ちかけられており、賢一郎への好意を隠さない。そして伯父の末娘の江藤康子。賢一郎にとっては従妹だが、伯父は亡き父の異母兄で、賢一郎を学者にし、いずれは娘の夫にと考えているようだ。賢一郎には願ってもない話である。〈登美子に義理をたてて、伯父の希望を拒み康子との結婚をことわるという訳には行かない〉と彼は考える。〈登美子は一つの罠《わな》だ、と賢一郎は思っていた。康子も罠であるかも知れない。しかし登美子は彼を殺す罠、康子は彼を生かす罠だと思われた〉

『青春の蹉跌』は毎日新聞の連載小説だった。連載期間は一九六八年四月一三日から同年九月三日まで。この時期の大学は学園紛争（大学闘争）の興隆期にあたっている。日大では五月から六月にかけて各学部の大衆団交要求集会が続き、五月末には秋田明大《あけひろ》を議長とする日大全共闘が結成された。東大では六月に医学部生らが安田講堂を占拠し、大学当局は機動隊をキャンパスに入れたのを機に各学部の学生らが相次いでストに突入。七月には山本義隆を議長とする東大全共闘が結成された。小説はつまり、こういう記事とともに掲載されていたんですね。

と考えると、江藤賢一郎が持つ意味はまたちがってくる。

彼は過剰なほど資本主義社会に適応しようとしている人物だ。

〈われわれは資本主義の社会に生きているのだ。(略)それが良いか悪いかは別として、厳然たる事実なのだ。このような社会の中で、できるだけ摩擦の少ない生き方をしようとすれば、自分自身も先《ま》ず物質的な実力を持たなくてはならない。左翼学生三宅はこうした資本主義社会に、正面から闘いを挑《いど》もうとしている。三宅の敗北は眼に見えている。まことに勇壮ではあるが、悲劇的、乃至《ないし》は喜劇的な男だと、賢一郎は思っていた〉

新聞の主たる読者はサラリーマンや家庭婦人、つまり良識ある大人である。彼らにとって賢一郎がこねくりまわす小理屈は、三宅がふりかざす理想論より説得力があっただろう。

しかしながら、そうはいっても彼はエゴイストにちがいなく、結局はそのエゴによって身を滅ぼす。妊娠した登美子を賢一郎は殺害するが、彼が知らない秘密が登美子にはあった。それを知った彼が愕然とするところで物語は幕を閉じる。女を人生の道具と見なしていた男が、女によって破滅する。法を信奉していた男が、法によって裁かれる。賢一郎は一片の同情の余地もない男だが、当時メディアを騒がせていた「左翼学生」と対照的な青年を主人公にすることで、小説は資本主義社会の負の側面を逆にあぶり出す。こんなんで彼は幸せなのか、と。

エリート学生は再生産される

さて、ではいま、この小説をあえて読む価値があるだろうか。

意外にも、あるんじゃないかと私は思う。時代は変わっても、江藤賢一郎のような鼻持ちならない学生は、より純粋培養された形で再生産されているからだ。

親の経済力と子の学歴の間には、今日、強い相関関係がある。私立の中高一貫校から一流大学に進んだいまどきのエリート学生は、妊娠した恋人を殺すなんてブサイクなまねはしないだろう。彼らはもっと賢く立ち回る。そんな事件の一例が、早稲田大学の「スーパーフリー事件」（二〇〇三年）であり、姫野カオルコ『彼女は頭が悪いから』（二〇一八年）のモデルにもなった「東大生強制わいせつ事件」（二〇一六年）ではなかっただろうか。

学園紛争の時代に書かれたとはいえ、『青春の蹉跌』は『されど われらが日々——』のように特定の時代や特定の大学に縛られてはいない。登場人物も物語の構成も図式的な分、いまも一定の普遍性を保っている。江藤賢一郎の中にある、大衆や女性に対する差別意識がどれほどグロテスクか。それに気づくだけでも読む価値あり。世間をナメちゃいけないのだ。

名作度★★　使える度★★★

石川達三（いしかわ・たつぞう、一九〇五〜一九八五）——小説家。ブラジル移民を描いた『蒼氓《そうぼう》』で第一回芥川賞を受賞。社会性のつよい風俗小説を多数発表した。著書に『生きてゐる兵隊』『風にそよぐ葦』『人間の壁』など。

旧制高校世代の自負と自嘲

北杜夫『どくとるマンボウ青春記』

●一九六八年／中央公論社・新潮文庫

戦後日本の読書界において、ユーモアエッセイというジャンルを開発した（あるいは根付かせた）のは、北杜夫と遠藤周作といっていいだろう。二人とも純文学作家であり、シリアスな小説の数々も発表してはいるのだが、かつての中高生にとって、北杜夫は「どくとるマンボウ」シリーズの、遠藤周作は「孤狸庵《こりあん》先生」シリーズの人だった。

もっとも、ロングセラー度からいうと、「どくとるマンボウ」は「孤狸庵先生」を凌駕《りょうが》する。後者が断片的なコラム集であるのに比べ、前者は長編小説風なのだ。

北杜夫が『どくとるマンボウ航海記』で一躍人気作家の座に躍り出たのは一九六〇年である。水産庁の漁業調査船に船医として乗りこんだ著者の一風変わった旅の記録だ。この本はたちまちベストセラーになり、続く『どくとるマンボウ昆虫記』（一九六一年）で人気は不動のものとなった。『航海記』が戦後の旅エッセイの端緒《たんしょ》を開いた本ならば、『昆虫記』は動物エッセイ、ないし趣味エッセイの草分けである。十代でこういう本に出会えた人は幸せである。そこで彼や彼女は、シニカルなものの見方と、少しだけスノッブな文章表現を学ぶ。ユーモアエッセイとは、人が笑えば何でもオッケーという、ただの爆笑エッセイじゃないのである。

空腹とバンカラ文化

『どくとるマンボウ青春記』(一九六八年)は、そんなマンボウシリーズでも人気の一冊。シリーズ四作目にして、『航海記』以来のベストセラーになった自伝的エッセイだ。

時期的には一九四五年から五二年まで。「私」こと北杜夫(本名・斎藤宗吉)の、旧制高校時代、大学の医学部時代、そして彼が文学を志すまでをつづった、文字通りの青春記。特筆すべきはそれが敗戦直後の動乱期と重なっていることだろう。

宗吉少年が長野県の松本高校理科乙類の門をくぐったのは一九四五年八月一日、戦争の末期である。高校には合格したが、入学と同時に大町のアルミ工場に送られて、はじまったのは中学時代と同じ動員生活。八月一五日の敗戦後、九月二〇日にやっと授業がはじまるも、食糧難で寮は一二月で閉鎖。結局そのまま学校も休校になってしまった。

その間、彼らを悩ませ続けたのは空腹だった。大町では〈工場で出される大豆入りの盛りきりの飯だけでは、労働にはそもそも無理であった〉し、松本に戻った後も〈毎度の雑炊《ぞうすい》がだんだんと薄くなっていった。それに箸《はし》を立ててみて、箸が立つときは喜ばねばならなかった〉。

そんな時代であっても旧制高校は中学生の憧れの的だった。宗吉もさっそく高校生への変身を試みる。〈帽子に、夢にまで見た白線(旧制高校生は白線帽が特徴であった)を巻き、それに醤《しょう》油《ゆ》と油をつけて古めかしく見せようと努力した。次に、一人の友人から当時には貴重なものであった地下足袋とひき換えに、でっかい朴歯《ほおば》の下駄を獲得した。それには普通の鼻緒がついていたが、私はどえらい苦心ののち、直径四センチもある鼻緒を自ら作りだし、これを朴歯にとっつけた〉。いわゆる「敝衣破帽《へいいはぼう》」ってやつである。

旧制高校の華は寮生活だ。酒、煙草、議論、ストーム（夜の寮内での蛮行）。大声で寮歌をがなり、バカ騒ぎに興じる。軍隊から戻ってきた上級生は校内の軍国主義を排して自治の獲得を目指し、ときには校長や教授陣に退陣を迫る。その一方で、アウフヘーベンとかロゴスとかパトスとかいう、新入生には意味不明の外国語を振り回し、〈カントとかヘーゲルとかキエルケゴールとかいう人物にも彼らは直接習ったことがありそうだったし、シェイクスピアやゲーテやドストエフスキイなどとも友達づきあいをしているかのようだった〉。

『青春記』前半の大半は、こうした寮や学校での体験記に費やされる。〈カントを読んではいよいよ最大限にびっくら仰天した。なんとなれば、書いてあることが神明《しんめい》にかけて理解できなかったからだ〉という宗吉少年も、月に二〇～三〇冊の本を読み、いっぱしの旧制高校生に成長するが、彼にも悩める日々が訪れる。ドイツ語が第二外国語の理科乙類は医歯薬学部への進学コースだが、自分は動物学に進んで昆虫を研究したい。詩の才能もあるようなので、文学もやってみたい。はたして息子の希望を父は一蹴した。宗吉は結局、父の一声で東北大学医学部に進み、仙台に引っ越して、大学でますます文学にのめり込むことになるのである。

失われゆく旧制高校生文化

北杜夫の高校・大学時代は、学校制度の移行期にあたっている。一九二七年生まれの北が旧制松本高校に入学したのは一九四五年だが、戦後の学制改革で六三三四制が採用され、旧制高校は事実上消滅した。彼はつまり旧制松本高校を卒業し、東北帝国大学あらため東北大学医学部に入学したことになる。

『青春記』で描かれたバンカラな青春は、旧制高校特有の文化だった。全国に三九校しかない旧制高校は、現在の高校とは位置づけが異なる（現在の高校は古い学制では旧制中学に相当する）。旧制高校生は、帝国大学への進学がほぼ約束された学歴社会の超エリートだった。同年代の男子に占める比率は約一パーセント。将来を嘱望されたエリートだからこそ、彼らは寮で平然と暴れ、世間も彼らの蛮行を許した。むろん完全な男子校。悪口をいわせてもらえば、ま、優越感にまみれたホモソーシャルな鼻持ちならない集団である。

本書の執筆時、北杜夫は四〇歳。旧制高校文化はとっくに廃れていたが、とはいえこの時代にはまだ四〇代、五〇代の旧制高校ＯＢが社会の中枢におり、当時の思い出を自慢げに語っては、部下や教え子や家族を苦笑させたり白けさせたりしていた。

と考えると、『青春記』のニーズの一端が理解できるのではないだろうか。すなわち失われた文化へのノスタルジーである。同世代には懐かしく、下の世代には噂にのみ聞く謎の学生生活の内幕。最後の旧制高校生だった北杜夫はしかし、それがオワコンであることも承知していた。卒業を控え、変化しつつある高校生気質《かたぎ》を前に彼は考える。〈六三三四制という制度ができずとも、かつての旧制高校そのものが崩壊しようとする時代がきていたといってよいだろう〉〈もはや私たちが黴《かび》の生えた古めかしい存在であることは疑いようがなかった〉

本書の後半は、こうして旧制高校を卒業し、あまりやる気のない医学生となった宗吉青年の二〇代の青春記である。そこで開陳されるのは、医学部や下宿先での出来事にもまして、トーマス・マンに傾倒し、詩人か作家になりたいと考えはじめた著者自身のスットコドッコイな内面だ。書き方によほど迷ったのだろう。〈私はもうこんなノートがそばにあるだけで総毛立ってくる。こいつはさっそく始末しなければならぬ〉とかいいながら、大学ノートに記した当時の日記の一節を公開したりするのだから、もうヤケッパチである。センチメンタルなノートの中身はたしかにおもしろくもないが、〈どうだ、羞《は》ずかしいだろう〉〈どうだ、いよいよ羞ずかしいだろう〉と汗をかきかきノートの一部を発表する著者の態度はおもしろい。

「なんちゃって」の精神

「どくとるマンボウ」シリーズは、内容的に見れば私小説に近い。とりわけ文学に傾斜していく若き日をつづった本書は、きわめて私小説的である。北杜夫の場合はしかも、著名な歌人で医師でもある父・斎藤茂吉の呪縛が大きかった。憂いを含んだ文章で父との葛藤も込みの青春を描いたら、それらしい文学作品になっただろう。

北杜夫はしかし、そうはしなかった。私小説と自伝的エッセイとのちがいは、対象に対する向き合い方のちがいである。うっかり思弁的、文学的な表現をしてしまった後は、「なーんちゃって」とでもいうように、あわててバカ話をし、笑いに逃げこまずにいられない。こういうのを韜《とう》晦《かい》、あるいは諧謔《かいぎゃく》というのだね。

二一世紀になって、旧制高校的教養主義は完全に消滅した。とはいえ、進路に迷う若者たち、文学にカブレる少年少女がいる限り、本書の価値が廃れることはないだろう。ちなみに、この本には恋愛対象としての女性に関する記述がほとんどない。賢明な判断であった。旧制高校生の女性観なんかが露呈されたら、目も当てられない結果になったにちがいない。

名作度★★★　使える度★★★

北杜夫（きた・もりお、一九二七〜二〇一一）――小説家・精神科医。歌人・斎藤茂吉の次男。『どくとるマンボウ航海記』をはじめとする「どくとるマンボウ」シリーズが多くの読者を獲得した。著書に『幽霊』『夜と霧の隅で』『楡家の人びと』など。

東大受験生の明るい屈折

庄司薫『赤頭巾ちゃん気をつけて』●一九六九年／中央公論社・中公文庫

一九七〇年代は日本文学の転換期だった。中上健次、村上龍、村上春樹ら、戦後生まれの作家がこの時代には続々と登場し、その後の文学を牽引《けんいん》していくことになる。

庄司薫『赤頭巾ちゃん気をつけて』は、その直前、一九六九年上半期の芥川賞受賞作である。発売と同時にミリオンセラーとなり、中高生を含む若い読者を熱狂させた。

読者に衝撃を与えたこの小説の新しさは、何よりもその文体だった。

〈ぼくは時々、世界中の電話という電話は、みんな母親という女性たちのお膝の上かなんかにのっているのじゃないかと思うことがある。特に女友達にかける時なんかがそうで、どういうわけか、必ず「ママ」が出てくるのだ〉

以上が書き出し。友達に語りかけるような文体。そして「ぼく」は続けるのである。

〈例の東大入試が中止になって以来、ぼくのような高校三年生というか旧東大受験生（？）というやつは、「可哀そうだ」という点で一種のナショナル・コンセンサスを獲得したおもむきがある。なにしろ安田トリデで奮戦した反代々木系の闘士たちまで、「受験生諸君にはすまないと思

うが」なんていうほどなんだからこれは大変だ〉

東大入試が中止された年の受験生

語り手の「ぼく」こと作中の「庄司薫」は、計算によれば一九五一年生まれ。六九年の時点で一八歳である。都立日比谷高校を卒業し、東大を受験するはずだったが、本人がいう通り、学生運動が激化したため東大入試が中止になり、宙ぶらりんの状態になった。

小説が描いているのは、一九六九年三月のある日曜日の出来事である。近所に住む幼なじみの由美と朝から電話で口論になり、足の治療に行った病院で美人の女医のイカレたふるまいに仰天し、家に押しかけてきた同級生の小林の泣き言を延々と聞き、おかげで憂鬱な気分になるが、ふらりと家を出て銀座に行き、最悪な気分だったところを、数寄屋橋の交差点で出会った幼い少女に「赤頭巾ちゃん」の絵本を選んでやることで救われる。

以上がざっとしたストーリー。もっとも小説の大部分を埋めるのは「ぼく」のウダウダした悩みである。小林が延々と語るゴタクも含め、じつはかなり思索的な小説なのだ。

もうひとつ注意すべきは、表層の明るさとは裏腹の、彼が置かれている状況である。東大入試という当面の目標を失った彼は、その日、左足の親指の爪をはがし歩行困難に陥っており、しかも小学一年生から飼ってきた愛犬のドンに死なれたばかりで精神的にもまいっている。つまるところ、心身ともに満身創痍《まんしんそうい》。彼の歩行困難は、彼の心理状態そのものなのだ。

ところで、じゃあ彼の悩みとは何なのか。〈ぼくみたいなのは、そもそも現代では最もはやらないタイプというか、むしろ総スカンを食うタイプの若者なのではあるまいか〉と本人はいう。ハメを外せず、女の子が迫ってきても手を出せない。ハタから見れば、〈お行儀のいい優等生で、将来を計算した安全第一主義者で、冒険のできない卑怯な若者で、きざな禁欲家で、自分の欲望に不正直な偽善者で、いい子になりたがる俗物で、時代遅れのスタイリストで、非行動的インテリの卵で、保守反動の道徳家〉に見えるかもしれない。でも、ちがうんだよ、ほんとはそんなんじゃないんだよ、と「ぼく」はいいたいわけなのだ。

この種の（贅沢といえば贅沢な）悩みを抱えた若者はいつの時代も大勢いるから、まるでオレ（ワタシ）みたいと感じる男子は（女子も）多いだろう。しかしながら、薫くんの悩みは「ぼくは遅れてるんじゃないか」という一般的な若者の悩みとは、やや位相を異にするのである。

上にはゲバルト、下からは学校群

確認しておこう。薫くんは都立日比谷高校の卒業生だ。日比谷高校は旧制府立第一中学。六〇年代半ばまでは東大合格者数全国一を誇るとびきりの名門校だった。

戦後の学制改革で、エリートの養成機関だった旧制高校が解体されたのは、学校教育の民主化が目的だった。実際、この後、中学校は義務教育となり、高校の大衆化も進んだが、戦前の序列は残った。都立高校も同様で、わけても日比谷高校から東大に進むコースは、一中→一高→東大という戦前のエリートコースを踏襲する最難関コースとされた。

こうした極端な序列を廃し、学力の均等化を図る目的で、一九六七年から導入されたのが学校群制度である。この制度によって日比谷高校の優位性は失われた。薫くんは学校群前の最後の日比谷高校生であり、一級下はすでに学校群入学組なのだ。

彼らが置かれている立場は、近所のオバサマにズバリ言い当てられている。

〈あたし思うんだけど、ほんとに薫さんたち気の毒だと思うのよ。せめて東大へすんなり入れればまだいいのに、下からは学校群だし、東大はだめだなんて、ね？　板ばさみね〉〈大体あたし思うんだけど、この世の中に頭のよい子と悪い子がいるのはどうしようもないことじゃない？それを無理に一緒にしようなんて、おかしいと思うのよ、ね？〉

「ね？」と同意を求められた薫はそれが〈或る意味で事実そのもの〉であることに愕然とするが、しかし彼自身が感じている学校群への違和感は、別のところにある。

日本一の受験校のはずなのに、受験競争などはおくびにも出さず、学校あげて大インチキ芝居を演じていた日比谷高校。試験は年に二度しかなく、〈馬鹿でかいオーケストラがしょっ中演奏会をやってたり、おかしな雑誌がボコボコ出たり、とにかくクラブ活動が滅多やたらとさかんで、生徒会活動の方もいつも超満員の生徒総会を中心に猛烈に活潑《かっぱつ》で、といったありさま〉の母校。学校群制度によって、こうした固有の伝統は失われた。〈あんなにもいやったらしくキザで、鼻持ちならぬほどカッコよく気取っていた高等学校はなかった〉と罵倒しながら、しかし彼はいうのである。〈ああいう学校はつぶすのは簡単だけれど、これをまた作ろうとしたってもう絶対に、それこそちょっとやそっとではできはしないんだよ〉

この認識は、北杜夫が旧制高校に寄せる眼差しとよく似ている。

上は東大のゲバルト化、下からは学校群制度。それは表面的には「一中一高東大」というエリートコースの瓦解であり、薫本人の認識では学校文化の破壊だが、より本質的には、かつては歴然と存在していた「知識人／大衆」という棲み分けの崩壊を意味しよう。薫の悩みとはすなわち、古い価値体系が崩壊し、すべてが均質化して大衆文化（作中の言葉でいえば阿波踊り）がのしてくる時代に、自分（たち知識人予備軍）はどう生きればいいのかという、アイデンティティ・クライシスに由来している。〈みんなを幸福にするにはどうすればよいか〉と薫はしょっちゅう口にするけど、そんな受験生はいないよ、ふつう。

かくして、ひとつの疑問にぶち当たるのである。これはほんとに当時の一八歳の悩みなのだろうか。むしろ作中の薫くんではなく、自身も古き良き日比谷高校から東大法学部に進んで丸山眞男ゼミに所属した、一九三七年生まれの作家・庄司薫の苦悩なのではあるまいか。文体においてきわめて新しい本書は、思想的には一世代上のそれに近いのだ。

薫くんは昭和の三四郎

ここで私が唐突に思い出すのは夏目漱石『三四郎』（一九〇八年）である。明治の学歴社会の最初の頃に、熊本の五高から東大に進んだ小川三四郎が直面したのも、知識人いかに生《い》くべきか、という問題だった。一方には広田先生たち知識人のサロンがあり、もう一方には美禰子《みねこ》らに象徴される誘惑的な都会の文化がある。三四郎はその前で踏み迷う。

知識人予備軍を主役にした近代の青春小説は、『三四郎』ではじまり『赤頭巾ちゃん気をつけて』で終わったのではあるまいか。この二冊は事実、よく似ている。女子短大に進んで「ぼく」を翻弄する由美なんて、『三四郎』の美禰子にそっくりだもんね。

入試制度がさらに二転三転した現在、学校群も過去の話となった。

そして、庄司薫はこの後、同じ語り手を起用した「薫くん四部作」を発表するも、完結編の『ぼくの大好きな青髭《あおひげ》』(一九七七年)を最後に、小説の筆を断ってしまう。文学の主流はこうして本物の「薫くん世代」に移り、まったく別の展開を見せることになるのである。

名作度★★★　使える度★★

庄司薫(しょうじ・かおる、一九三七〜)――小説家。主人公の軽快な告白体でつづられた本書は、当時の若い読者の大きな反響をよんだ。以後「薫くん」シリーズとして、『さよなら怪傑黒頭巾』『白鳥の歌なんか聞こえない』『ぼくの大好きな青髭』を刊行した。

一九七〇年代

みんなだまされた怪評論

イザヤ・ベンダサン『日本人とユダヤ人』●一九七〇年／山本書店・角川文庫

ルース・ベネディクト『菊と刀』（長谷川松治訳・一九四八年）は、外国人の手になる日本人論としていまも有名な本である。著者はアメリカ人の女性文化人類学者。もとはといえば戦時中、米国の国務省戦時情報局にいた著者が、敵国の実情調査として提出した報告書だった文書である。戦後、その邦訳が出るや否や、たちまちベストセラーになった。

「日本は恥の文化である」という話は、この本が原典である。ただし、「さすが恥の文化の国だけあって、日本人は奥ゆかしいよね」みたいな使い方は間違っている。キリスト教文化圏にある米国が内面的な神との対話に基づいて善悪を判断する「罪の文化」なら、日本は世間の視線という外的な強制力に行動規範を求める「恥の文化」である。はた目を気にして動く日本人。「恥ずかしい文化」とはいわないまでも、べつに褒められたわけじゃない。

『菊と刀』のポイントは「外国人が書いた日本人論」だった点にある。自分たちが外からはどう見えるかを、はた目が気になる戦後の日本人は気にした。そして、こきおろされると喜んだ。かつての日本人は謙虚だったのである。

日本では安全も水もタダ

では、この本はどうだろう。イザヤ・ベンダサン『日本人とユダヤ人』（一九七〇年）。著者は自称神戸で生まれ育った在日ユダヤ人（ユダヤ系日本人）。着々と版を重ねて三〇〇万部にも達する驚異的な大ベストセラーである。日本では安全もタダという、よく聞く話はこの本が広めた説である。でもね……という話は後まわしにして、ひとまずページを開いてみよう。

今日の感覚でいうと「長すぎる」「回りくどい」という印象は否めず、かなりの紙幅をしめる聖書の解釈などはただただ鬱陶《うっとう》しいだけにせよ、部分部分で「おもしろい」と思わせるのはたしかである。ポイントはやはり「ユダヤ人」という立脚点だろう。

西洋と日本を比較して「西洋ではこうだが、日本ではこう」と説くのが『菊と刀』を含めた多くの日本人論であり、また「西洋」には「キリスト教圏」という含みがあった。しかし「ユダヤ人」はキリスト教徒ではなく、「西洋」とも微妙なズレやネジレがある。このズレやネジレを利用した比較論が次々開陳されるのだが、そのままあもっともらしいこと。

第一章「安全と水のコスト」は、いわば防衛論である。

ユダヤ人が高級ホテルに泊まるなど、安全に高いコストをかけるのは、宗教的迫害を長く受けてきたからである。ユダヤ人は徳川時代の隠れ切支丹《キリシタン》と同じで、常に外敵から身を守らなければならなかった。切支丹以外の日本人にこのような経験はない。日本人は常に「自由」だったため、「安全と水は無料で手に入る」と思っている。だがユダヤ人にとって「城壁のない都市は、殻のないカキのようなもの」である。それを踏まえて著者はいうのだ。

〈個人の安全も一国一民族の安全保障も、原則は同じであろう。しかし、日本では、カキに果して殻が必要なりや否やで始まるから、知らせないこと、知らないことも、安全には必要だなどという議論は問題にされない。さらに防衛費などというものは一種の損害保険で、「掛け捨て」になったときが一番ありがたいのだ、ということも（戦前戦後を通じて）、日本では通用しない〉

で、さらに皮肉な一言。〈ああ、日本人は何と幸福な民族であったことだろう〉

第三章「クローノスの牙と首」は、彼我の生活感覚の差だ。

稲作民族である日本人は、緻密な年間スケジュールに沿って農作業をすることに慣れている。また、田植えの季節にはいっせいに田植えをし、隣が肥料をやればうちもやる、という行動規範が身についた。時間に追われ、全員一致の行動を好み、人の和を尊ぶ日本人の性癖はここから来る。しかし、遊牧民はそうではない。家畜の意のままに歩き回っていたアラブの遊牧民は、他人の行動に合わせる発想がないから、みんなマイウェイ、てんでバラバラ。こんな人々を束ねるのは容易ではない。それを踏まえて著者はいう。

〈こういった民に、一定の方向に向って統一行動を取らせようとすればコーランと剣、すなわち宗規と強権が絶対に必要であり、打ち勝たねばならぬ強大な敵か競争相手が必要であった〉

そしてまた一言。〈それでもばらばらになりそうになれば、どうしても「宿敵イスラエル」が必要となる。だが日本人にはこんなスローガンは必要ではなかった〉

ほんまかいなと思いながらも、うっかり納得しそうになる巧みなだまくらかし芸！

ストイックなユダヤ人、おめでたい日本人

ではタネあかし。年長の読者ならとっくにご存じだろう。

『菊と刀』とは異なり、今日『日本人とユダヤ人』は出自がはっきりした正統派の文化論とはいいがたい。イザヤ・ベンダサンの正体が、本書の「訳者」であり、また版元（山本書店）の店主でもある山本七平だということは、ほぼ既定の事実である（筆名イザヤ・ベンダサンの語源は「いざや、便出さん」だという説を唱えたのは遠藤周作である）。

偽作《ぎさく》というか戯作《げさく》というか、「あーあ、バカバカしかった」という感想とともに読み終えるのが順当な与太話、好意的に見てもパロディないしはフィクションに近い。

ところが出版後しばらくは、ベンダサンの与太をマジで受けとる読者が多かった。ノンフィクション界の最高権威・第二回大宅壮一ノンフィクション賞を受賞したのがひとつの証拠。浅見定雄『にせユダヤ人と日本人』（一九八三年）はこれに激怒した著者の詳細な批判本である。

実際、だまされたと思っても、論理のほころびは随所に散見される。本書の勝因が「ユダヤ人」なら、敗因もまた「ユダヤ人」なのだ。

「ユダヤ人」とはまことに便利な存在で、ときに「ユーラシア大陸」の代表者、ときに「遊牧民」の代名詞、ときに「西欧」の代弁者、かと思えば「パレスチナ」や「アラブ」の紹介者、あ

るいは「迫害された民」「祖国を失った民」の体現者。変幻自在、融通無碍《むげ》。見方をかえればご都合主義に彩られた存在が本書の「ユダヤ人」なのである。しかしともあれ著者の口車に乗った読者の頭には、次のようなイメージが残るだろう。

歴史的にも地理的にも厳しい環境で、生き延びる知恵を磨いたストイックなユダヤ人。

歴史的にも地理的にも恵まれた環境で、ノホホンと暮らしてきたおめでたい日本人。

ベンダサンは日本人を「別荘地でのんびり暮らしてきた世間知らずのお坊ちゃん」と呼ぶ。保元の乱や平治の乱は事件のうちに入らない。関ヶ原の戦は騎士団のトーナメントと同じ。蒙古襲《もうこ》来など、ヨーロッパでは日常茶飯の年中行事だ。戦国時代？　いやいや、来日したイエズス会の宣教師は、日本は世界でもっとも平和で安全な国だといってたぞ。

パレスチナの過酷な歴史にくらべたら、日本史に登場する「戦争」などぜんぜん戦争のうちに入らないと彼はいう。太平洋戦争もしかりである。〈生活の場が戦場になるということがどういうことなのか、おそらく日本人は永久に知ることがないであろう〉

同じ「なりすまし芸」ならば

敗戦から二五年が経過し、「再軍備」の必要性が唱えられていた時代の書である。『にせユダヤ人と日本人』がこの本を批判したのも、右傾化する世論に利用されるのを恐れたためだった。著者の側からいえば「だって日本人がいっても誰も耳を貸さないだろ？　だからユダヤ人のふりをして警鐘を鳴らしたんだよ」ってなあたりかもしれない。ま、作戦勝ちである。

本書と比較すべきは、『菊と刀』より、ウィリアム・C・フラナガン『ちはやふる奥の細道』（一九八三年）ないし『素晴らしい日本野球』（一九八七年）かもしれない。

『ちはやふる奥の細道』は、俳句のデタラメな解釈をまじえた松尾芭蕉の評伝、『素晴らしい日本野球』はサムライ式の野球を介した日本文化の紹介で、どちらも外国人が書いたインチキ臭い日本人論である。というのは表向きで、アメリカ人の日本文化研究家というフレコミの著者の正体は、訳者としてクレジットされた小林信彦だった。同じ「なりすまし芸」なら、バカバカしさの点でフラナガンはベンダサンを凌駕する。もっともらしさとあやしさは紙一重なんですよ。

名作度★　使える度★

山本七平（やまもと・しちへい、一九二一〜一九九一）——評論家・出版経営者。一九五八年、山本書店を設立。一九七〇年、本書を「イザヤ・ベンダサン」名義で刊行した。著書に『私の中の日本軍』『帝王学』『昭和天皇の研究』『日本資本主義の精神』など。

死を選んだ女学生の「いちご白書」

高野悦子『二十歳の原点』●一九七一年／新潮社・新潮文庫

過去、夭折者の遺稿が読者の熱い支持を集めた例は意外に多い。

明治末期（一九〇三年）に「巌頭之感《がんとうのかん》」という遺書を残し、一八歳の若さで華厳《けごん》の滝から身を投げた一高生・藤村操《みさお》。は、さすがに古すぎるとしても、詩人を志しつつ敗戦の翌年に二〇歳で入水した原口統三『二十歳のエチュード』（一九四八年）。短歌界のホープとして期待されながら、六〇年安保闘争のさなか、二一歳で命を絶った岸上大作『意志表示』（一九六一年）。羽田闘争の直後、入院中に大量の睡眠薬を飲み、やはり二一歳で死んだ奥浩平『青春の墓標』（一九六五年）。いずれも二〇歳前後で死を選んだ人の「伝説的な本」である。

この種の本は、人から人への感染力がきわめて強い。絶対、周囲の誰かが読んでいて「あの本は……」と語り出し、ときにはご親切にも現物を貸してくれちゃったりするのである。

高野悦子『二十歳の原点』（一九七一年）もそうだった。「もう身につまされちゃって」と学生時代の友人はいった。そうなんだ、じゃあ……と思うでしょうが、単純な若者は。

内なるブルジョア性と闘うぞ

高野悦子は一九六九年六月二四日未明、鉄道に飛び込んで自らの命を絶った。当時彼女は立命館大学文学部史学科の三回生。京都市内に下宿し、ワンダーフォーゲル部に所属し、市内のホテルでウェイトレスのバイトをし、そして学園闘争にも参加していた。『二十歳の原点』は、一九六九年一月二日から、死の前日すなわち六月二二日までの半年間の日記である。

〈今日は私の誕生日である。二十歳になった。酒も煙草《たばこ》も公然とのむことができるし、悪いことをすれば新聞に「A子さん」とでなく「高野悦子二十歳」と書かれる。こんな幼稚なままで「大人」にさせてしまった社会をうらむなあ〉（一月二日）

これが初日の日記だが、読み直してみると、大学闘争の含有量が予想外に多い。

一月一〇日、東大に機動隊が入った。一五日、成人の日に彼女は書く。〈東大闘争では常に自己の主体性が問われた。立命にその危機が内在する以上（おそらく現在どこの大学にもそれは内在するにちがいない）、己れのものとして考えざるを得なかった。しかし、それも疲れてしまった。弱すぎる〉。タイトルの元になった〈「独りであること」、「未熟であること」、これが私の二十歳の原点である〉という一文が記されたのもこの日である。

一月一七日、立命館大全共闘が中川会館を封鎖した。〈正面に椅子《いす》や机でバリケードをきずき赤旗がなびいている。ヘルメットの学生がマイクを口にあててアジテーションをしている〉〈ノンセクトから無関心派への完全なる移行、激しい渦の前でとまどいを感じる〉

一月一八日、東大に八五〇〇人の機動隊が突入。一九日、三七五名が不退去罪の容疑で逮捕。二〇日の日記に悦子は書く。〈警察という国家権力――暴力を使って「紛争」を収拾しようとした大学側は被害者でなく、明らかに加害者、運動の弾圧者である〉

一月中はクラス討論や大衆団交が続くも、いまいち入りこめない悦子。二月に入り、悦子は太宰治を読んだり、はじめてのパチンコに挑戦したり、酒や煙草に逃避したりしてすごすが、転機が訪れたのは二月二〇日。その日、立命館大に機動隊が入ったのだ。

二月二〇日の日記は特に長い。もろもろの逡巡《しゅんじゅん》ののち、しかし彼女は動きだす。〈私は眼前のバリケードを見ながら、「闘うぞ」と思った〉〈一メートルほどの距離にジュラの盾《たて》をもった機動隊に対して、私はスクラムを組んで「カエレ！」のシュプレヒコールを叫んだ。声を限りに私は帰れのシュプレヒコールをあげた。しかし次第に私達はおされて後退した〉〈私は口惜《くや》しかった。涙がポロポロでた。しゃくだった〉（二月二〇日）

さらにその二日後。〈私にとって闘争とは何であったか、また何であるのか。十九日まで私は傍観者であった。二十日の正門バリケードに坐りこみをした時点で、私は闘争を始めた。内なるバリケード――ブルジョア性の否定――を築いた〉（二月二二日）

こういう箇所をすっかり忘れていた（または読み飛ばしていた）とは、われながら迂闊《うかつ》としかいいようがない。友人が「身につまされた」のはどの部分だったのだろう。

「女の子らしさ」とは遠い愛と性

『いちご白書』という本をご存じだろうか。同名の映画（スチュアート・ハグマン監督・一九七〇年）が有名だけれども、原作はジェームズ・クネン著。一九六八〜六九年、米国コロンビア大学で起こった大学闘争を当事者として闘った一九歳の学生の体験記で、日本では角川文庫の一冊として刊行された（青木日出夫訳・一九七〇年）。

時代といい、書き手の立場や年齢といい、思えば『二十歳の原点』は『いちご白書』の日本版なのだ。ただし、扱いは微妙に異なる。『いちご白書』初版の副題は「ある大学革命家のノート」だった（現在の角川文庫版からは外されている）。しかるに『二十歳の原点』は、「大学革命に飛び込んだ女学生の書」という喧伝《けんでん》のされ方はしてこなかった。闘争はあくまで背景扱いで、〈自己を確立しようと格闘しながらも、理想を砕かれ、愛に破れ、予期せぬうちにキャンパスの孤独者となな〉った彼女（新潮文庫のカバーより）である。ここには一種のジェンダーバイアスが働いていないだろうか。女の子は闘争より「愛に破れ」のほうが大事でしょ、みたいな。

が、彼女の恋愛に対する認識は「女の子らしさ」とはほど遠い。

三月、彼女は京都国際ホテルでウェイトレスのアルバイトをはじめた。好きになった人はそこにいた。〈主任の鈴木があまりに私と似ているのに驚いた〉（三月二九日）にはじまって、思いは募り、やがて〈毎日鈴木のことばかり考えている〉〈常に鈴木と肉体の関係をもちたいと願っている〉（四月二二日）にまでエスカレートする。だが、一〇歳ほど年上の「鈴木」は悦子をただのバイトとしか見ておらず、おまけに主任である彼は、ホテルの従業員組合のストに参加しなかった。悦子は幻滅する。〈彼とて現代の独占資本主義の中であえいでいる人間だったのだ。これで一つ彼への幻想がうち破られた〉(四月二五日)

ほどなく次の相手が現れる〈中村氏と呑《の》みに出かける以前と以後では、私との繋《つな》がりにおける鈴木と中村氏との関係はお互いに逆転していた〉(五月四日)と悦子は書く。ところが「中村」には彼女がいた。〈彼との結びつきは単に肉体のみであったのかもしれない〉(六月二日)という以上、「中村」との関係は「鈴木」より深かったのだろう。しかし、二人の関係はこじれてゆく。〈愛に関しては大きな変化があった。肉体関係がすべてを解決するという甘い幻想をいだいていたが、それは単なる物理的な結合であった〉(六月一五日)

彼女が命を絶った理由は謎だ。失恋が原因だったのか、酒に酔っていたのか。日記にはリストカットに近い自傷行為についても記されているから、精神のバランスをどこかで崩していたのかもしれない。胸が痛むのは、運動にのめり込むのと同時に〈授業料を払うことによって商品として己れを身売りすることとの拒否〉(五月一九日)と称し、「闘争」の一環として彼女が学費の不払いを決めたことである。バカだよね。ならば大学なんかやめちゃえばよかったんだよ。

賞味期限はまだあるか

自殺防止の観点からか、近年、自死者の手記が出版されることは少なくなった。学生運動の渦中にいた人の証言としては貴重な本だが、彼女の同世代は「『いちご白書』をもう一度」（作詞・作曲＝荒井由実）というヒット曲よろしく「もう若くない」とかうそぶいて、のうのうと社会人になったのだ。その世代もすでに七〇代。この本の賞味期限もさすがに切れたでしょ。

と思いきや、没後五〇年目の二〇一九年、コミック版の『二十歳の原点』が出版された。現代の女子大生が六九年にタイムスリップして悦子に会うという筋書き。こうやって高野悦子は生き延び、感染者を増やす。いまや本書は二〇〇万部のロングセラーだ。

『二十歳の原点』は「人に読まれること」を想定しないで書かれた日記だ。形式だけに限って近いものを探すとしたら、林芙美子『放浪記』（一九三〇年）だろう。林芙美子はこの日記を武器にのしあがり、作家としての地位を築いた。高野悦子は命を絶ったために有名になった。あまりにもナイーブな内面の告白と、「若気の至り」の極致みたいな革命思想への傾倒と、痛々しい自己否定。彼女はこの本の出版を望んだだろうか。私にはとてもそうは思えないんだよね。

名作度 ★★　使える度 ★★

高野悦子（たかの・えつこ、一九四九～一九六九）——学生運動家。立命館大在学中に全共闘運動に参加し、一九六九年六月二四日未明に鉄道自殺した。著書に『二十歳の原点序章』『二十歳の原点ノート』。

幼児的依存を体現した書

土居健郎『「甘え」の構造』●一九七一年／弘文堂

ベストセラーの系譜をたどっていくと、同じタイプの本が繰り返し登場することに気づく。そのひとつが「日本人論」ないし「日本文化論」である。日本人とはどんな特徴をもった民族か、日本人はよほど気になるらしいのである。

ここまでの間にも、すでにこの種の本が何冊も登場している。『日本の思想』『文明の生態史観』『タテ社会の人間関係』『日本人とユダヤ人』。いずれも広義の日本人論だ。

この系譜をさかのぼると、新渡戸稲造『武士道』（一八九九年）や、岡倉天心『茶の本』（一九〇六年）に行き着くのだが、文化人類学者の船曳建夫はそれら明治の出版物も含め、「日本人論」には共通点があると述べている（『「日本人論」再考』二〇〇三年）。

①日本や日本人を単独で論じるのではなく、西洋近代との比較論であること。

②自らの留学体験や海外体験が執筆の動機になっていること。

③本業とは異なる「余技」のため、議論が蓄積されず、似たような論が繰り返し現れること。

まったくその通り！　というしかない。

「甘え」の本質は幼児的依存

その伝でいくと、この本も有名な日本人論である。

土居健郎『「甘え」の構造』(一九七一年)。一四〇万部を超えるロングセラー。現在は増補普及版で読むことができる。

『「甘え」の着想』と題された第一章で、著者はまずこの本を書くキッカケになった出来事を明かす。それは一九五〇年、精神医学を学ぶために渡米したときのことだった。

知人に紹介された人を訪ねた際、「あなたはお腹がすいているか、アイスクリームがあるのだが」と聞かれた。著者は多少腹がへっていたが、初対面の相手にいきなりすいていると答えるのも無遠慮かと思い、もう一回くらいすすめてくれるだろうと期待して「すいていない」と答えた。すると相手は「あー、そう」と無愛想に応じたのでがっかりした。

また別の日、著者は指導医にお礼をいうべき場面で、サンキューという言葉が出ず、思わず「アイムソーリー」といった。相手は怪訝《けげん》な顔をして「なぜソーリーなんだ」と聞き返してきた。目上に対してサンキューはあまりに対等な口のきき方であると感じ、「どうもすみません」くらいのつもりでソーリーといったのだが、この時点で〈自分の直面している困難が単なる語学的な障壁に留まらないことを当時すでにうすうすと感じ始めていた〉。

「さもありなん」な、そう珍しくない行き違い。だが、土居はここから〈日本人の心理に特異的なものがあるとするならば、それは日本語の特異性と密接な関係があるにちがいない〉と大風呂敷を広げ、彼我の文化の差へと筆を進めていくのである。義理と人情。内と外。罪と恥。そして心理学的・言語論的に見た「甘え」に関するもろもろの考察。

悪いが私の感想は、あなたが「甘え」の構造じゃ、であった。論旨は不明瞭。あちこちに話が飛ぶ。思いつきの域を出ない。文章がまどろっこしい。

次の考察は中では少しマシな部分。「甘え」から見た天皇制論だ。

〈依存度からすれば天皇はまさに赤ん坊と同じ状態にありながら、身分からすれば日本最高であるということは、日本において幼児的依存が尊重されていることを示す証拠とはいえないであろうか。天皇に限らず日本の社会ですべて上に立つ者は、周囲からいわば盛り立てられなければならないという事実が存するが、これも同じような原則を暗示するものである〉

私が担当編集者だったらいうけどね。先生、もうちょっと文章を整理してください！

まあ、いいや。著者によれば〈幼児的依存を純粋に体現できる者こそ日本の社会で上に立つ資格がある〉のであって、〈日本の社会では幼児と老人に最大の自由と気ままが許されているという事実も、このことに関係があるであろう〉。

「上に立つ者ほど使えない」「使えないのに盛り立てる」というのは多くの組織で散見される現象ではあるが、それを幼児的依存で説明できるなら誰も苦労はしませんて。

「甘え」とは、親子、夫婦、師弟、親しい友人同士など、二者の関係の中で一方が他方に（あるいは相互に）精神的に依存するような関係をいう。それすなわち好意があればこそ成り立つ関係であり、「甘ったれ」や「甘やかし」とは異なる。大和魂も尊皇思想も天皇制イデオロギーもその意味では「甘え」である。以上が本書のざっとした主張である。

日本は馴れ合い社会である、の一言ですむ話だと思いますけどね。

反抗する若者は桃太郎⁈

そんな本が、ではなにゆえベストセラーになったのか。

いつの時代も「日本人は日本人論が好き」という性向を別にすれば、一九七一年という時期が関係したように思われる。六〇年代末の学園紛争からさほど時間がたっていないこの時代、大人はなべて「いまどきの若者たち」を理解しかねていた。本書にはその解が書かれている。

最終章「『甘え』と現代社会」は、「甘え」から見た若者論だ。

〈現代社会における最も切迫した問題の一つ〉は〈青年の反抗ないし世代間断絶〉だ。〈彼らは既成の社会に激しく反抗し、古い世代に強い不信の念を向ける〉が、〈彼らの家族関係をのぞいて見ると、必ずしも親子の間が感情的に離反しているとは見えない節が存する〉。

〈彼らは口では世代のずれを唱えるが、しかし互いにいがみ合っているという証拠はきわめて少ない。むしろ両者の間に一種の馴れ合いが存すると見える場合さえある。すなわち甘え甘やかす関係であって、そこには父親の権威が感じられていない。したがって彼らはフロイドが想定したような古典的世代間葛藤を経過しなかったのではなかろうかと考えられるのである〉

そうして著者は「青年たちの反抗」を桃太郎伝説になぞらえるのだ。

〈私は桃太郎の童話について考えれば考えるほど、現代の戦闘的青年が桃太郎に似ているように思われてならない。彼らにとって両親は桃太郎におけるじいさんばあさんのごときものである。彼らは両親から保護と愛情は受けていても、大人になることについてはなんら指導を受けていない。大体両親がどういう点で彼らとちがう大人であるのかもわからない。そこで彼らにもまた自分のエネルギーをぶつけるために鬼征伐が必要になる〉

ええっと、本気で書いてるんですよね、これ。親と子の馴れ合い。父権の喪失。甘やかされた桃太郎の鬼退治? 私は彼らに格別思い入れがあるわけではないけれど、これはさすがにひどすぎる。全共闘の元闘士は全力で怒るべきだったのではあるまいか。

もっとも右のような俗流心理学は、保守的な大人にはウケただろう。「いまどきの若者は甘やかされている」という言説はいつの時代も大人を喜ばせるからだ。本書が出版された直後には浅間山荘事件や連合赤軍事件が大きなニュースになった。会社帰りの居酒屋で事件の裏を解説してみせるのに「暴れる若者=桃太郎説」はピッタリだったにちがいない。

いつの時代も「若者は甘やかされている」

日本人論とはそもそも「こじつけ芸」みたいなものである。正しいかどうかではなく、おもしろいかどうか、だまされるかどうかで判断すべき物件といえる。

その伝でいうと『「甘え」の構造』はそうすぐれた（＝おもしろい）日本人論ではなく、この本がいまなお有効な論点を提出しているとはお世辞にもいえない。もし本書が名著なら、それはまさしく「幼児的依存が尊重された結果」だろう。

本書の後世への影響を考えるとしたら、後の若者論の端緒を開いたことかもしれない。「若者たちはなぜ反抗するのか」にかわり、二一世紀の大人たちが関心を持ったのは「若者たちはなぜ覇気《はき》がないのか」である。一例をあげるなら、正高信男『ケータイを持ったサル』（二〇〇三年）とか、三浦展《あつし》『下流社会』（二〇〇五年）とかである。ざっくりいえば、こうした本の骨子も「いまどきの若者は甘やかされている」であった。暴れても、おとなしくても結論は同じ。日本人論も若者論もたいして役には立たないという例証だろう。

名作度★　使える度★

土居健郎（どい・たけお、一九二〇〜二〇〇九）──精神医学者。日本人論ブームのさきがけとなった本書は各国語に翻訳され、「甘え」は国際的な学術用語にもなった。著書に『漱石の心的世界』『精神分析と精神病理』など。

ルポライターとからゆきさん

山崎朋子『サンダカン八番娼館――底辺女性史序章』●一九七二年／筑摩書房・文春文庫

七〇年代は、オーラルヒストリーの重要性が見直された時代だった。紙に書かれた歴史ではなく、市井の人々からの「聞き取り」「聞き書き」によって、埋もれた歴史を発掘する。『あゝ野麦峠』はその先駆的な仕事のひとつだった。この本もそこに分類できるだろう。

山崎朋子『サンダカン八番娼館』（一九七二年）。サブタイトルは「底辺女性史序章」。大宅壮一ノンフィクション賞を受賞し、ベストセラーになったルポルタージュだ。熊井啓監督の映画「サンダカン八番娼館　望郷」（一九七四年）がヒットしたのも懐かしい。

天草からボルネオに渡った少女たち

ともあれ内容をふりかえっておこう。この本は現在、続編に当たる『サンダカンの墓』（一九七四年）とともに一冊の文庫にまとめられている。

女性史研究を志す「わたし」が熊本県の天草諸島を訪ねるところから、本ははじまる。旅の目的は「からゆきさん」の肉声を聞き出すこと。「からゆきさん」とは〈幕末から明治期を経て第一次大戦の終わる大正中期までのあいだ〉、貧しさから〈祖国をあとに、北はシベリアや中国大陸から南は東南アジア諸国をはじめ、インド・アフリカ方面にまで出かけて行って、外国人に肉体を鬻《ひさ》いだ海外売春婦〉のことである。

一九六八年八月、はじめて訪れた天草で「わたし」が偶然出会った老女が後の主役となるおサキさん（山川サキ）だった。「わたしゃあ確かに天草の生まれじゃけんど、小《こ》まんか［斎藤註：小さい］ときから外国さに行ってた人間だけん」という言葉に驚いた「わたし」は誘われるままに彼女の家を訪れ、彼女がボルネオに渡った元「からゆきさん」であった確信を得る。そして二か月後、「わたし」は天草を再訪し、おサキさんのあばら家で三週間の生活をともにすることで、彼女の半生を聞き出すことに成功するのだ。

おサキの半生は凄絶《せいぜつ》なものだった。天草を発ったのはわずか九歳のとき。着いたのは英領ボルネオ最大の港町サンダカンだった。ここには九軒の売春宿があり、おサキは一三の歳から、最初は三番館で、後には八番館で客をとらされた。客の数は通常でも一晩で四〜五人、ひどいときには一日三〇人。それでも前借金はいっこうに減らない。一晩で二〇円稼いでも、彼女らの手に残るのはわずか五円。それも着物や化粧の代金に消え〈なあも残りゃせん〉。しかも〈うちらには一日の休みも無か〉。行為の後には消毒剤で必ず局部を洗わされ、その冷たさがまた辛かった……。後におサキは現地で英国人の妾妻となり、満州に移った後は日本人と結婚して子どもを持つこともできたが、性病で一生を台無しにしたり、帰郷後に自殺した同郷の友人もいる。

続編の『サンダカンの墓』でボルネオを訪れた著者は衝撃の事実を発見する。「無縁からゆきさん」の墓は〈サンダカン湾の方を向いて――つまり日本に背を向けて建ってい〉た。その事実に〈祖国日本にたいする彼女らの固い拒絶〉を彼女は感じる。戦前の性労働者の実態はいずれも悲惨だが、国外に出た女性たちには別の苦労があったのだ。

衝撃的な内容である。性労働者として異国に売り飛ばされた日本人の少女。同じテーマを追った本には、森崎和江『からゆきさん』（一九七六年）があり、刊行年だけを見ると、『サンダカン八番娼館』の後追いに見えるけれども、じつは逆。森崎和江は後に『からゆきさん』に収録された一文を、「からゆきさん――あるからゆきさんの生涯」のタイトルで別の本（『ドキュメント日本人5　棄民』一九六九年）に発表していた。山崎朋子はこの文章に触発され、かつ森崎のもとを訪ねた後に天草に行くのである。

右の件からもわかるように、本書の特徴は、取材の裏側（いわば手の内）まで明かしていることだろう。紀行文風につづられた著者の天草取材記と、おサキさんが一人称で語る聞き書きの、二つの要素で本書は成り立っているのである（ちなみに映画も同じ形式で、ルポライターの女性を栗原小巻、おサキを田中絹代、若き日のおサキを高橋洋子が演じた）。

それゆえか、森崎の『からゆきさん』に比べると『サンダカン八番娼館』はちょっと情緒的だな、という印象は否めない。よくいえば初々しさ、悪くいえば素人臭さが炸裂《さくれつ》しているのだ。

取材の方法は正しかったのか

たとえば「底辺女性史」とは何か。巻頭の「底辺女性史へのプロローグ」で著者は次のように書く。〈かつて天草や島原の村々から売られて行った海外売春婦たちが、階級と性という二重の桎梏《しっこく》のもとに長く虐《しいた》げられてきた日本女性の苦しみの集中的表現であり、言葉を換えれば、彼女らが日本における女性存在の〈原点〉をなしている〉

もとより「底辺」という点でいえば、過酷な労働を強いられた女工も農婦も炭鉱婦も、他家に雇われた子守奉公や女中も〈同じ底辺に呻吟《しんぎん》して生きた女性〉である。それでもなお、女性労働者と売春婦はちがうと彼女は主張するのである。

一般の女性労働者は〈長時間労働・低賃金・最低生活を強いられていた〉にせよ、〈労働力は売ったけれども、それ以外のものを売りはしなかった〉。では売春婦はどうか。〈売春婦は、もともと人間の〈内面の自由〉に属しているはずのセックスを、金銭で売らなければならなかった存在である。労働力をひどい低賃金で売って生きる生活と、セックスまでも売らざるを得ない生活と、どちらがいっそう悲惨であるか!〉

このへんは、「労働と性労働は同じか否か」「自由意志による売春は是か非か」という古くて新しい議論を連想させる。しかしともあれ、どんな境遇の女性と比べても性労働者がもっとも悲惨である、それが山崎朋子の主張であり、七〇年代の女性解放論だった。

本書におけるもうひとつの問題は、取材の方法論に関係する。

彼女は取材者という自らの素性を最後まで隠し、おサキさんの好意に甘える形で話を聞き出している。おサキさんの極貧の生活に寄り添わなければ過去を語ってはくれまいとの判断からだ。それは一面正しいが、身分を偽りながら被取材者との間に信頼関係が築けるのかという疑問は残る。たとえ帰京直前に彼女がすべてを打ち明け、泣いて謝ったとしても、おサキさんが彼女の思惑をとうに見抜いており、なんでも書いていいといったとしても、である。

おサキさんの紹介で訪ねたおフミさんの息子の家で、著者がサンダカン時代の写真を目にする場面でも同様の疑問が生じる。写真がどうしても欲しいと思った彼女は、アルバムから何枚かをはがし、胸元に押しこんで持ち帰ってしまうのだ（おいおい）。

結果的に聞き書きは成功した。だが、取材のプロセスはどうなのか。これは多くの人が感じる疑問らしく、本多勝一など、『ルポルタージュの方法』（一九八〇年）の中にわざわざ「『サンダカン……』の場合」という一項目を設けているほどだ。写真は正直に借りたいといえばよかったのだし、『サンダカンの墓』のクライマックスも思い込みが先行している。墓は急な斜面に建っていて、日本の方へ向けたら石塔が地面を向くことになる。だからここの墓はすべて海を向いて建てられる。結果的に祖国に背を向けることになっただけだと。

構図は朝鮮人慰安婦と同じ

というように、ひっかかる点がないわけではない。それでも本書に読む価値はまだ残っていると思うのは、過去の売買春の実態を知らない人が増えているからだ。

からゆきさんをはじめて知る人は、先の戦争中、旧日本軍に朝鮮半島などから徴用された慰安婦を想起せずにはいられないはずだ。九〇年代に浮上し、後には国際問題にまで発展した慰安婦問題。軍の強制はなかった、彼女たちは売春婦だから問題はないのだ、と歴史修正主義者は主張する。想像力があまりにも欠けているといわざるを得ない。

八〇〜九〇年代、東南アジアから日本に出稼ぎに来た女性たちを指す「じゃぱゆきさん」という呼称は「からゆきさん」に由来する。貧しさゆえに身を売り、祖国を離れた少女たちの実態は、本書一冊読むだけでも想像がつくはずだ。狭義の強制がなかったから問題はない、などと到底いえるものではない。体当たりレポートともいうべき本書は、貧困と性労働の連鎖が、現在も世界中で起きていることを思い出させる。それはけっして過去の出来事ではないのだよ。

名作度 ★★　使える度 ★★

山崎朋子（やまざき・ともこ、一九三二〜二〇一八）——女性史研究家。社会の底辺で生きる人々に焦点をあてた作品を執筆した。著書に『あめゆきさんの歌』『鳴潮のかなたに』『引き裂かれた人生』『愛と鮮血』など。

高齢化社会の入口で
有吉佐和子『恍惚の人』●一九七二年／新潮社・新潮文庫

七〇年代の初頭は、過去に対する反省と未来に対する漠然とした不安が漂いはじめた時代だった。経済成長をめざして走り続けてきたものの、公害は起きる、飛行機は落ちる、ベトナム戦争は泥沼化する。日本はこの先どうなっちゃうのか……。

有吉佐和子『恍惚《こうこつ》の人』（一九七二年）はその頃の小説である。「恍惚の人」とは、今日でいう認知症（当時の用語では「老人性痴呆症」）のこと。「恍惚」は爆発的な流行語となり、本書も爆発的に売れて、この年の年間ベストセラー第一位に輝いた。

文庫で四〇〇ページを超す長編小説。半世紀近く前の本だけれども、思ったほど古びた感じはしない。読み物としてのおもしろさに加え、「わかるわかる」な話題が満載なのだ。

本書が果たした社会的な役割は、「誰も知らなかった事実」を知らせたことではなく「ほんとはみんな知っていたけど公には語られなかった事実」を明るみに出したことだろう。この本で、とまれ認知症ははじめて、国民的な関心事として認知されたのである。

妻がひとりで介護を担った時代

主人公の立花昭子《あきこ》は、共働き家庭の主婦。法律事務所の邦文タイピストとして働いており、商社マンの信利《のぶとし》と結婚して二〇年になる。高校二年の息子・敏《さとし》と三人暮らしだが、同じ敷地内の離れには夫の両親が住んでおり、「スープの冷めない距離」を保っている。

物語はある雪の日からはじまる。仕事の帰路で昭子は義父の茂造とすれちがう。雪の中、外套も着ず、傘も持たず、血相を変えて歩くようすはどうもおかしい。

帰宅後しばらくして、茂造が母屋を訪ねてきた。〈婆《ばあ》さんが起きてくれないもんだから、私は腹が空《す》いてかなわんのです〉〈「お姑《かあ》さん、寝てらっしゃるんですか」／「婆さんですか、そうなんですよ。いくら言っても起きてくれません」〉

ほどなく昭子は驚愕する。義母は玄関先で息絶えていたのである。突然死だった。

茂造は八四歳。別棟で暮らしていたため昭子たちは気づかなかったが、認知症はかなり進んでいた。長年連れ添った妻の死も理解できず、自分の娘や息子が誰かも認識できず、ご飯はまだかと何度も催促し、とめどなく食べつづけ、息子の信利を暴漢だと思って騒ぎ出す。そのくせ始終「昭子さん、昭子さん」と呼んでは甘えたそぶりを見せる。

ひとりになった義父を母屋の一階に住まわせ、昼間は弁当を持って老人クラブ（今日でいうデイサービスに近い）に通ってもらうも、やがて徘徊《はいかい》がはじまり、失禁するようになり、夜中の排《はい》泄《せつ》の世話や見張りで、昭子は満足に夜も眠れぬようになる。

一方、では他の家族はどうだったか。

夫は父の変化をむしろ気味悪がっており、夜中に父の声が聞こえても、〈おい、親爺が何か喚《わめ》いているぞ〉で終わり。〈あなたも少しは手伝って下さいよ。見ているばっかりで、ひどいわ〉と昭子が責めても、〈俺は、ただただ驚いているんだ。まるで腑《ふ》抜《ぬ》けになっているじゃないか。俺もうっかり長生きすると、こういうことになってしまうのかねえ〉。

息子はもっと辛辣《しんらつ》で〈いやだなあ。こんなにしてまで生きたいものかなあ〉〈パパも、ママも、こんなに長生きしないでね〉。祖父については〈老人ホームに入れちゃえばいいじゃないか〉。目の前の父よりも、自分の将来を心配する夫。どこまでも他人事の息子。

昭子の不満はだんだんたまり、とうとう夫相手に爆発する。〈あなたは私が仕事をやめて家庭へ入ればいいと思っているんでしょう。内心ではそう思ってるんでしょう。でもあなた、私だって事務所でお茶汲《く》みしてたわけじゃないんですよ〉。そうだ、もっといえ！

妻がひとりで介護の負担をかぶり、ひとりで疲弊していく。

老人介護の実態が十分知られてはいなかった時代である。茂造の行動や昭子の苦悩は、介護経験者には共感を、未経験者には驚きをもって迎えられたにちがいない。舞台を共働き家庭に設定したのが作劇上の重要ポイントで、立花昭子がもし専業主婦だったら、在宅介護の過酷さはここまでクリアにならなかっただろう。逆にいうと、昔の専業主婦は、誰にも理解されず、誰にも同情されないアンペイドワーク（無報酬労働）をひとりでひっそり背負っていたのだ。

不備な制度、無理解な世間

本書が果たした社会的な役割はもうひとつあった。老人医療や高齢者福祉制度がいかに未整備か、世間がいかに無理解かという現実の告発である。

作中には医療や福祉にかかわるさまざまなプロが登場するが、この人たちがまあ、そろいもそろって冷たいんだ。内科的にはいたって健康、何も問題がないと医師は切り口上にいうし、老人クラブの若い女性スタッフはデイサービスの利点を強調しつつ付け加える。〈私は自分の親を老人ホームに突っこんじゃう子供の気持だけは分らないんですよ。誰だって齢《とし》をとるんだから、自分も老人になったらって考えればいいのに。ねえ、残酷ですよねえ〉

そして茂造を老人ホームに入れたいと相談に訪れた昭子に、老人福祉指導主事は宣告するのである。〈でもこのくらいなら、ホームへ入れなくても、家で充分面倒を見てあげられますでしょう。私も専門ですから毎日毎日いろいろなお年寄りを見て廻っていますけど、こちらのお爺さんはお幸せですよ。そりゃ気の毒な老人が沢山いらっしゃいますからね〉

そうなのだ。ちょっと前までみんなこうだったのである。

老人福祉をめぐる状況は、その後大きく変わった。介護保険法が成立し（一九九七年）、要介護の高齢者を社会全体でサポートする介護保険制度がスタートしたのは二〇〇〇年。〇四年には厚生労働省の提言で、「痴呆」という呼称が「認知症」に変更された。今日、介護は社会全体で担うという考え方は広く浸透しているし、認知症に対する理解も進んだ。『恍惚の人』に出てくるような介護関係者は、ほとんどいないだろう。

付け加えると、老人介護を描いた小説も、その後、指数関数的に増加した。耕治人《こうはると》の晩年の三部作（『天井から降る哀しい音』『どんなご縁で』『そうかもしれない』一九八六〜八八年）は八〇代の夫婦の老老介護を描いて読者に衝撃を与え、モブ・ノリオ『介護入門』（二〇〇四年）、羽田圭介『スクラップ・アンド・ビルド』（二〇一五年）は、『恍惚の人』でいえば昭子の息子世代に当たる若い男性を主役にした介護小説で、いずれも芥川賞を受賞している。いまや老人介護小説はひとつのジャンルに成長したといってもいいほどだ。理由は簡単。少子高齢化が進んだ現在、介護と無関係でいられる人はほとんどいないからである。

現実になった未来予測

国連が定義する「高齢化社会」は六五歳以上が人口の七パーセントを超えた社会だ。日本が七パーセントを超えたのは一九七〇年。『恍惚の人』はつまり、高齢化社会の入口で、未来への不安を先駆的に示した小説だったわけである。

本書が描いているのは「ひと昔前」の在宅介護の風景で、情報小説としての価値はもうあまりないだろう。ただ「こんなの昔話よね」と笑い飛ばせるほど、現在の福祉制度が完璧だともいいがたい。一皮むけば立花家同様、妻がひとりで介護を担うという現実はまだ残っているし、福祉予算が年々削られている現在、いつなんどきこのレベルに戻らないとも限らない。

くわえて高齢化率が当時といまとじゃ比較にならない。

昭子の夫の信利は〈本当か嘘《うそ》か知らないが、今から何十年後の日本では六十歳以上の老人が全人口の八十パーセントを占める〉という話を聞きかじってくる。〈何十年の後には信利も昭子も完全に老人と呼ばれるべき年齢になっていて、敏は一個の社会人として老化した両親の他に赤の他人の古ぼけたのを二人抱えて生きなければならないということになる〉

八〇パーセントは大げさにしても、二〇一九年の六五歳以上の人口は二八・四パーセント。夫婦二人で四人の親をみる家庭はすでに現実だ。七二年の平均寿命は女性が七六歳、男性は七一歳だった。二〇一八年は女性が八七歳、男性は八一歳だ。七〇年には一〇人で一人の高齢者を支えればよかったが、現在は二人で一人の時代である。立花昭子が聞いたら卒倒したであろう。

名作度★★　使える度★★

有吉佐和子（ありよし・さわこ、一九三一～一九八四）――小説家。『紀ノ川』『香華《こうげ》』『華岡青洲《せいしゅう》の妻』『和宮様御留《かずのみやさまおとめ》』のほか、社会問題を扱った本書や『複合汚染』など話題作を次々発表した。

男子高校生たちのあきれた青春

井上ひさし『青葉繁れる』●一九七三年／文藝春秋・文春文庫

井上ひさしの代表作を一冊選ぶとしたら、『吉里吉里人《きりきりじん》』（一九八一年）をあげる人が多いかもしれない。だが、小説家としての井上ひさしの初期のヒット作は青春小説だった。

とりわけ『青葉繁れる』（一九七三年）は、五木寛之『青春の門・第一部・筑豊篇』（一九七〇年）と並ぶ、地方都市の高校生を描いた青春小説として特筆されよう。会話はすべて地元の言葉。同様の趣向は村上龍『69 sixty nine』（一九八七年）や、芦原すなお『青春デンデケデケデケ』（一九九一年）に引き継がれる。東京中心主義に背を向ける姿勢は鮮やかだった。

〈抱腹絶倒、爆笑とペーソスあふれる青春文学の傑作〉（版元の惹句）として、いまでも本書は読み継がれ、文庫も含めて一二〇万部にも迫る勢いだそうだ。

ほんとなのか。信じられない話である。理由は後回しにして、まず作品を読んでみよう。

名門校の劣等生と東京からきた転校生

物語の舞台は一九五二年の宮城県仙台市。主人公の田島稔は仙台一の進学校「一高」の三年生である。女の子を見るたびに、自分が東大生や慶大生になって彼女とのアバンチュールに突き進む、みたいな恋愛妄想が頭をもたげるが、実現性はゼロ。なぜって稔にとっては東大も慶大も遠い夢。彼の成績は、同学年三〇〇人中二八四番なのである。一高は試験の成績順に上位から五〇人ずつ一組、二組とふりわけていく方式で、稔はいつも二五一番以下の生徒を集めた六組である。同じ万年六組の仲間であるサッカー部のデコ、中年男のような風貌のユッヘ、開業医の息子のジャナリといつも四人でつるんでいる。四月、六組に渡部俊介という都会的な少年が、東京の日比谷高校から転入してきた。さて悪ガキたちは……。

以上が『青葉繁れる』の基本的な構図である。明記こそされていないが、「一高」のモデルが井上ひさしの母校・宮城県立仙台第一高校であるのはほぼまちがいないだろう（後に出てくる「二女高」はおそらく宮城県第二女子高校）。転校生の俊介を含めた稔たち悪ガキ五人組が学校の内外でさまざまな騒動を巻き起こす。児童文学や少年マンガではおなじみのパターン。いわば「ズッコケ三人組」（那須正幹）の高校生版だ。ただし「ズッコケ三人組」と異なるのは、男子高校生の身も蓋《ふた》もない生態が、これでもかと描き出されることだろう。

稔の恋愛妄想はいつも〈彼女を草叢《くさむら》に押し倒し、細い腰からスカートを毟《むし》り奪《と》るだろう〉みたいな方向に向かうし、ジャナリがエロ本がわりに持ちこんだ『人体解剖実習書』を前に女性器の図版の説明が延々と続くし、二女高の演劇部と合同で『ロミオとジュリエット』の英語劇を上演するにあたり、演出とロミオ役を買って出た俊介は〈清冽《せいれつ》な青春劇からすこしずつ濃厚な愛欲劇へ変えて行〉こうとする。ジュリエット役は二女高演劇部の若山ひろ子。〈ひろ子の手さ触った感じはどんなだっぺ〉〈そんで、ひろ子の抱き心地はどうだっぺ〉。稔たちは色めき立つが、稽古がはじまってまもなく、彼らは衝撃の事実を知らされる。〈若山ひろ子が退学いたしました〉〈若山ひろ子は林長三郎一座に入ってしまったのです〉

ズッコケ高校生の青春だから、エピソードの多くは、思い通りにはいかなかったとか、やりすぎて怒られたとかいう失敗談だ。まあ、それはよい。

だが、たとえ失敗談の連続でも「全体にセクハラな小説である」とはいっておこう。だれに対するセクハラかって？　むろん読者に対してだ。作者はこの小説を女性も読むとは考えなかったのだろう。あるいは女性読者もいっしょに笑ってくれると思ったか。

二女高がからんだエピソードをもうひとつ見ておこう。その日、悪ガキ五人組は、二女高の生活美化委員六人と合同デートをすることになっていた。

〈「へえ、生活美化委員ねぇ。ほんで、その委員の皆さんがたのご面相はどんなもんすか」／ジャナリはうひひひと笑って、／「生活美化つうぐれぇでこれが大漁っしゃ。八十五点が三人、七十点が二人」／「あとひとりは……？」／「これだけはどうにもなんねぇのっしゃ。まあ、サービスして十点てとこすか」〉。十点だ？　あんたの顔は何点なのよとは思うが、先に進む。

レイプ未遂を容認する校長

待ち合わせの場所は仙台の高校生にはなじみのデートスポットである、松島の名所・五大堂《ごだいどう》。はたして、待ち合わせの場所に現れたのは「十点の子」ひとりだった。〈瘤《こぶ》のように頬が顔にぶらさがっている〉ため「たん瘤」とあだ名をつけた女子である。

〈おら、正直いって女の子に飢えてる。だけっとも、たん瘤だけは嫌だ〉とゴネるユッヘ。結局デコに「たん瘤」を押しつけ、ほかの四人は逃げてしまうのだが、〈デコのことだから、きっと双観山のどこかで、たん瘤に手を出すだろう〉と予想した四人は〈それならひとつその場面を覗き見してやろう〉とばかり二人の後をつける。はたせるかな、目の前でコトは起こった。

〈デコが力いっぱいたん瘤の手を引いた。たん瘤がつんのめってくるのをやりすごし、背後から抱きすくめ、そのまま松林の中にもつれ込んだ〉

〈「いいぞ、デコ」／「あいつついにやるっぺ」〉とはしゃぐ四人。

〈デコがたん瘤を膝の下に組み敷こうとして必死になっていた。が、彼女も力が強く、デコの思うようにはなかなかさせぬ。デコはいきなり両手でたん瘤の胸の、ふたつの膨《ふく》らみを握った。彼女がはっとしたすきにデコは腰にさげていた手拭いを抜き取って、その口につめ込み叫び声を封じた。これでたん瘤は急にひるんだ。そこにつけ込んでデコは彼女の黒い色の下穿《したばき》に手をかけた。（略）ついにデコが下穿を膝頭まで引きずりおろした〉

下着の下に水着を着ていたために彼女は難を逃れるのだが、四人はなおもけしかける。〈途中

でやめるな、もったいねぇでねぇか〉〈最後までやれっちゃ、このばがやろ〉

えーっと、ねえ、わかってる？　あんた、それは犯罪だよ。

未成年とはいえ、デコの行為は当時の法律でも強姦未遂ないし強制わいせつ罪が疑われる事案であり、デコは退学、他の四人は停学になっても文句はいえない。案の定、翌々日、二女高の女性教師が一高に怒鳴り込んできた。〈わたくし、この責任はきっととっていただくつもりでおりますわ、校長先生にも担任の先生にも、そして五人のならず者にも、ねっ〉

チョロ松こと一高の校長の言い分は〈彼女はひょこひょこ山へ行き、行ったら当然起るであろうことが起ったただけなのに、乱暴されたとわめく。これはじつに卑怯ですなぁ〉。

生徒が生徒なら校長も校長。とんだ名門校があったものである。

稔たち五人は後日、世間の非難を浴びて退学を心配する局面に立たされ、チョロ松は責任をとって辞職までするのだが、それは稔たちが市中から盗んだ看板を文化祭に展示した「名門高校生表札泥棒事件」のためだった。レイプ未遂事件はスルーである。

『赤頭巾ちゃん』への挑戦状

夏目漱石『三四郎』以来、日本の近代文学は「もてない童貞くん」を主人公とした青春小説を大量に生産してきた。それらの多くは、純文学的な意匠の下、哲学的な思弁などで表面を美しくコーティングすることで「文学」たりえてきたのである。

『青葉繁れる』のたくらみは、大衆小説の矜持《きょうじ》にかけて、その包装紙をはぎ取ろうとしたことだろう。「やりたい願望」をむき出しにする稔たちの世界に、都会の異文化を持ち込む俊介は『赤頭巾ちゃん気をつけて』の舞台となった日比谷高校からの転校生だ。が、気取っていた俊介も稔たちの世界にすぐ染まってしまう。そして小説は主張するのだ。男子高校生なんて所詮こんなものだべさ、と。建前に対する本音、草食系に対する肉食系。赤に対置される青を打ち出すことで、『青葉繁れる』は『赤頭巾ちゃん…』に挑戦状を突きつけたともいえる。

人気作品だった証拠に、七四年には、岡本喜八監督の手で映画化され（稔役は丹波義隆・俊介役は草刈正雄）、テレビドラマ化（稔役は森田健作・俊介役は沖雅也）もされた小説である。物語内容に、誰も疑問をもたなかったということよね。この国の性暴力に対する認識は、長い間、この程度だった。「使える度」は★にしたけど、反面教師としての教材にするには適した素材だ。この本で抱腹絶倒できる人がいたら、自分のセンスを疑いなさい。

名作度★　使える度★

井上ひさし（いのうえ・ひさし、一九三四〜二〇一〇）――劇作家・小説家。独特のユーモア感覚と鋭い風刺で膨大な作品を発表し、戦後の日本演劇を代表する劇作家の一人とされる。小説に『吉里吉里人』、戯曲に「頭痛肩こり樋口一葉」など。

天変地異の大盤振る舞い

小松左京『日本沈没』●一九七三年／光文社・小学館文庫

一九七三年はオイルショックの年である。第四次中東戦争の影響で原油価格が高騰。歴史年表式にいえば、高度経済成長はここでストップする。もっとも、より印象的なのは、物不足への不安からトイレットペーパーの買いだめに走った人々の行列かもしれない。

この年のベストセラーといえば、一九九九年七月に人類は滅亡すると予言する五島勉『ノストラダムスの大予言』である。小松左京『日本沈没』が空前のベストセラー（上下巻あわせて四〇〇万部！）になったのもこの年だった。人類は滅亡するわ、日本は沈没するわ、もしかして七〇年代の初頭は終末思想が流行ってたのか。

伊豆地震、京都大地震、東京大震災

『日本沈没』の舞台は近未来の一九七×年。物語は深海潜水艇「わだつみ」の操縦員・小野寺俊夫と、海底火山研究の第一人者・田所雄介博士を中心に進行する。その日、二人は海洋地質学者の幸長もまじえ、小笠原諸島の北で突然海底に沈んだ小島の調査に向かっていた。

日本海溝の深部へと進む「わだつみ」。彼らはそこで奇妙な亀裂を発見する。

〈水面下七千メートルにひそむ、この巨大な暗黒の中で、今、たしかに、何かが起こりつつあるようだった。――南のはてから北のはてにまでその体を横たえた、冷たい巨大な、暗黒の蛇《へび》は、その上につみかさなる猛烈な圧力をはねかえし、今かすかにその皮膚を振動させ、わずかにうごめき、のたうちはじめている……〉

それは当初、ささいな予感にすぎなかった。しかし異変はまもなく起こる。

七月二六日、後に婚約者となる玲子と伊豆に来ていた小野寺は、激しい揺れの中で天城山の噴火を目撃する。それまでほとんど爆発の徴候がなかった休火山の噴火。そして！

〈天城山爆発の八分後、伊豆大島の三原《みはら》山が噴火し、つづいて、天城山の東北にある大室山《おおむろやま》が、鳴動とともに噴火の徴候をしめしはじめた。熱川《あたがわ》では、文字どおり川が熱くなりはじめ、温泉の泉源から猛烈な勢いで、高圧蒸気が吹き出しはじめた〉

地震が引き起こした津波は伊豆半島東岸、伊豆大島、相模湾沿岸一帯をおそい、伊東、熱海、小田原、大磯、平塚、逗子、葉山、三浦などの諸都市に被害をもたらした。危機を察知した田所は閣僚との懇談会で「日本が壊滅する場合も想定しておいたほうがいい」と進言するも一笑に付される。が、そうこうするうち、八月一六日、今度は京都で大地震が起こる。

〈花山地震帯のひさびさの活動によって起こったこの「京都大地震」は、折りあしく大文字を見に近辺から集まってきた膨大な人出のまっただ中で起こったため、規模もさることながら、被害者数の多かったことで、人々を震撼《しんかん》させた。河原町、三条、四条の橋上、あるいは先斗町《ぽんとちょう》、木屋《きや》町《まち》付近に集まっていた群衆のうち、橋や床から河原へ折り重なっておち、倒壊家屋の下敷きになり、また混乱した群衆によって踏みつぶされたりして、大量の被害が出、全市内で一瞬のうちに死者四千二百、重軽傷者一万三千名の大惨事をまき起こした〉

さあ大変。さすがの政府も重い腰を上げざるを得なくなり、田所博士を中心に、彼の仮説を検証する極秘プロジェクト「D計画」が発足する。深海潜水艇の操縦士としてスカウトされた小野寺も計画に加わった。はたして田所が予測した日本列島の未来とは！

とまあ、こんな感じで物語は進行する。

初読の際には「すごいリアリティ！」と思ったが、よく考えると変な気がしないでもない。たとえば右の京都大地震。四千人以上もの死者が出たのに、政府は「いつ起こるかわからない次の震災」に備えた極秘プロジェクトなんか立ち上げている暇があるのか。田所博士も未来の危機ばかり煽っているが、目の前の被害は放ったらかしなのか。

といった外野の心配をよそに、田所博士はD計画のメンバーに地震が起きるメカニズムを延々と解説し続け、まさにその最中、興奮した士官が駆け込んでくる。

〈関東地方に、大規模な地震が起こりました。――震源地は東京湾の沖合、三十キロの地点、マグニチュード八・五、……東京湾、相模湾沿岸一帯は津波におそわれ、東京都内は、震度六ないし七の烈震または激震により、かなりな被害が発生した模様です〉

主人公は人ではなくて日本列島

『日本沈没』が他の小説と異なる点、それは「人間ドラマ」をやろうとはしていないことだろう。私生活が多少なりとも描かれるのは小野寺だけ。彼はもっとも一般市民に近い感覚の持ち主である。だが彼の動きは散漫で、主人公としての押し出しは弱い。

すると主人公は……日本列島だってことでしょうね。

エピローグのタイトルは「竜の死」。その一行目は〈北半球の半分をおおうユーラシア大陸の東端で、今、一頭の竜が死にかけていた〉である。主役が「竜」と呼ばれる列島である以上、小野寺や田所に与えられた任務も狂言回しとしての役割にすぎない。

ちなみに彼らの会議中に起こった地震は「第二次関東大震災」または「東京大震災」と呼ばれることになる。京都大震災から一年四か月後。翌年一二月の異変だった。

夕方のラッシュアワーを直撃したこともあり、首都圏の人的被害はそれまでの地震の比ではなかった。〈死者・行方不明者は、東京都内だけで約百五十万、ほとんどが下町地帯の毒ガス、火災、ラッシュ時のターミナルにおけるパニック、それに交通事故で死んだ人々だった〉。そこに津波の被害が加わった。〈千葉、神奈川、静岡県東部から、茨城、埼玉をふくめた被害をあわせると、死者、行方不明者は、優に二百五十万に達するだろうといわれていた〉

さあ、ここまで来れば、天変地異の一挙投入だ。

年が明けた三月一二日、ついに富士山が噴火する。宝永四年（一七〇七年）の大噴火以来、二百数十年ぶりの大噴火。二度目の噴火では山頂部が吹き飛び、九〇〇〇年ぶりに大量の溶岩が噴出。都内には火山灰が降りそそぎ、一〇センチ以上の降灰でおおわれた。

日本政府は発表せざるを得なくなった。〈日本列島は一年以内に海没する〉

天変地異がなおも続く中、政府は各国に一億一千万人の国民の受け入れを要請する。国連は各国に「難民割り当て」を行い、七月までに六五〇〇万人の日本人が海外の難民キャンプで生活をはじめていた。皇室はスイスに逃れ、日本政府はパリに移った。

沈みゆく日本列島と心中するつもりの田所博士はつぶやく。見よこの列島の擬人化ぶりを。〈日本人というものは……この四つの島、この自然、この山や川、この森や草や生き物、町や村や、先人の住み残した遺跡と一体なんです〉〈このデリケートな自然が……島が……破壊され、消え失《う》せてしまえば……もう、日本人というものはなくなるのです〉〈日本という島に惚れることは、私にとっては、もっとも日本らしい日本女性に惚れることと同じだったんです〉

その後の日本はどうなった？

七〇年代の読者がどんな気持ちでこの小説を読んだかはわからない。そもそもは大ボラをいかに本当らしく語るかが勝負のＳＦである。子どもたちが「ノストラダムス」に興奮し、本気で未来を心配したほど、真剣に受け取った人はいまい。

しかし、その後の日本はどうなったか。

沈みはしないが、列島は数々の天変地異に見舞われた。伊豆大島三原山の噴火（一九八六年）、雲仙普賢岳《うんぜんふげんだけ》の噴火（一九九〇年）、阪神・淡路大震災（一九九五年）、三宅島の噴火（二〇〇〇年）、東日本大震災（二〇一一年）。作中の東京大震災はM8・5。M8・6以上の地震は起こりえないと田所博士は言明したが、東日本大震災はM9・0。小説で描かれたのは石油コンビナートの爆発までで、原子力発電所の事故は想定されていなかった。

予期せぬ事態も進行した。温室効果ガスの増加による地球の温暖化である。気候変動は年々激しさを増し、このまま行けば地球の永久凍土が溶け、海水面が上昇、太平洋の海抜の低い島国は水没するという説を唱える人もいる。

『日本沈没』に繰り返し読者が戻ってくるのは、ここで描かれたような地球の異変と無縁ではない世界に私たちが生きているからだろう。そして現実は小説より必ず悲惨なのだ。

名作度★★★　使える度★★

小松左京（こまつ・さきょう、一九三一〜二〇一一）――小説家。業界誌記者や漫才台本作家をへてSF作家に。文明評論家や博覧会の総合プロデューサーなど多彩な活動でも知られる。『日本アパッチ族』『復活の日』『首都消失』など話題作を多数発表した。

大企業を敵に回した果敢なルポ

鎌田慧『自動車絶望工場——ある季節工の日記』●一九七三年／現代史出版会・講談社文庫

「格差社会」という言葉がいっきに広がったのは二〇〇〇年代後半である。非正規雇用者が激増し、ワーキングプアが社会問題化。〇八年九月のリーマンショック後は、派遣切りや雇い止めや内定取り消しが続発、労働現場は最悪の状態にあった。

そんな背景に呼応して、〇八年にブームになったのが小林多喜二『蟹工船』（一九二九年）である。「『蟹工船』エッセーコンテスト」（小樽商科大学と白樺文学館多喜二ライブラリーの共同主催）が話題になり、新潮文庫の『蟹工船・党生活者』は一年で五五万部も売れた。

『蟹工船』はドキュメンタリータッチの名作ではあるが、仕事の内容に関する記述は意外に少ない。蟹缶詰の製造工程、つまり労働の質が、よくわからないのである。ま、小林多喜二は銀行員ですしね。蟹工船に自分が乗ってたわけじゃない。労働現場を描くというより、劣悪な労働環境に耐えかねた労働者らが団結して立ち上がる、そこに『蟹工船』の意味があった。

トヨタの季節工として五か月

ということで、『自動車絶望工場』（一九七三年）。いまや伝説の書ともいうべき、鎌田慧の出世作である。副題は「ある季節工の日記」。『蟹工船』のヒットを横目に見ながら、それを読むならこっちも読んでよと私はひそかに思ってました。

〈季節工／満18才〜50才／月収90、000円〜75、000円／3〜6カ月就労〉

一九七二年八月、地方紙に載った右の「従業員募集」の広告を見て、著者は青森県弘前市からはるばる愛知県豊田市のトヨタ自動車本社工場までやってきた。当時三四歳。本書は彼が翌七三年二月まで、トヨタの季節工として働いた五か月間の記録である。

実際に組立工として働いた人の「日記」は、臨場感と徒労感に満ち満ちている。とりわけ多くの言葉が割かれるのは、ベルトコンベア労働の過酷さだ。身体検査の結果、「ぼく」が回されたのはトランスミッションの組立行程。早くも初日に彼は弱音を吐く。

〈コンベアはゆっくり回っているように見えたが、とんでもない錯覚《さっかく》だった。実際、自分でやってみなければわかるものではない。たちまちのうちに汗まみれ。手順はどうにか覚えたのだが、とても間に合わない。軍手をしているので、小さなボルトを、それも使う数だけ摑み取るだけでも何秒もかかる。うまくいって三台に一台やるのが精一杯。違った種類のミッションが来ると、それは難しくてお手上げ。カバーをはめるのにコツがいるので新米《しんまい》ではできないのだ。喉《のど》はカラカラ。煙草《たばこ》どころか、水も飲めない。トイレなどとてもじゃない。だれがこんな作業システムを

考えたのか。息つく暇《ひま》のないようにギリギリに考えられているのだ〉

そして彼は考える。〈これが大企業の、日本第一位、世界第三位を誇る自動車メーカーの労働者の生活か。これが〝近代的プロレタリアート〟の生活なのか〉と。

当時のトヨタは見習工を「臨時工」、季節工を「期間工」、実習生を「養成工」、未成年を「赤線」と呼んでいた。本工である正社員以外に、労働者間に身分制度を設け、賃金を低く抑えることがトヨタ式の合理的な経営だった。過労で倒れた同僚は何の保障もなくクビになる。労災による死亡事故が起きても、〈重大災害が発生して遺憾《いかん》に思う〉という社長声明と、〈ごめい福を祈ります〉という労組のメッセージが掲示板に張り出されるだけ。『蟹工船』式のドラマは起きず、来る日も来る日も、単純反復労働と人間性を剥奪された日々が続く。

一九七二年は、田中角栄内閣が誕生し、ときならぬ列島改造論に日本中が沸いていた頃である。当代随一の花形企業の裏を暴いたレポートは、経済大国への道を歩みつつある日本の産業界に冷や水を浴びせたのである。

しかし、これがもし単なる「現場労働者の日記」であったら、本書はそこまで話題にならなかっただろう。鎌田が工場に入ったのは、賃金を得ることと、工場での体験をルポルタージュとして書き残すことである。したがって本書には、新入社員用のパンフレットから、『トヨタ新聞』『週刊トヨタ』などの従業員向け情報誌、新聞や週刊誌の記事まで大量の資料が引用される。結果、浮かび上がるのは、外から見たトヨタと内側から見たトヨタのギャップだった。

大宅賞には落とされた

ライターとしての鎌田慧の腕が光るのは、たとえばこんな箇所である。

草柳大蔵『企業王国論』（一九六九年、文藝春秋）に出てくる〈米飯は真空炊飯機《しんくうすいはんき》でアッという間にできてしまう。それを食べて工場に出て、作業がおわれば、六百億円を投じた福祉厚生施設がならんでいる〉という部分をとらえて彼はいう。〈書かれていることは〝事実〟だが、書かれていないことが多すぎて、真実とは似ても似つかぬ〉。よって〈こう書くべきだ〉と。

〈……米飯は真空炊飯機でアッという間につくってしまうものだから、生米《きごめ》をふくらましただけのもので、まずいだけでなく、とても消化に悪い。そんなものを食べさせられて、急いで工場に出て、文字通り一分一秒も休むことのできない強密度、長時間労働がやっとおわれば、こんどは六〇〇億円？を投じたと広報課の係員が宣伝する福利厚生施設という名の収容所に戻る。ここでは、自衛隊出身の守衛《しゅえい》がならんで、私生活に目を光らせている……〉

どうですか、忖度《そんたく》ゼロのこのイヤミな筆致！

こういう箇所が「効いた」のだろう。『自動車絶望工場』は、大宅壮一ノンフィクション賞（くだんの草柳大蔵も選考委員だった）の候補作になるも、「取材方法がフェアではない」という理由でみごとに落選した。これはむしろ鎌田慧の武勇伝であろう。

『サンダカン八番娼館』の方法論を批判した本多勝一も、『自動車絶望工場』の方法論は高く評価し、講談社文庫版の解説で、〈ルポを目的とする工場潜入《せんにゅう》とわかってみれば、少なからず興《きょう》ざめする〉という大宅賞の選評に痛烈な批判を加えている。

〈ルポが目的で工場に潜入して働くことが、どうして「フェア」でなくて、「少なからず興ざめする」のでしょうか〉。それを突き詰めれば〈大企業がかくしている公害なども、裏から証拠をつかんで暴露《ばくろ》しては「フェアでない」のです。なんとか王国論といった類の、大企業がむしろ喜ぶ報告が「フェア」なのであります〉。またしても草柳大蔵へのイヤミ！

私が大学生だった七〇年代の後半、鎌田慧はすでに本多勝一と並ぶ人気ライターで、カネもコネもないジャーナリスト志望の若者たちに勇気と希望を与える存在だった。『自動車絶望工場』のような現場ルポなら自分にもできるかもしれない、と。

だが、いま振り返ると、潜入ルポは想像以上にハードルが高い仕事だったのだ。同じ方法論で書かれた本は多いとはいえず、最近では横田増生《ますお》『ユニクロ潜入一年』（二〇一七年）が目立つ程度。大企業を敵に回す仕事は、リスクも引き受けることを意味する。

その後の自動車工場

最初の話に戻ると、労働者をめぐる状況は、二〇〇〇年代に入ってこの時代以上に悪化した。元凶のひとつは一九九九年に改定された労働者派遣法である。二〇〇四年の改正で、製造業への派遣が原則自由化されると、「絶望工場化」はさらに進んだ。

トヨタも例外ではなかった。世間を騒然とさせた秋葉原無差別殺傷事件（二〇〇八年六月）の容疑者は、大手派遣会社からトヨタの関連工場に派遣され、塗装工として働いていた。この件に関して鎌田慧は書いている。〈かつて私が「絶望工場」と名付けた労働現場の悲惨はさらに深まり、若者たちはなんの保証もない移動を繰り返している。自己責任社会の中で、自殺か他殺か、その選択しかないほど追い詰められている〉(東京新聞二〇〇八年六月一二日)

時間刻みの派遣労働者は「期間工」のさらに下の身分なのである。

労働者派遣法はその後さらに改定され、二〇二〇年四月からは、正社員と派遣労働者の格差を是正する「同一労働同一賃金」の原則が一応掲げられている。過労死の認定なども、以前に比べれば改善された。だが、経済が悪化すれば、真っ先に切られるのは最下位の非正規労働者である。『自動車絶望工場』の告発は、だから色あせない。いまも、おそらく将来も。

名作度★★★　使える度★★★

鎌田慧(かまた・さとし、一九三八〜)——ルポライター。新聞、雑誌記者をへて、フリーとなる。労働・公害・原発・冤罪・教育・沖縄など、社会問題全般を取材・執筆するルポライターの第一人者。著書に『六ヶ所村の記録』『いじめ自殺』など。

お嬢さん先生の修行と遍歴

灰谷健次郎『兎の眼』●一九七四年／理論社・角川文庫

　概して学校を舞台に新米教師の奮闘を描いた小説は人気が高い。映画も小説もヒットした石坂洋次郎『青い山脈』（一九四七年）とか、いまもロングセラー街道を走り続ける壺井栄《つぼいさかえ》『二十四の瞳』（一九五二年）とか。『青い山脈』は東北の女学校を、『二十四の瞳』は瀬戸内の島の小学校の分校を舞台に、新米の女性教師が悩み、成長する姿を描いている。

　灰谷健次郎の代表作『兎の眼』（一九七四年）も、この系譜に連なる、若い女教師を主役にした新米先生小説だ。児童文学作品だが、大学生くらいの若い読者も多かった。灰谷健次郎を読んで教師を志したという人も、七〇年代〜八〇年代には少なからずいたのである。

ハエを飼うゴミ処理所の少年

　物語は〈鉄三《てつぞう》のことはハエの話からはじまる〉という意表を突く一文からはじまる。

〈鉄三の担任は小谷芙美《ふみ》先生といったが、結婚をしてまだ十日しかたっていなかった。大学を出てすぐのことでもあり、鉄三のその仕打ちは小谷先生のどぎもをぬいた。／小谷先生は職員室に

かけこんできて、もうれつに吐いた。そして泣いた〉
ここは「H工業地帯の中にあるS町」。煙霧《ガス》で空が一日中どんよりした町である。
小谷芙美は二二歳。この町の姫松小学校に着任し、一年四組の担任になった。姫松小の隣には一九一八年につくられた古い塵芥《じんかい》処理所（ゴミ焼却場）があり、学校には処理場の臨時雇いの労働者が住む長屋の子どもたちも通ってくる。
小谷先生が度肝を抜かれたのは、鉄三がカエルを残酷なやり方で殺したからだった。大事に飼ってきたハエを、同じクラスの文次がカエルのエサにしたのが我慢できなかったのだ。が、小谷先生はそんなことは知らない。えらい学校に来てしまったと思うばかりだ。
この子——臼井鉄三は塵芥処理所の長屋の子どもである。両親をなくし、祖父のバクじいさんと暮らしている。話しかけても「う」しかいわず、気に入らないことがあるとすぐ飛びかかって暴力をふるう。学校では教科書も開かず、友達とも遊ばない。
だが、二学期になって彼女は知る。鉄三は何種類ものハエを飼育する「ハエ博士」だったのだ。先生の困惑を見て年長の子たちが牽制《けんせい》した。〈鉄ツンはハエをものすごくかわいがっとんや。みんなが文鳥を飼ったり金魚を飼ったりするのとおなじやろ〉〈先生、鉄ツンをおこったらあかんで。あいつ犬とハエしか友だちないねんから。な、たのむで〉
鉄三がいじめられないようハエの件は隠していたというバクじいさんの話を聞き、小谷先生は考えを改めた。昆虫の本で自分もハエについて学び、放課後は長屋に寄ることにしたのである。

鉄三はハエの名を書いた先生手作りのカードで文字を覚え、ハエの精密画を描くようになり、図鑑を手にしたことで飼育するハエの種類も増えた。長屋の子どもたちは興味津々だ。〈鉄ツン、はよ字をおぼえて、ハエの研究論文なんかかいたらええなァ〉

もうひとり、この小説で強い印象を残すのは伊藤みな子である。一〇月、養護学校に入るまでの一か月だけという約束で、みな子は一年四組に編入した。小谷先生のたっての希望によるものだった。みな子は片時もじっとできない。教室をうろうろする。人の本やノートは破る。給食のスプーンは使えない。トイレのたびに授業が中断される。

保護者の苦情が殺到し、小谷先生は校長室に呼ばれた。〈みな子ちゃんをひきとったのは、みな子ちゃんをわたしたちの仲間にすることで、この学級がよくなると思ったからです〉といい返したものの、気が重い。これでよかったのだろうか。

悩める小谷先生を救ったのは、みな子の隣の席の淳一だった。誰より迷惑しているはずの淳一はいったのだ。〈ぼく、みなこちゃんがノートやぶったけどおこらんかってん。ほんをやぶいてもおこらんかってん。ふでばこやけしゴムとられたけどおこらんと、でんしゃごっこしてあそんだってん。おこらんかったら、みなこちゃんがすきになったで。みなこちゃんがすきになったら、みなこちゃんにめいわくかけられてもかわいいだけ〉

だから〈みなこちゃんのとうばんをこしらえたらどうですか、せんせい〉。

泥水の中に咲いた花

はじめて読んだ人は五回くらい泣くよ。泣かせようと思って書いてるからね。

この小説は「泥中《でいちゅう》の蓮《はす》」、泥水の中に美しい蓮の花が咲いていた、というお話なのだ。塵芥処理所の隣に立地し、ゴミを燃やす煙が一日中漂う姫松小学校は、子どもの教育に適した環境とはいえない。そこは貧富の差がむきだしの場所であり、長屋の子たちは自分たちが差別されていることも知っている。〈おおかたのセンコはわいらをばかにしとんじゃ。わいらのことをくさいいうたり、あほんだれいうたり、だいたい人間あつかいしてえへんのじゃ〉と彼らはいう。〈くさいゴミをもってくるのは、あいつらのくせになァ〉

しかし、そこには天使のような子どもたちと、すばらしい才能を秘めた少年がいた。それに気づいた教師が大きな変貌をとげ、さらなる変化を求めて障害のある少女を教室に迎える。子どもたちは教師の予想を超えた成長をとげる。鉄三はいまなら自閉症スペクトラム（発達障害の一種）と診断されたかもしれないし、みな子は知的障害児である。子どもたちはそんな二人を温かく受け入れる。以上がこの小説の構造である。

そりゃあウルッときますよ。美談だもの。

作中には、小谷先生が奈良の西大寺を訪ねる場面がある。善財童子の像を見るためで、表題の「兎の眼」はこの善財童子像の美しい目に由来する。その目を見ながら、彼女は高校時代の教師の言葉を唐突に思い出すのだ。〈人間は抵抗、つまりレジスタンスが大切ですよ、みなさん。人

間が美しくあるために抵抗の精神をわすれてはなりません〉

善財童子は文殊《もんじゅ》菩薩の教えにより、人々の話に耳を傾けながら旅を続ける修行者である。苦労知らずの医者の娘で、中産階級のお嬢さんだった小谷先生も、善財童子と同じ修行の身。彼女に教えを授ける賢人も、そこにはいる。鉄三の祖父のバクじいさんは、若き日、朝鮮人の親友を特高に売った苦い思い出を語る。同僚の足立先生は、不良っぽい外見に反して子どもたちには人気があり、彼女を陰で見守り、激励する。

『兎の眼』で唯一鼻白《はなじろ》む人物がいるとしたら、この足立先生だ。この人は一七年の教師のキャリアを持つ作者・灰谷健次郎が投影された人物だが、『青い山脈』の沼田校医と同じで、かっこよすぎ。若い女性教師の後ろには、なんでこういう用心棒みたいな男がいるんですかね。

立ち上がった親と教師

弱者に寄り添う姿勢、差別と対決する強さ、障害のある子もない子もともに学ぶ共生（インクルーシブ教育）の思想。『兎の眼』には教育のひとつの理想が描かれている。

現在の観点から見て違和感が残るのは、小説の結末かもしれない。

懸案だった塵芥処理場の移転が決まり、転校させられることになった処理場の子どもたち。市からの一方的な通達に怒った処理所の親たちは、子どもに学校を休ませる「同盟休校」に踏み切った。小谷先生は足立先生に相談し、教員室で有志を募る。駅前でビラをくばりましょう。足立先生と親たちが考えた要求は「臨時雇員制を廃止して、全員、正式採用すること」と「移転後の旧処理所あとに住宅を建設して優先入居させること」。ここに至って、『兎の眼』は子ども版プロレタリア文学の様相さえ呈しはじめる。

教師がそこまでやる？　ですよね。それ以前に多忙すぎる今日の教師にとって、小谷先生らの真似はとてもできないだろう。裏を返せば学童保育などの制度が整っていなかった『兎の眼』の時代には、教師の個人プレイがすべてだったのだ。

ただし現在、一七歳以下の日本の子どもの貧困率は約一四パーセント（二〇一八年）。子どもの七人に一人が貧困状態にあり、支援を必要とする子は少なくない。だとしたら、本書にも新たな価値が見いだせるのではないだろうか。たとえ美談だとしても、子どものために大人は何ができるかを本書は考えさせるのだ。

名作度 ★★★　使える度 ★★★

灰谷健次郎（はいたに・けんじろう、一九三四～二〇〇六）——児童文学作家。一七年間の小学校教師生活ののちアジアや沖縄などの放浪をへて作家に。人権や社会問題などについての発言も多い。著書に『太陽の子』『島物語』『天の瞳』など。

疾走するハードボイルド

片岡義男『スローなブギにしてくれ』●一九七六年／角川書店・角川文庫

八〇年代を代表する作家として思い浮かぶのは誰だろう。村上龍？　村上春樹？　いやいや。八〇年代の特に前半、出れば確実に売れ、一〇代、二〇代の圧倒的な支持を集めた作家は片岡義男と赤川次郎の二人だった。批評の対象になることはめったになく、読書家は「ケッ、片岡義男かよ」「え、赤川次郎？」みたいな感じで冷笑的に見ていたものの、冷笑する人に限って現物は読んでいない（ごめん、私もそうでした）。

赤川次郎もだけれど、片岡義男が当時どれほどの流行作家だったかは、作品数からもうかがえる。参考までに、いま手もとにある一九八八年（三六刷）の『彼のオートバイ、彼女の島』（角川文庫・一九八〇年）のカバー袖に載っている作品数は、小説とエッセイを合わせてじつに八六作品。タイトルだってシャレてるぞ。『ロンサム・カウボーイ』『マーマレードの朝』『人生は野菜スープ』『ボビーに首ったけ』『ラジオが泣いた夜』『いい旅を、と誰もが言った』『ときには星の下で眠る』『味噌汁は朝のブルース』『吹いていく風のバラッド』……。

どうですか、これ。オシャレすぎて、笑ってしまいそうである。文庫のカバーデザインもオシャレで、当時は「ジャケ買い」する若者も多かった。赤い背表紙が目印の角川文庫版・片岡義男作品は、こうして八〇年代の若者たちを魅了したのである。

徹底して外形しか描かない

片岡義男のデビューはしかし、七〇年代にさかのぼる。デビュー作は一九七五年の野生時代新人文学賞を受賞した『スローなブギにしてくれ』（一九七六年）だ。多くの読者がついたのは、七九年に角川文庫になってからだろう。八一年には映画化もされ（もちろん角川映画。監督は藤田敏八。主演は古尾谷雅人と浅野温子）、南佳孝が歌う主題歌も大ヒットした。

　映画はひとりの少女を中心にした若者と中年男の三角関係みたいな物語だったが、文庫の『スローなブギにしてくれ』は五編を収めた短編集だ。表題作はこんなふうにはじまる。

〈少年が送話口に声をはりあげていた。／「もうちいとぶちとばしてから、ほいじゃそっちへいくよ！」／第三京浜《だいさんけいひん》の東京にむかう三車線にちらと目を走らせ、自分のオートバイに視線をもどした〉。以上が書きだし。少年が「ゴロー」と呼ばれていることは、この時点ではまだわからない。彼は第三京浜の避難エリアに設置された電話を切った。そして……。

〈こちら側の車線と、分離帯のむこうの下り車線を、少年は交互《こうご》にながめた。／夕暮れのコンクリートのハイウェイを、自動車がひっきりなしにふっ飛ぶように走っていた〉

〈十八歳、一メートル六三の背たけに五〇キロを割る体重。歩き方はとても軽い。はき古したブルージーンズに、ヒールのほとんどないデザート・ブーツ。ジャケットの下にはミッキーマウスのTシャツ。髪はポマードでオールバックだ。／左の車線を、白いムスタング・マッハ1が走ってきた。急ハンドルでノーズを振りこむように、避難エリアに入ってきた。スピードは、時速で八〇くらいにあげたままだった。／「あっ！」／少年は声をあげた。ムスタングが自分のオートバイをはねる、と思ったからだ〉

ここまでに費やされた紙幅はたった一ページ半。が、片岡義男らしさがすでに全開である。

第一に、文章のほとんどが外形的な描写で占められていること。

少年の心の内が明かされるのは〈ムスタングが自分のオートバイをはねる、と思った〉という部分だけ。片岡作品は「映画のようだ」とよくいわれるが、それは主人公の思想信条や内面がゴタゴタ語られることなく、映像的なシーンだけが畳みかけるようにつなぎあわされているからだ。少年の行動→少年の目に映った第三京浜の景色→少年の外見→ハイスピードで避難エリアに入ってきたムスタング→「あっ」と声をあげる少年、というように。

そこらのアンチャンとネエチャンの物語

第二の片岡義男らしさは、描かれるシチュエーションの鮮やかさだ。

前置きもなしに第三京浜の避難エリアからはじまった物語は、この後、ムスタングの窓から小猫が放り出されるのを目にし、それを拾ったゴローがサドルバッグに小猫を入れて、ムスタングを追いかけるという、いささかスリリングな場面に接続される。

〈排気管から爆音がひと噴《ふ》きしたとき、少年のまたがったCB500は、中央の車線に飛び出していた。（略）音を頼りに八〇〇〇を三〇〇〇ほどこえたあたりでホールドした。ギアはすでに五速だ。ミラーのぶれが、不思議なほどぴたりととまっていた。／コンクリートの路面も、両側の単調な光景も、いっさいが自分のうしろへ吹き飛んでいた〉

右のような動の描写はこの小説の白眉だが、この後彼は新たな事態に遭遇する。〈ムスタングは、さきほどとおなじように、深く切りこむように避難エリアへ入っていった。エリアの中央ちかくまでいき、右側のドアが開いた。／若い女性がひとり、ドアの外へ押し出されてきた〉

小猫に続いて、若い女の子が高速道路上で捨てられる！　外形描写に徹する以上、それは外形だけでインパクトのある場面でなければならない。

第三の特徴は、登場人物がそこらのアンチャンやネエチャンであることだ。

ムスタングから放り出された少女の名は「さち乃」。ゴローと同じ一八歳で、栃木県の黒磯まで小猫をもらいに行く途中だという。こうしてゴローは彼女を乗せて黒磯まで往復し、そのまま二人はゴローのアパートで暮らしはじめる（！）。だが、さち乃が次々猫を拾ってきたため、アパートは一五匹の猫であふれ、友達とともにクルマで伊豆旅行に出かける際にも、二人は一五匹の猫を連れていくハメになるのである。

どうです、このバカっぽい展開は。ゴローやさち乃のような登場人物は、旧来の日本文学には珍しいタイプである。一八歳で一人暮らしをし、高校生だてらにスナックなんかにも入り浸るゴロー。ムスタングの男に捨てられた、家出娘らしきさち乃。小説はしかし、二人の背景にも、互いへの気持ちにも一切ふれない。「不良少年少女」の代弁はしないのだ。

このように、外形的、客観的な描写に徹した表現方法は「ハードボイルド・スタイル」と呼ばれる。ヘミングウェイやチャンドラーが愛用したことで有名な様式だ。しかし、日本文学で本格的にこれをやった作家は、片岡義男以前にはいなかった。片岡作品が「翻訳小説のようだ」と評されるのは、アメリカ文学のスタイルを踏襲していたからだ。初期の村上春樹もハードボイルドの影響下にあったが、片岡義男が一歩先んじていたことは特筆しておくべきだろう。

短編に特化した作家

さて、というように新しい表現方法を積極的に導入し、多くのファンを獲得した片岡義男は、ではなぜ（村上春樹のような？）「大作家」になれなかったのだろうか。

ひとつには、片岡義男がやはり「シーンを描く作家」だったからだろう。片岡流の書き方はシーンを切り取る短編では抜群の効果を発揮するが、長編小説の場合は別の構成力が要求される。そこが彼の弱点だった。長編小説『彼のオートバイ、彼女の島』（一九七七年）が凡庸な青春小説に終わっているのを見ても、片岡は長編向きの作家じゃないのだ。

もうひとつの理由は、日本文学の側が彼のような表現を好まなかったことである。内面を拒否し、長編小説に相応しい構成力を持たず、登場人物の家族関係にも彼らを取り巻く社会的な背景にも目を向けない片岡文学。それは芥川賞からも直木賞からもハジかれる特異な存在だった。いいかえると、片岡文学はどこまでも乾いていた。村上春樹文学が、意外にウェットなセンチメンタリズムを内包しているのとは対照的なのだ。

後年、片岡義男は『日本語の外へ』（一九九七年）などの翻訳論や日本語論で評価されるに至ったが、でもちがうんだよね。彼の真価はオートバイが疾走する初期の短編なんだよね。本なんかあまり読まないオートバイ少年にも、彼は人気があったのだ。余談だが、八二年のピーク時には三三〇万台近かった日本の二輪車市場は、現在、一〇分の一に縮小した。少年からオートバイを奪う「三ない運動（免許を取らせない・バイクを買わせない・運転させない）」の成果である。ようやく近年、この運動は廃止に向けて動きだしたが、失われた文化を取り戻すのは容易ではない。ったく、どうしてくれるんだ。

名作度★★　使える度★★★

片岡義男（かたおか・よしお、一九四〇〜）——小説家。『人生は野菜スープ』『彼のオートバイ、彼女の島』『メイン・テーマ』などの作品が若者の支持を得て、一九七〇年代後半から八〇年代、時代を代表する人気作家になった。日本文化に関する著作に『日本語の外へ』など。

青春小説を異化するカゲキな女子高生

橋本治『桃尻娘』●一九七八年／講談社・講談社文庫

読書好きのあなただったら、橋本治のデビュー作が『桃尻娘』（一九七八年）だってことは知ってるよね。えっ、知らない？　橋本治も知らないの？　『桃尻語訳枕草子』（一九八七年）も読んでない？　しょうがないな。じゃあ、いまから知って！

『桃尻娘』って、一九七七年の「小説現代新人賞」佳作だったのよ。よくぞ佳作に残してくれたとは思うわよ。でも佳作よ。佳作でデビュー。失礼しちゃうわ。

『桃尻娘』はコバルト文庫の従姉《いとこ》だと思うの。集英社文庫のティーン向けレーベル「コバルトシリーズ」が出てきたのも同じ頃だったのよ。ただコバルト文庫は意外に文学少女なところがあってさ、新井素子《もとこ》だって『桃尻娘』よりはお行儀いいからね。あ、これ文体の話ね。『桃尻娘』の語り口、つまり桃尻語は、コバルト文庫よりハスッパだった。でさ、そのカゲキなオシャベリ文体で、コバルト文庫が絶対に書かないことを書いちゃうわけ。世間に対する呪詛《じゅそ》とか、性にからんだきわどい事態とかね。そこが従姉の従姉たるゆえんなんだけど、困ったことに感染するのよね桃尻語って。この文体で書きはじめたら、もう止まんないのよ。

なによその初体験はっ！

「一年C組三十四番　榊原玲奈」。これが主人公で、書きだしはこんな感じ。〈大きな声じゃ言えないけど、あたし、この頃お酒っておいしいなって思うの。黙っててよ、一応ヤバイんだから。夜ソーッと階段下りて自動販売機で買ったりするんだけど、それもあるのかもしれないわネ。家《うち》にだってお酒ぐらいあるけど、だんだん減ったりしてるのがバレたらヤバイじゃない〉

榊原玲奈は一五歳。夜中の自販機で日本酒を買っちゃうような都立高校の一年生だ。いっとくけど、べつに不良じゃないのよ。本人も「ヤバイ」っていってるしね。だけど飲酒くらいはまあいいよ。このあと彼女、何ていったと思う？〈今日、アレが来た。アー、ホントにやっと来たって感じでサ、よかったよかった。心配してたのよねえ〉

アレとは何かって、アレはアレよ。この人、妊娠の心配してたのよ。何なのよ、高校一年生の分際で。東京のコってみんなそうなの？　七七年でも？

しかもね、〈当分あんな事よそう、ちっともよくなんかないんだもん。「なんだ、初めてだったのかよ」なんて、小山のヤツにも言われるし。誰だっていつかは初めてなんだからしょうがないでしょう〉とかいうわけよ。つまりさ、恋愛してもいないのよ、玲奈はっ。

初体験っていったら、あなた、コバルト文庫の前身のジュニア小説なんかじゃ大事件だったのよ。ティーン雑誌に載ってた手記だって同じよ。苦悩しちゃって大騒ぎよ。なのにこの子は

〈アーア、そんなんだったら体操でもバンバンやって処女膜破いときゃよかったと思うわ〉だよ。何がアーアよ。この瞬間に、日本文学は変わったのよ。日本の女の子が変わったんじゃなくて、文学が変わったの。日本文学はヤリたいのにヤレない男が悶々とする話ばかりだったけど（ちがう？）、んなことでいちいちガタガタいうんじゃねーよ、ってね。

ちなみに「桃尻娘」っていうあだ名は、ピンク色のズボンをはいてたことに由来する（エッチなこと考えてた人、残念でした）。これはでも、ほんとは「女子高生小説」じゃないのよね。第一作（佳作になったやつよ）の後、次々に短い続編が出て、『桃尻娘』という本には主役級の登場人物があと三人出てくんの。みんな玲奈の同級生。彼ら四人がつかず離れずの関係を保ちながら高校生活を送るっていう、まあ青春群像劇よね。でさ、玲奈以外の三人が、また独特なんだ。

おかしな高校生があと三人

まず、「無花果少年《いちぢくボーイ》」こと磯村薫。名前からして『赤頭巾ちゃん気をつけて』の「薫くん」が意識されてるのは明らかだけど、こっちの薫くんは美少年でさ、そのことを微妙に意識しつつ人知れず悩んでもいる。そりゃ悩むよ。だって彼のトラウマは、年上の女にレイプされたことなんだから。高校に入学する直前の春休み、彼は三人の女子高生（ま、スケバンだね）に〈あんた暇だったら付き合いなよオ〉と誘われ、うっかりついていって無理矢理セックスさせられた。そうなの、彼はいまの感覚でいけば、性暴力の被害者なんだよ。

〈自分なんかまだ童貞だろオ、僕なんか違うもんねえ（略）おまけに一遍に三人やっちゃったもんねえ、ハッハハッ〉ってのは、もちろん磯村薫の強がり。〈僕はもう絶対東大行くんだ、そんで東大行ってスケコマシになって見返してやるからナ〉ってのも強がりよ。でもさ、「女にレイプされた男子高校生」って、日本文学お得意の「ヤリたいのにヤレない男」のアンチテーゼって気がしない？　でなきゃ、安全地帯からツベコベいってる頭でっかちな『赤頭巾ちゃん気をつけて』の薫くんへの批評というかさ。女の子との関係性において自分の加害者性に気づいていない男って多いじゃん？　それを磯村薫は相対化するわけよ。

次、「瓜売小僧《ウリウリぼうや》」こと木川田源一。通称「オカマの源ちゃん」だ。源ちゃんはゲイなの。だもんで、親しい仲間たちは〈ホラ、君はやっぱりあの、ホモだろう？〉とか興味津々に聞いてくる。念のためにいっとくと、「オカマ」も「ホモ」も現在はＮＧワードです。それはそうなんだけど、木川田源一はやっぱ「オカマの源ちゃん」なんだよな。

源ちゃんは、このシリーズでもっとも読者に愛されるキャラだったと思う。ニキビ面で背も高くないのにバスケ部でさ、そんでバスケ部の先輩に恋してんの。〈俺の〝先輩〟ってホオント素敵なんだよな〉とか平気でいうからね。〈俺、一メートル六十三だからそんなチビって訳でもないんだけど、先輩俺よか二十センチも高くて、鼻の穴なんかスゴクカッコいいんだ〉

バカでしょ。先輩の話になると、この人、急にバカになんの。ふだんは無愛想だし、人生経験も豊富なのにね。源ちゃんは修羅場くぐってんの。〝二丁目〟で変なオッサンに口説かれてたりしてっから。ただ、先輩、ストレートなんだよね。だから源ちゃんは永遠に片想い。ゲイの木川田源一だけが愛を信じてる。同性愛は恋愛なんだってことを、源ちゃんは全力で体現してた。LGBTに対する七〇年代の世間の理解なんて、いまの一〇〇分の一くらいだからね。源ちゃん一人で、同性愛者への偏見をどんだけ吹き飛ばしたかわかんない。

そんで、最後は「温州蜜柑姫《おみかんひめ》」こと醒井《さめがい》涼子。この人は一言でいえば（そんな言葉は当時なかったけど）天然よね。パパが「ピンク・チェーン」の経営で当てて東京に進出したっていうお金持ちのお嬢様でさ、玲奈にいわせりゃ〈マアはっきり言って時代に乗り遅れた人な訳よ〉。天然美人お嬢様ってウザイとこがあんのよね。〈榊原さん、あなた……オナニー、なさる？〉と急に質問するとかさ。男子はコロッと行くけど、女子には嫌われるタイプよね。ただ、玲奈とは反対側の方向に突き抜けてて、なんか目が離せないわけ。

以上四人が高校を卒業するところで『桃尻娘』はいちおう終わる。終わるんだけど、驚くべきは、このシリーズが完結編の『雨の温州蜜柑姫』（一九九〇年）まで延々と続き、最終的には全六冊の青春大河小説になっちゃったってことだよね。

青春小説をカラフルに変えた

そりゃね、青春小説と名のつく作品は世に腐るほどありますよ。あるけど、普通なのに変態な四人を見ればわかるじゃない？　『桃尻娘』は、それまでモノクロだった青春小説を総天然色に変えたのよ。世間じゃ村上龍のデビュー作『限りなく透明に近いブルー』（一九七六年）が話題だったけど、あれだってモノクロの青春小説だわよ。もしも『桃尻娘』がなかったら、堀田あけみ『1980 アイコ十六歳』も、山田詠美『ぼくは勉強ができない』も、綿矢りさ『インストール』も、舞城王太郎『阿修羅ガール』も、生まれてなかったと私は思うわ。そんで日本文学は頭のかた〜いオヤジに独占されててさ、いまごろ死んでたと思うわ。

高校を出た後の玲奈たちは、それぞれ別の道に進み、『なんとなく、クリスタル』の時代に全然クリスタルじゃない大学生活を（源ちゃんはフリーター生活を）送り、完結編では三十代になる。大人になるにしたがって、彼らはちょっとずつ過激さを失っていく。そこが青春の残酷なとこなのよ。でもまあ、できれば六冊とも読むといいと思うわよ。ハマるわよ。

名作度★★★　使える度★★★

橋本治（はしもと・おさむ、一九四八〜二〇一九）――小説家・イラストレーター。本書で衝撃のデビューをはたし、小説『草薙《くさなぎ》の剣《つるぎ》』、評論『完本チャンバラ時代劇講座』、古典現代語訳『窯変《ようへん》源氏物語』、エッセイなど多岐にわたる膨大な作品を残した。

フェミニズム前夜のレジスタンス
小池真理子『知的悪女のすすめ――翔びたいあなたへ』●一九七八年／山手書房

一九七〇年代から八〇年代初頭にかけて、女性のエッセイが次々ベストセラーになったことがある。有名な本でいうと、落合恵子『スプーン一杯の幸せ』（一九七三年）から、林真理子『ルンルンを買っておうちに帰ろう』（一九八二年）くらいまで。

『知的悪女のすすめ』（一九七八年）もそんなグループに入る一冊。小池真理子は後にミステリー作家に転身し、『恋』（一九九五年）で直木賞を受賞した人気実力派作家だが、本書を上梓した時点ではまだ二五歳のライターだった。本書は彼女のデビュー作。この本で一躍人気エッセイストの座をしとめ、メディアで引っぱりダコになった。

とはいえ、私はこの本をリアルタイムでは読んでいない。当時私は大学生で、書名は知っていたものの、「オトコに媚びたタイトルだな」と思っただけだった。

いまから思えば、とんだ誤解だった。でもね、誤解するのは無理もなかったと思いますよ。だってサブタイトルは「翔《と》びたいあなたへ」だし、目次には、こんな章タイトルが並んでいるのだ。「1章　知的悪女ほど楽しいことはない」「2章　不倫の恋を大いにすべし」「3章　セックスは数多くの男とやるべし」。なによこれ、と思うでしょうが、どうしたって。

妄想の向こうの戦闘モード

本書は若い女性読者をターゲットにした、生き方指南の自己啓発書、ないし自己啓発書を装ったエッセイである。「知的悪女」というコンセプトがすべてであるため、文中には「知的悪女とは何か」の定義めいた話が随所に出てくる。「まえがき」では……。

〈ここで言う〝悪女〟とは単に男を惑わしたり、奸計《かんけい》にたけている女のことではない。男の手玉に乗りにくい女、社会常識やモラルに迎合しにくい女を言うのである。逆に言えば男の手玉に乗っかったふりをしながら男をうまくコントロールできる女、常識やモラルにストレートに反抗するのではなく、裏道を通りながら反抗する女……ということである〉

外見への言及もあるぞ。〈身体はどちらかといえば、骨っぽくやせているほうがふさわしく、鼻のアタマにソバカスなどができているような、子供っぽさがあればもっとよい。／およそ色気のない、男であればとても抱く気にならないような、そのくせ変幻自在に、色気を出すべきところでは最高級の色気が出せるような女こそ、知的悪女の典型と呼ばれるにふさわしい〉

かと思うと、妙に自己陶酔的、文学的な表現が顔を出す。

〈知的悪女は、時には漂泊の詩人でもある。同年代、同世代の男だけではなく、中年の、世帯を持った男たちとも、数多くの関わりを持つ。／その自由な精神は、いつも一か所にとどまることなく、漂泊の詩人のように、あちらの男からこちらの男へと、飛び回る〉〈さまよえる女神のように自由な存在こそ、ホンモノの知的悪女なのである〉

何をいってるんでしょう。あの手この手で「知的悪女とは」を語っても、しょせん中身は二五歳の脳内妄想。「私の理想はこういう女」という空論をこねまわしただけの、要するにまあ駄弁である。もしかして、これは小池真理子の隠したい過去？

いやいや、結論はまだ早い。この話にはまだ先があるのだ。

目次の後半を見てみよう。「4章　女の〈自立〉に対する男の偏見」「5章　結婚ほどナンセンスなものはない」「6章　女は自分の仕事を持つべし」

あれっ、前半と少しトーンがちがってない？　自立を促し、結婚を否定し、仕事を持てと焚《た》きつける。そう、本書の意図は、じつは「男社会へのレジスタンス」なのだ。

事実、そういう目で見ると、戦闘的、攻撃的なフレーズが目立つ目立つ。

自立ブームを疑えと彼女はいう。〈男が望むような〝自立〟の夢から覚めなくてはならない。／男にとっての〝自立した女〟とは、自分の仕事を持ち、自分の意志と自由を持った女では決してありえない〉〈ブームの裏側を見抜き、ブームに背を向け、自分の〝自律〟こそ大切だと考える。／いつの日にか、男のウソを打ち破り、ホンモノの女の自由を勝ちとるために〉

男の手練手管にやすやすと乗るなと彼女はいう。〈知的悪女にとって、男は闘って倒すべき相手なのだ。やさしく抱き合って、慰め合う相手ではない。／男の手口に乗せられるのではなく、女の手口に男を乗せなければいけない〉。おおー、まるでプロレス指南。

知的悪女はフェミニストの別名

こうした本がなぜ出版されたか、時代的な背景を軽く振り返っておこう。

フェミニズムの歴史に照らすと、一九七〇年代は重要な転換期に当たっている。景色を変えたのは、日本では一九七〇年に産声をあげたウーマンリブ運動だ。それまでの女性解放論が「男並みの権利を寄こせ」だったとしたら、リブが提起したのは「女の権利を女の手に取り戻せ」である。女に押しつけられた性役割を問い直し、あらゆる性差別を俎上《そじょう》にのせる。田中美津『いのちの女たちへ』（一九七二年）はリブの思想の金字塔というべき本である。

七〇年代も後半になると、しかしリブはファッション化、大衆化して、より受け入れやすい形に変型しはじめる。伝統的な女の生き方や男女関係を問う本が山ほど出版され、「女の自立」が話題になり、自立のさらに先を行く「翔《と》んでる女」が流行語になった。仕事を持ち、セックスを楽しみ、自由気ままに生きる女、それが「翔んでる女」のイメージ。田辺聖子がアラサー、アラフォーの独身女性を一歩先んじて書いていたのもこの頃である。

しかし、「女の自立」や「翔んでる女」がマスメディアに乗れば乗るほど、「それはちょっとちがうんじゃない?」という疑念が当事者の中には芽生える。男が支配しているメディアで「女の自立」が商品として消費され、もてはやされる違和感。女性学という学問が誕生し、ジェンダー論の研究がいっきに進むのは八〇年代に入ってからで、この時代には「フェミニズム」という語も「ジェンダー」という概念も、まだ一般的ではなかった。

『知的悪女のすすめ』はそういう時代、つまり論理を持たない時代の本だった。

知的悪女とは、今日の言葉でいえば、ずばり「フェミニスト」だろう。本書の主張を要約すれば「男に都合のいい女をやめよう」だし、彼女自身もこう書いている。

〈今までの女の生き方は何かがおかしい。どこがおかしいのかははっきりしないが、とにかく何かおかしい、と肌で感じている女は多い。その〝何か〟に抵抗しようと、自分の力で立ち上がった女こそ、ホンモノの女性解放の闘士になれるのである〉

これをフェミニストと呼ばずに、なんと呼ぶ。

章タイトルにいう「不倫の恋を大いにすべし」には〈男の浮気は甲斐性なのに、女の浮気は不倫というのは、はっきりとした差別である。／知的悪女は、こうした差別へのチャレンジャーでもある〉という意図が、「セックスは数多くの男とやるべし」には〈男と女が平等の条件で愛し合うためには、女が〝ノー〟と言える強さを持たなければならない〉〈体も心も、現在も未来も、常に男と対等の立場に女をおくこと。これが知的悪女の愛の姿〉という意思がこめられている。誰とでもヤレというフリーセックスのすすめじゃないのである。

問題があるとしたら、右のような意図がすぐにはわからないことだろう。

エッチな見かけで読者を誘う

七〇年代の限界なのか、この本はわざと誤解を招くつくりになっている。若い女が性的に過激なことを居丈高に語り、男を激しく攻撃する。それ自体が「知的ポルノ」としての商品価値を持つことを版元は意識していたはずだ。著者もそれを半ば承知で「女王様キャラ」を演じたのではないか。エッチな見かけで読者を誘い、まんまと女性解放論に持ち込む。ブラジャーの中にナイフを仕込んでおくような、なんとも手の込んだ戦術である。

女性学やジェンダー論の膨大な蓄積を持つ今日、この本に「時代の証言」以上の意味はもうないだろう。それでもここにはフェミニズム前夜の、つまり上野千鶴子に代表される論客が登場する以前の涙ぐましい格闘の跡が見いだせる。小池真理子が（落合恵子や林真理子も）後に小説家に転身したのは「女性エッセイスト」の役割に限界を感じたためかもしれない。

名作度★　使える度★

小池真理子（こいけ・まりこ、一九五二～）――小説家。『知的悪女のすすめ』で人気エッセイストとなったのち小説家に転身し、ミステリー、心理サスペンス、恋愛小説で人気を集める。短編の名手としても知られる。著書に『恋』『欲望』『虹の彼方』『狂王の庭』『虚無のオペラ』など。

翔んでる女の「自分探し」の物語

五木寛之『四季・奈津子』●一九七九年／集英社・ポプラ文庫

五木寛之はすでに御大《おんたい》。人生論の大家だが、かつてはナウなヤングに人気の小説家だった。そうだった。あったよね『四季・奈津子』。と思ったあなたは往年のファッション雑誌の読者だろう。『四季・奈津子』（一九七九年）は、女性誌『MORE』の創刊号からの連載小説で（一九七七年七月号〜七九年七月号）、連載終了後、上下巻の形で単行本化された。

七〇年に「第一部・筑豊篇」が刊行された「青春の門」シリーズが男子の成長譚なら、「四季」シリーズは女子の自立譚、ないし冒険譚である。『四季・奈津子』はその最初の巻。烏丸《からすま》せつこ主演で八〇年に映画化（東陽一監督）もされた、ベストセラーである。

いまではほとんど死語と化した「翔んでる女」のイメージは、この本を読むとわかる。

わたしの裸、撮ってもらえるかな

語り手の「わたし」こと小峰奈津子は二二歳。四人姉妹の次女で、いまは福岡市の実家で父とふたり暮らしである。長女の波留子《はるこ》は結婚して久留米市に住み、三女の亜紀子は東京の大学の医学部に在学中。四女の布由子《ふゆこ》はうつ病で、飯塚市の病院に入院している。奈津子には家族も公認の仲の達夫という恋人がいるが、地元の問屋の跡取り息子である達夫に奈津子は飽きたらなさを感じ、別れを考えはじめていた……。

美人でおっとりとした長女。大胆なところがある次女。勉強一筋の三女。内気な文学少女の四女。『若草物語』(オールコット・一八六八〜六九年)の大人版か、『細雪』(谷崎潤一郎・一九四六〜四八年)の現代版か、といった趣で小説ははじまる。

奈津子はしかし、物語の序盤で早くも不可解な行動に出る。妹の布由子らとアングラ演劇を見に行った際、東京から来たカメラマンと出会い「プロに写真を撮《と》られてみたいと思ったときには電話をくれないか」と誘われる。そして「写真って、ヌードのことでしょ」と勝手に解釈し、「裸でも、そうでなくても、どっちだっていい」という相手の言葉も無視し、〈わたしは少し考えて、なにかとても素直《すなお》な気持ち〉でいうのである。「わたしの裸、撮ってもらえるかな」

はい、もう完全に「翔んでる女」ですね。

初対面の若い女に「ぼくはきみみたいな野性的な人を撮ってみたいんだ」などと口にする男も男なら、それに乗る女も女。そんなのナンパの常道じゃんかと、とっくに若い女じゃなくなった私は思うが、冒険を求める二二歳の奈津子にそんな説教は通じない。彼女は翌週にはもう、くだんのカメラマン・中垣昇を訪ねて博多発の新幹線に乗るのである。

とは申せ、どうせこの二人は恋愛関係になるんでしょ、という大方の予想を裏切って、奈津子の人生はここから大きく変化する。上京した彼女は、ケイと名乗る謎めいた（というかフシギちゃん然とした）一〇歳年上の女性に出会い、彼女の自由奔放な（というか行き当たりばったりの）生き方に影響されて、仕事も恋人も捨てて東京に引っ越すのだ。

写真？　ああ、それはもちろん撮るんです。当然、裸で。しかもその写真がキッカケで、彼女は女優のヌードの吹き替え役で映画に出演するというチャンスをつかみ、さらにはもっと大きな夢を求めて、ケイと二人、あてもないまま東京からロサンゼルスに旅立つ、という壮大なオマケつき。奈津子が中垣と出会ったのが五月の終わり。ロスに発つのが九月。四か月にも満たない間の大移動（ちなみに映画でケイを演じたのは阿木燿子《あきようこ》だった）。

発表から四〇年以上が経過したいま読むと、恥ずかしすぎて鼻血が出そうな小説である。奈津子っていう人は、じっくりものを考える習慣がないのだろうか。

『知的悪女のすすめ』がそうであったのと同様、『四季・奈津子』も、「女の自立」が流行った七〇年代後半という時代背景抜きには語れない。

「翔んでる女」の語源は、エリカ・ジョングの『飛ぶのが怖い』（柳瀬尚紀訳）だ。この小説がベストセラーになったのは七六年、『ＭＯＲＥ』創刊号の特集も「あなたは、なぜ『飛ぶのが怖い』のか」だった。この時期にはつまり「いかにして女が従来の殻を脱ぎ捨てるか」がひとつの課題だったのである。『四季・奈津子』がそこを狙っているのは明らか。五木寛之は奈津子こそ「翔んでる女」のモデルだと考えたのだろう。ヌード写真をキッカケに殻を脱ぎ捨て、身も心も生まれ変われると思うのは、男の作家の妄想。完全な勘違いですけどね。

女子の上京小説までに七〇年

この小説に、もし読者に夢と希望を与える要素があるとしたら、男に裸を撮らせることではなく、結婚前の娘が家を出て上京する、という展開だろう。

奈津子はいわゆるお嬢さんではない。彼女の職業は飲料販売会社の配達員。自ら小型トラックのハンドルを握って清涼飲料を小売店や自販機に運ぶ仕事だ。たぶん地元の高校を卒業し、地元の企業に採用され、結婚を約束した相手もいる。しかし奈津子は考える。〈わたしは達夫が急に遠いところにいる人のように感じた。自分は彼にふさわしくない、と思ったのだった。達夫が求めているのは、成功する将来の地元名士を陰で支える優しい夫人なのだ〉

保守化していく恋人への物足りなさと、地元で安泰な人生を送ることへの疑問。飯塚の病院にいる妹の布由子は、東京の奈津子あてに応援とも皮肉ともつかぬ手紙を書く。〈がんばってください。うんと裸になって、明るく笑ってください。筑豊の炭鉱が閉山になって、九州から出ていった娘たちはたくさんいます。全国各地でがんばって生きている彼女たちの生命力に負けないで、じゃんじゃん脱ぎまくってください〉

男子の場合は明治の『三四郎』(夏目漱石・一九〇八年)以来、主人公の上京が小説の重要な主題として描かれてきた。『青春の門』でも主人公・伊吹信介の上京は大きなモチーフだ。その伝でゆくと、女子の上京小説が容認されるまでには、『三四郎』からさらに七〇年が必要だったのである。奈津子にとっての冒険は、ヌードより地元を捨てることだった。そこさえ突破できれば、すでに勝ったも同然で、上京後の身の振り方は何でもよかったのだ。

で、その後の四姉妹はどんな冒険に向かったのか。

『四季・奈津子』は奈津子がロスに旅立つ直前に布由子に書いた手紙で終わるが、その後も小説は書き続けられ、『四季・波留子』(一九八七年)、『四季・布由子』(一九九二年)を経て、最終巻の『四季・亜紀子』が発売されたのは二〇〇〇年だった。

この間に四姉妹の人生も大きく展開する。名家に嫁いだ長女の波留子は、マザコンの夫に嫌気がさして離婚。やがて福岡でリサイクルショップを開く。四女の布由子は自殺未遂騒ぎを起こしたりしながらも、退院後に上京。奈津子のヌードを撮った中垣昇の助手となり、ラジオ番組を任されるなど、マスメディアの世界に行く。優秀だった三女の亜紀子はセクト争いに巻き込まれて逮捕され、大学を中退、環境保護運動から政治の世界に近づいていく。そして奈津子はといえば、アメリカで金持ちの老人と結婚し、莫大な遺産を手に入れるのだ。

いつの時代かハッキリしない

ふらふらしていた四姉妹がおのおの道を見つけるのは最終巻の『四季・亜紀子』においてである。それはいいのだが、この小説の最大の難点は、それがいつの出来事で、二巻以降は彼女らが何歳なのかハッキリしないことなのだ。完結までに費やした時間は二三年。だが、物語の中の時間は五年か一〇年程度しか経過していないように見える。

当初「女の自立」や「モア・リポート」で話題を呼んだ『MORE』も、現在はごく穏当なファッション誌である。七〇年代風の「翔んでる女」はさすがにもうズレていて、小峰奈津子が現在の女性読者の共感を得るとは考えにくい。

「青春の門」シリーズがいまも現役であるのに比べ、「四季」シリーズが半ば忘れられたベストセラーと化したのは、そのためだろう。伝統的な女性の生き方に疑問を持った二二歳の女性。『四季・奈津子』は、思えば元祖「自分探し」の物語だった。だが、そのために作者は主人公の服を脱がせたのである。七〇年代って、なんかダサい時代だったのかも。

名作度★★　使える度★

五木寛之（いつき・ひろゆき、一九三二〜）――小説家。朝鮮からの引き揚げ体験をへて、放送界で活躍。本書を含む「四季」シリーズや『青春の門』などの大作は映画化され幅広い層に読まれた。『大河の一滴』などのエッセイ・文明批評も人気が高い。

ローテク現場の過酷な労働

堀江邦夫『原発ジプシー』●一九七九年／現代書館

二〇一一年三月一一日の東日本大震災&福島第一原発の事故後、にわかに注目を集めた中古典は何冊もある。小松左京『日本沈没』（一九七三年）がそう、吉村昭『三陸海岸大津波』（一九八四年）もそう。堀江邦夫『原発ジプシー』（一九七九年）もそうだった。

「原発ジプシー」とは原発から原発へと現場を渡り歩く下請け労働者たちを指す。

私がこれを読んだのはたしか八〇年代の初頭である。米国スリーマイル島の原発事故（一九七九年）などもあり、反原発は当時、理屈っぽいことをいいたがる連中の間では一種のトレンドだった。樋口健二『闇に消される原発被曝者』（一九八一年）、広瀬隆『東京に原発を！』（一九八一年）なんかといっしょに、だから当然、この本も読んだわけ。

現在この本には二つのバージョンが存在する。3・11後の所見を加えて復刊された単行本の『増補改訂版 原発ジプシー――被曝下請け労働者の記録』（現代書館・二〇一一年）と、『原発労働記』と改題された文庫版（講談社文庫・二〇一一年）である。どちらも3・11後に復刊されたのだが、なぜ同じ本が二冊もあるのか。まずその話からはじめよう。

情報がないから中に入った

増補改訂版『原発ジプシー』のあとがきで、著者は〈「ジプシー」ということばが差別語だとして、「原発ジプシー」という書名を改めるべきだ、という声があることは私も承知している〉と述べている。復刊の際にも、おそらくそれは議論されただろう。が、ぜひとも「ジプシー」でなければならなかったと著者の堀江邦夫はいう。まず「原発ジプシー」は彼の造語ではなく、一九七〇~八〇年代に広く使われていた言葉だったこと。それを勝手に消し去るのは歴史の改竄《かいざん》に等しい。もうひとつはさらに重要な論点を含むので、堀江自身の言葉を引いておこう。

〈原発を渡り歩く彼ら日雇いの下請け労働者たち自身が自嘲とも悲しみともつかぬ思いをそこに込めて、自らをこのことばで表現していた事実を私たちは見逃すわけにはいかない。「わしらは原発のジプシーみたいなもんさ」。彼らがそう呟くとき、そのことばの背景には、各地の原発現場を転々とするなかで、電力会社はもとより元請けや下請けの者たち、ときには地元住民たちからも「よそ者」「得体の知れぬ者」と白い眼を向けられる自分たちの姿があり、さらにはまた、放射線下で厳しい労働をしいられ、仕事が終われば切り捨てられ、その地を追われるようにして立ち去らざるをえない自分たちの姿があった〉

この部分を読むだけでも「原発ジプシー」と呼ばれる人たちの労働環境の一端がうかがえよう。ともあれ、こうして単行本は原題のまま復刊されるも、講談社文庫版は『原発労働記』に改題された。版元の判断だったのか、理由は定かではないが、復刊後の『原発労働記』では、労働者たちから聞いた話など、一部が割愛されている。読むなら単行本の『原発ジプシー』をすすめたい。

ってことで、やっと中身の話。『原発ジプシー』は一九七八年九月から七九年四月まで、著者の堀江邦夫が一労働者として三か所の原子力発電所で働いた記録である。『自動車絶望工場』と同じ、働きながら現場を体験する潜入ルポの方法である。

発端は彼が感じた「いらだち」だった。安全性や必要性を唱える推進側の膨大な情報。数は少ないが危険性や不要論を訴える反対派の情報。情報の錯綜状態から抜け出そうと歩き回ってみても〈なぜか堅く口を閉ざしてしまう原発労働者たち。「安全」一辺倒の答えに終始する電力会社。「そんな事実はない」、「資料はない」とにべもない行政〉。

ならば情報に頼らず、原発に直接接してみるほかないではないか。かくてあてもなく福島や福井の原発周辺の宿を泊まり歩くこと数度。仕事を探すふりをして、ようやく敦賀《つるが》市内の宿の主人から「この辺には原発しかない。それでよかったら紹介してやる」という言葉を取り付け、下請け会社に採用されたのが七八年九月二八日のことだった。

ここから先は彼の原発労働者の日常が、日付の入った日記の形でつづられていく。

関西電力・美浜原発で二か月あまり。東京電力・福島第一原発で三か月弱。日本原子力発電・敦賀原発で一か月弱。一か所で働く期間が短いのは、原発労働が定期検査の期間に限られているためだ。検査が終われば必然的に次の職場に移らざるを得ない。

〈せめて美浜にもう一つ原発がありゃあ、切れ間なく定検があるのになあ……。なんたって、ここは不安定な職場だよ〉という労働者の言葉が象徴的だ。だからこそ、それは「ジプシー」化せざるを得ず、また農業や漁業の合間をぬって原発で働く地元の人々にとっては、原発が貴重な雇用の場として否応もなく機能していたのである。

定期検査は掃除の別名

原発労働者の実際の仕事とは、ではどんなものなのか。

定期検査と聞くと、計器を手にして数値を測ってデータを紙に書き入れて……みたいな姿を想像する。それはとんでもない誤解。現場にとっての「定検」とは、ざっくりいえば掃除、それも肉体的、精神的な疲労をともなう、きわめて過酷な掃除である。この事実を知ったとき、私は心底驚き、文字通り絶句した。

美浜原発で「ネッコー（熱交換器）」と呼ばれる作業は、タービン建屋内に設置された高圧給水加熱器などの中の狭くて暗い空間に潜り込み、ピン・ホールの点検を二人一組で行う作業である。粉塵《ふんじん》が舞い飛び、顔はたちまち真っ黒、空気がよどんで息苦しくなる。加熱器の内部や取水口にこびりついた鉄サビやヘドロ汚れも、もちろん人の手で落とすのだ。

炉の構造が異なる福島第一原発では、タービン自体が放射能で汚染されているため、タービン建屋内に入るだけでも「C服（汚染管理区域用作業着）」と呼ばれるマスクにビニール製のつなぎで身を固めた重装備が必要となる。着替えるだけで汗びっしょり。この姿でバルブ（調整弁）の設置作業や分解掃除を行い、ワイヤブラシやサンドペーパーを使ってサビを落とす。

〈ゴム手袋を二枚もはめているので、指先や手のひらが汗ばんでくる。そのうえ、半面マスク。実に息苦しい〉。バルブ内にたまっている放射能汚染水を、ウエス（とは要するに雑巾のことである）で拭《ふ》き取れと命じる現場監督。この水を直接手で拭けってか？

〈ゴム手袋がもし破れたら……。いや、破れなくてもまちがいなく、そで口から入りこんでくるだろう。水を顔に浴びるかもしれない。目にでも入ったら……〉

名ばかりの安全教育。ずさんな放射線管理。皮肉なことに、原発の安全性をアピールするために、労働者の権利や安全性がかえって損なわれるケースも多いという。事故を隠すために下請け業者自身が労災の認定を嫌う、などはその典型だろう。〈東電（電力会社）が原発の安全性を主張するあまり、「異常」とも思える対マスコミ・対住民への〝配慮〟が、有形無形の圧力となって業者にはね返っているのではないか〉と堀江は書く。

「先端テクノロジー」とは名ばかりのおそるべきローテクと、本末転倒したおそるべき労務管理によって、日本の原発は支えられていたのである。

フクイチでも手作業

原発事故から九年たった二〇二〇年七月二〇日現在、日本の原発は全部で五七基。うち稼働している原発は四基で、二九基が停止中、二四基は廃炉が決定している。

しかし、廃炉への道は容易ではない。福島第一原発（フクイチ）では燃料デブリの冷却に使った水や、原子炉建屋内にたまった地下水などが毎日一八〇トンずつたまり続け、二〇二二年夏には一〇〇〇基の貯蔵タンクが満タンになるといわれている。

一方で、この事故は、現場の作業員や彼らに聞き書きした記者などによる何冊もの優れたルポルタージュを生んだ。ハッピー『福島第一原発収束作業日記』（二〇一三年）、池田実『福島原発作業員の記』（二〇一六年）、片山夏子『ふくしま原発作業員日誌』（二〇二〇年）などである。事故後のフクイチでも、貯蔵タンクの増設や汚染水の移送など、高線量下での仕事はほぼ手作業。被曝線量の上限に達したベテランは現場を去り、人手は足りなくなっている。

人を命の危険にさらさなければ維持できない技術。『原発ジプシー』は働く人の人権という側面から、「原発は本当に必要なのか」という問いを、あらためて投げかけるのである。

名作度★★★　使える度★★★

堀江邦夫（ほりえ・くにお、一九四八〜）――コンピュータエンジニアをへて、フリーライターになる。原子力発電所の下請労働者としてはたらいた体験をまとめた本書で注目を集める。他の著書に『福島原発の闇――原発下請け労働者の現実』（絵＝水木しげる）がある。

上り坂の時代の日本礼讃論
エズラ・F・ヴォーゲル『ジャパン アズ ナンバーワン――アメリカへの教訓』

●広中和歌子・木本彰子訳／一九七九年／ティビーエス・ブリタニカ

平成が終わったいま、各種「平成」論を読んでも、私自身の実感からしても「平成って、なんかずーっと下り坂だったな」という印象が強い。平成元年に当たる一九八九年はまだしも、九〇年代に入ってバブルが弾けた後は経済の低迷が続き、第一次産業はいうに及ばす、工業も空洞化。「一億総中流」の時代も遠い昔になっていた。

エズラ・F・ヴォーゲル『ジャパン アズ ナンバーワン』（広中和歌子・木本彰子訳、一九七九年）は遠い昔、日本が上り坂だった時代のベストセラーである。「アメリカへの教訓」という副題がついているように、原著はアメリカの読者を意識した本だったのだろう。が、これも紛《まが》う方《かた》なき「外国人による日本人論」だ。日本の読者が飛びついたのも無理はない。

だってあなた、かつては敵国、いまは宗主国というべきアメリカの社会学者がですよ、「日本が一番」と絶賛してるんですよ。今般のテレビ番組にも「日本が一番」式のものは多いが、それは日本が一番から転落したがゆえの虚勢である。一方、七〇年代の日本は、経済力をつけつつも、欧米に対するコンプレックスはまだ残っていた。あの『菊と刀』から三〇年余。ついにわれわれも世界に認められる日が来たか。と思ったら、そりゃ舞い上がるでしょうよ。

工業力でアメリカを抜いた日本

日本に対する率直な賞賛から本書ははじまる。

〈一九六〇年、第一回目の日本研究から帰国した当時、私はアメリカ社会の一般的優越性を疑ったことはなかった〉とヴォーゲルは書く。〈アメリカはほとんどの分野においても日本よりもずっと先を行っていた。研究能力の点でも、創造性の点でも、比べものにならず、この国の天然資源、人的資源はともに十分すぎるほど豊かであった。それから一五年たった一九七五年に帰国したときは、日本の友人たちに指摘されるまでもなく、私自身が一体全体アメリカはどうなっているのかと疑わざるをえない状態であった〉

後進国だと思って見下していた日本が、いつのまにか驚くべき成長を遂げていた！　というわけだ。〈今のアメリカの諸制度がもはや時代に適応できなくなっている〉のに対し、〈日本がこれまで諸分野で大きな成功をおさめてきた事実を考えるとき、アメリカはなぜもっと早く日本に学ばなかったのだろうという疑問が浮かぶ〉とヴォーゲルはいう。

日本製のラジオ、テープレコーダー、ステレオなどは世界の市場を席捲しているし、時計の品質はスイスに迫り、オートバイはイギリスを、カメラやレンズはドイツを抜いた。自動車産業の発展は特にめざましく、トヨタや日産の輸出台数は、ドイツ車やアメリカ車をはるかにしのぐ。

〈これら日本の成功の原因を安い労働力に帰することは、もはや時代遅れの考えである〉〈それよりもむしろ、近代的な設備と高い生産性を理由として挙げるほうが適切である〉

こうして彼は、狭い国土と少ない資源にもかかわらず、日本が成功した理由を、明治期から同時代（一九七〇年代）までを視野に入れつつ、知識、政府、政治、大企業、教育、福祉、防犯の七分野に分けて分析していくのだ。そこで紹介されている日本人像は、ある意味、納得がいく半面、ある意味では意外である。というのも、彼が日本の長所（成功要因）としてあげるのは、むしろ日本の短所だと私たちが思ってきたような特質だからだ。

〈日本の成功を解明する要因を一つだけ挙げるとするならば、それは集団としての知識の追求ということになる〉〈大企業であれ、組合であれ、中央諸官庁であれ、地方自治体であれ、都市と地方の区別なく、人々が共通の利害をもち、多少とも重要性のあるところであるならば、そこでの指導的立場にいる人たちに共通している考えは、その組織の将来にとっていつか役立つかもしれない情報とか知識をたえず収集しておくことがいかに大切かということである〉

右は明治以来、日本人がいかに外部からの知識の習得や情報収集を大切にしてきたかを述べた第三章「知識――集団としての知識追求」の冒頭部分だが、知識の習得と同時に強調されているのは、日本に固有の「集団性」だ。政治も企業も教育も、日本では「集団の和を乱さないこと」が求められる。七分野の全部の共通項を探すと、結局は集団主義に行き着く。

集団主義。それって誇るべきことなんですか？

日本が誇る最強の集団主義

もちろんだ、とでもいうように、日本の集団主義について彼は解説する。〈若者は一通りの学校教育を通して一般的な知識だけでなく、集団の中で学ぶという態度を身につける〉し、就職しても〈しばしばさまざまな種類の学習グループに参加する〉。高級官僚はみな輝かしい経歴を持ち、〈交友関係は東大法学部に在学しているときから始まる場合も多く、あるいはもっと早くいわゆるエリート高校時代に始まることもある〉。彼らの人間関係は緊密で、同僚の尊敬を集めるために仕事に励み、人間関係の緊張をほぐす〈麻雀、ゴルフ、宴会、週末旅行、バーのはしごなどのプライベートな付き合い〉も盛んだ。

労働者も同じである。日本の労働者は企業への忠誠心が高く、仕事に大きな誇りを持ち、労働の質も高い。〈日本の企業が激しい労働争議をうまく回避しているのは、一つには、終身雇用制のため、労働者側と会社側が互いに長い付き合いをしていかねばならないことをそれぞれわきまえているからであり、また一つには、企業側の組合対策が功を奏しているからである〉

寄らば大樹の陰というか、長いものには巻かれろというか。学校でも官庁でも企業でも、一致団結して目標の達成にいそしむ日本人。日本的経営の特徴は、終身雇用制、年功序列賃金、企業別組合の三つだ（った）といわれるが、この本を読んでいると、日本人の集団主義の強さにクラクラしてくる。悪名高い官僚の天下りも、報道機関と省庁が癒着した記者クラブ制度も、均質化された学校教育も、ヴォーゲルは好ましい制度だとして肯定するのだ。

〈日本人によれば、意見の相違は敵対関係とか鋭い論争によって解決されるべきではなく、より多くの情報を集めることによって自然に落ち着くべきところに落ち着くのだ〉

もしかしてそれは、土居健郎がいう「甘え」の構造か？

日本の経済成長の秘密を論じたこの本が、いまも役立つかどうかといえば、まあ難しいだろう。この後の日本は、二度の大きな転換を余儀なくされたからである。

一度目の転換は八〇年代で、「メード・イン・ジャパン」の商品はヴォーゲルが予想したように世界市場を席捲したが、その分、対米貿易摩擦はピークに達し、激しいジャパン・バッシングが起きた。むろんアメリカは日本の集団主義に学んだりはしなかった。

二度目は九〇年代以降で、日本は脱工業化に失敗した。日本的経営は自動車産業のような工業化社会では強みになるが、情報産業が核となるポスト工業化社会にはマッチしないのである。その証拠に、かつてのソニーやホンダに匹敵する世界に冠たる商品を、二一世紀の日本は生み出せていない。ＩＴビジネスの分野ではアメリカのグーグルやアップルが世界をリードし、自動車や家電は中国や韓国の資本が急成長をとげた。ＧＤＰ世界第二位の座も二〇一〇年には中国に明け渡し、現在、中国のＧＤＰは日本の約三倍である。

そうこうしているうちに、グローバル化の波には勝てず、二〇〇〇年代以降、日本は新自由主義経済の方向に舵《かじ》を切って、古きよき日本的経営の伝統も崩壊した。

いまの日本はかつてのアメリカ

『ジャパン アズ ナンバーワン』に教えられるところがあるとしたら、当時のアメリカと似た位置に、現在の日本が立たされているということだろう。

最終章でヴォーゲルは予測している。〈豊富な低賃金労働力を抱えた韓国や台湾などが、次第に近代設備を備えてくるようになると、世界の市場で日本より安い製品を売るようになり、かつての日本と同じような有利な立場に立つであろう〉と。

右の予測はほぼ現実になった。今日の日本は、中国や韓国や東南アジアの新興国にとって、もはや憧《あこが》れの対象でも、学ぶべき相手でもない。昨日の美点は今日の弱点。一番から転落した日本が、悪しき集団主義から脱け出せる日は来るのだろうか。

名作度★★　使える度★

エズラ・F・ヴォーゲル（Ezra F. Vogel、一九三〇〜）——米国の社会学者。ハーバード大学名誉教授。日本および中国を研究し、『現代中国の父 鄧小平』は中国でベストセラーになった。他の著書に『日本の新中間階級』『中国の実験』など。

一九八〇年代

伝説のアイドルの「闘い」の書

山口百恵『蒼い時』●一九八〇年／集英社・集英社文庫

山口百恵は七〇年代を走り抜けたアイドルだ。というより、日本の芸能史に燦然《さんぜん》と輝くアイドルといったほうがいいかもしれない。一九五九年一月生まれ。七三年に一四歳でデビュー。歌のみならず映画やドラマでも活躍した彼女は、八〇年、俳優の三浦友和との結婚を機に人気絶頂の二一歳で芸能界を引退した。つまりは「寿退社」である。

二人のお子さんが成人し、歌手や俳優として活動している現在でも、威光は薄れることなく、彼女は「伝説のアイドル」であり続けている。

その山口百恵が引退の置き土産のように残したのが『蒼い時』（一九八〇年）である。ファイナルコンサートを一か月後に控えた九月に出版され、初日に初版二〇万部が完売。すぐに増刷がかかり、一か月で一〇〇万部を売ったという、こちらも伝説のベストセラーである。

あなたは、処女ですか

『蒼い時』は出生から引退までの二一年間を自らつづった自叙伝だ。その種の本は前にもなかったわけではないが、「出生」「性」「裁判」「結婚」「引退」といった各章のタイトルを見れば、その赤裸々感、覚悟を決めた感、腹をくくった感が感得できよう。

〈私自身がいったい、いつ、どこで、どんなふうに生まれたのかを、私は知らない〉という一文で「出生」の章ははじまる。〈母は、父にとって唯一無二の女《ひと》ではなかった〉〈父と母は、いわゆる法律的に認められた夫婦関係ではなかった。父には、すでに家庭があり、子供もいた〉

婚外子として生まれた彼女は、父親を「あの人」と呼び、冷たく突き放す。

〈私が芸能界に入った途端、あの人は豹変した。あの人だけのせいではなく、周りの人がいけなかったのかもしれない。貧しさが、あの人を変えたのかもしれない。しかし、私は次から次に起こる私を中心にした金銭的なトラブルだけでもあの人を許せなくなっていた〉

一方、後に結婚する三浦友和と出会ったのは、一五歳のときである。

〈その時、私は視界の中に一台の白い車を認めた。私の乗っている車からそう遠く離れてはいないその車から、ひとりの青年が降り立った。ブルーのトレーニングウェアに身を包んだその人と一瞬目が合った。しかし、お互いに挨拶を交わすでもなかった。緑地公園にトレーニングに来ているスポーツ選手という印象を持った。即座にそう思えるほど、彼は健康的だった〉

とても二一歳の筆とは思えない。大人びてますよねえ。

特筆すべきは、高い修辞意識を彼女が持っていたことだろう。父との確執、少女時代の性の目覚め、人気俳優との恋。二一歳にしては非常にハードルの高い内容を彼女は要求されていた。そのハードルを越えるための武器がたぶん文学的な修辞だったのだ。

〈晴海埠頭のロケーションがあった時だった。彼の胸に顔を埋めるシーンで、厚手のセーターを通して、私の耳に響いてくる彼の鼓動を聞きながら、「この鼓動を特別の意識を持って聞くことのできる女性に……私がなれたら」と思った。／それは、まぎれもない、恋の実感だった〉

自分の恋愛だよ。ふつう書けないでしょ、二一歳の女の子が、こんな風には。

本書の特徴はしかし、こうした個人的な告白とは別に、芸能マスコミや大人社会に対するある種の軽蔑と激しい告発が含まれている点なのだ。

初期の山口百恵の歌は、千家和也の作詞、都倉俊一の作曲による、年不相応に早熟な「青い性」路線を打ち出していた。そして「あなたが望むなら　私何をされてもいいわ」（「青い果実」一九七三年）とか「あなたに　女の子のいちばん大切なものをあげるわ」（「ひと夏の経験」一九七四年）とかいった歌詞に、バカな大人たちは反応した。

〈インタビューを受ければ十社のうち八〜九社までの人間が必ず、口唇の端に薄い笑いをうかべながら上目づかいで私を見て、聞くのだった。／「女の子の一番大切なものって何だと思いますか」／私の困惑する様を見たいのか。／「処女です」、とでも答えて欲しいのだろうか〉

右のような質問には〈私は全て「まごころ」という一言で押し通した〉彼女だが、男性週刊誌のインタビューでは〈あなたは、処女ですか〉〈いくつの時に初体験だったのか〉などと質問されるのはざらだった。七〇年代の芸能マスコミは、サイテーだったのである。

「自立する女」に身震いがする

とりわけ『蒼い時』で興味深いのは、「引退」と題された章である。そこで彼女はいうのである。〈〝自立〟この言葉が無意味に使われ始めて、どれほど月日が経つのだろうか。「自立する女」「キャリアウーマン」私は、この言葉を聞くと身震いがする〉

これはいったいどういう意味なのか。

〈私を、翔んでる女――自立している女だと世間は言った。だから、仕事を辞めると言った時、女としての堕落だと決めつけられた。ある女性雑誌は、キャリアウーマンを自負している人たちに、〝山口百恵引退〟に対してコメントを求め、特集していた。／中でも、私の印象に残った言葉は、「あなたのおかげで、女性の地位は十年前に逆戻りしちゃったのよ」という、三十歳前後の女性の言葉だった〉。よほどムカついたのだろう。敢然《かんぜん》として彼女は異を唱える。

〈「私は、自立する女」という看板をブラ下げている女性ほど、薄っぺらな感じがしてならない。世間に出て、活躍してゆくばかりが、「自立」だとは決して思えない。／男性社会の中で突っ張って、女性の立場を叫ぶより、ふさわしい自立の道だってある。多くの女性たちが半ば堕落や逃げだと決めつけてしまっている家庭というものの中にだって、その道はあるのではないだろうか。家庭は、女がごくさり気なく、それでいて自分の世界をはっきりと確立することのできる唯一の場所なのではないだろうか〉

うっ、まるで保守的な女性評論家みたい。表現に気をつかい、全体に抑えたタッチでつづられた『蒼い時』の中で、この「自立論」だけは直球で、特異な印象を残す。

本書が執筆された動機のひとつはそこにあったのではないか。『知的悪女のすすめ』を思い出していただきたい。百恵人気が絶頂期を迎えた七〇年代後半は、「女の自立」が商品価値をもった時代だった。そして阿木燿子の作詞、宇崎竜童《うざきりゅうどう》の作曲による、当時の彼女のヒット曲は、「イミテイション・ゴールド」（一九七七年）や「プレイバックPart2」（一九七八年）など、より大人っぽい、強い女路線に乗っていた。が、歌は歌、本人は本人だ。それでなくともセクハラまがいの視線や質問に、彼女はさらされてきたのである。十代の少女を「翔んでる女」「自立する女」扱いするほうがまちがっている。

引退を表明した百恵は「もったいない」「なぜやめるのか」といわれ続けたことだろう。それに彼女はウンザリし、決意したにちがいない。押しつけられた山口百恵像とは決別すると。あとがきで彼女は書いている。〈自分を書くということは、自分の中の記憶を確認すると同時に、自分を切り捨てる作業でもある。／過去を切り捨てていく——それでいい〉

自分で書くことにこだわった

この本の文庫版（一九八一年）はいまも静かに売れ続けている。だが、今後この種の本が出ることはほぼないように思われる。「アイドルの愛と性」にもう商品価値はないからだ。現に八〇年代のアイドル松田聖子は数々のスキャンダルを乗り越えていまも現役、九〇年代のアイドル安室奈美恵は「でき婚」の後に復帰して離婚、四〇歳まで歌い続けた。

〈今までにも本を出さないかという話はいっぱいありました。でも、そのほとんどが、書かなくていいですよ、というものだったんです。私なんかに文章など書けるはずがないという決めつけた言い方も不愉快だったし、資料を整えて文章化して名前だけ貸してくださいというのもいやなので、全部断ってきました〉（残間里江子『雨天決行』文化出版局・一九八四年）

本書をプロデュースした残間里江子の著書に出てくる百恵の言葉である。彼女は自分の手で書くことにこだわった。アイドルとしての過去と決別することで「永遠のアイドル」になった山口百恵。『蒼い時』は意外にも「闘いの書」であった。内容に保守的な部分が含まれているとしても、自身が求められてきた像に敢然と立ち向かう姿勢はアグレッシブというほかない。

名作度★★　使える度★★

山口百恵（やまぐち・ももえ、一九五九〜）——元歌手・女優。一九七三年「としごろ」でデビュー。代表曲に「ひと夏の経験」「横須賀ストーリー」「プレイバックPart2」「いい日旅立ち」など。人気絶頂だった一九八〇年に俳優・三浦友和と結婚、引退した。著書にキルト作品集『時間《とき》の花束』がある。

旧日本軍の暗部を暴いたノンフィクション

森村誠一『悪魔の飽食――「関東軍細菌戦部隊」恐怖の全貌！』●一九八一年／光文社・角川文庫

森村誠一『悪魔の飽食』が光文社「カッパ・ノベルス（ドキュメントシリーズ）」の一冊として出版されたのは一九八一年一一月だった。「『関東軍細菌戦部隊』恐怖の全貌！」という副題のついたこの本はたちまち一九〇万部超の大ヒットとなり、翌八二年には年間ベストセラー・ランキングの第一位に輝いた。同じ八二年七月には『続・悪魔の飽食』も発売され、『人間の証明』（一九七六年）や『野生の証明』（一九七七年）で知られる人気推理作家は、ノンフィクションの分野でも一躍注目を浴びることになったのだった。

しかし、この後、同書は思わぬトラブルに見舞われる。続編に掲載された写真が、本書の取材対象である七三一部隊とは別のものと判明。正編ともども絶版に追い込まれたのである。

現在出ている角川文庫版『新版 悪魔の飽食――日本細菌戦部隊の恐怖の実像！』（一九八三年）は、後の調査で判明した新事実も加え、全面的に改稿されたバージョンだ。

絶版に至る経緯については著者自身が「序文」の中でふれている。

〈写真誤用問題が発生（一九八二年九月十四日）して以来、『悪魔の飽食』と著者および共同作業者の下里正樹は、世間の凄《すさ》まじい糾弾の集中砲火を浴びた。この実録の内容の重さと、社会的影響の大きさを考えれば、当然の成り行きであるが、誤用問題を契機に、日本の軍国主義の復活を望みその告発を喜ばない勢力につけ込まれることとなった。／一部ジャーナリズムは写真誤用事件を捉えて『悪魔の飽食』の初発表連載紙が「赤旗」であったことから日本共産党の謀略であるとして同党攻撃の武器に利用した。（略）一人の作家の書いた実録がかくも政治的、思想的争いの具に用いられた例は稀有《けう》である〉

誤用問題の発覚から一年で新版が出版されたのは、むしろ迅速な対応である。しかしながら現在でも、本書に対する誹謗《ひぼう》中傷が完全に払拭《ふっしょく》されたとはいいがたい。なぜなのか。

という話は後まわしにして、ひとまず内容を見ておこう。

捕虜収容所での人体実験

戦時中（一九三六〜四五年）、満州の（現在の中国黒竜江省）ハルビンに実在した日本陸軍の細菌部隊「七三一部隊」。陸軍軍医の石井四郎中将が率いたことから「石井部隊」とも呼ばれたこの部隊は、生物兵器の開発と治療法の研究と称する人体実験を日常業務とする、きわめて特殊な部隊だった。『悪魔の飽食』は、ハバロフスクの極東国際軍事裁判で一部明らかになってはいたものの、〈終戦と同時に完全に抹消され、戦史の中の空白となってい〉た、その七三一部隊の生き残り三十数名の証言をもとに執筆されたノンフィクションだ。

とりわけ本書の最大の眼目であり、読者に強い印象を残すのは「マルタ＝丸太」の扱いだろう。憲兵隊によって逮捕されたロシア人、中国人、モンゴル人、朝鮮人らの捕虜を七三一部隊では「マルタ」と呼んでいたのである。具体的にはソ連の情報将校、中国八路軍の幹部や兵士、抗日運動に参加したジャーナリスト、労働者、学生、および彼らの家族など。

〈関東軍に捕えられた愛国者たちは、その瞬間から人間ではなくなった。ただの「丸太」となった。材木扱いである。（略）／部隊各班にとっては、マルタの経歴や人格はもとより、その年齢すらどうでもよかった。／部隊に送り込まれるまでは、憲兵による訊問・取り調べがどんなに過酷なものであっても、マルタはまだ口を開き語るべきものを持つ人間であった。／しかし、マルタとして部隊に収容されたときから、彼らは全員生きて帰れぬ実験材料となったのである〉

こうして「マルタ」の恐るべき扱いが曝露《ばくろ》されていく。拷問《ごうもん》や虐待は一切なく、最良の食事が与えられたこと。ただしそれは「完璧な実験材料」としての健康体を保つためであること。マルタには女性もおり、主として性病の実験材料にされたこと。

「実験」の内容は、凍傷実験、銃殺実験、ガス壊疽《えそ》実験、生体解剖から、コレラ菌、ペスト菌、チフス菌、赤痢菌の注射にいたるまで広範囲におよび、実験経過のデータが採集される一方、取り出された臓器は班ごとの「予約」によって分配され、ホルマリン漬けの標本にされた。

このあたりはもう、身の毛もよだつ残酷描写の連続である。

〈極寒のなか、冷水にひたした手足をそのまま外気にさらすとすみやかに凍傷が発生する。零下四十度の外気である。「丸太」の露出された皮膚ははじめ白く貧血し、血液の鬱滞《うったい》から紫蘭《しらん》色に変化し、腫脹《しゅちょう》した皮膚に水疱《すいほう》を生じ、それがやぶれてただれとなり、さらにどす黒くなって組織が死滅するに至る。冷水にぬれた皮膚が極寒に露出されて、第一度の凍傷から第三度の完全凍傷に至るまでの段階をきわめて短時間に通過する。吉村班員たちは、完全凍傷になったかどうかを確かめるために、「丸太」の手足を角材でなぐった〉

「マルタ」の数は少なく見積もっても三〇〇〇人超。実験後の遺体はすみやかに焼却され、名前も身元も不明なまま闇に葬られた。

攻撃の対象にされたのはなぜ？

捕虜の待遇を定めたジュネーブ条約違反、どころか規模はちがえど、これはナチのホロコーストにも匹敵する戦争犯罪であろう。その事実をカッパ・ノベルスという大衆的なメディアで放った本書の意義は大きかった。それがなぜ、攻撃の対象になったのか。

ひとつは「歴史修正主義」の影響である。南京《ナンキン》大虐殺はなかった、従軍慰安婦は存在しなかった。関東大震災時の朝鮮人虐殺は捏造《ねつぞう》だ……。加害の歴史を葬り去ろうとする、そんな言論がインターネットを起点に勢力を拡大するのは二〇〇〇年代だが、八二年には「侵略」を「進出」と書き換えたとされる「歴史教科書問題」が勃発。森村誠一がいう「日本の軍国主義の復活を望みその告発を喜ばない勢力」はすでに出現していたのである。

もうひとつの理由は医学界の闇に直結する。

隊長の石井四郎はじめ、七三一部隊の隊員は、戦後、一切の責任を問われることなく、医学界や製薬業界、あるいは自衛隊に復帰した。ＧＨＱに人体実験データを渡すことと引き替えに、彼らが戦争責任を免れたことは、後に常石敬一『七三一部隊――生物兵器犯罪の真実』（一九九五年）や青木冨貴子『７３１』（二〇〇五年）が明らかにしている。七三一部隊は軍医、医学者、研究者などの軍属で構成されており、慢性的な人手不足を補うために、内地からスカウトした優秀な少年たちに教育を施す「少年隊員」の制度も設けられていた。『悪魔の飽食』の発表時には、こうした事実を知る人がまだ相当数、存命だった。だからこそ、本書の取材は可能になった。しかしまた、だからこそ、攻撃の標的にもされたのではなかっただろうか。「あの本を潰せ」くらいの指令が、どこからか出ていたとしても不思議ではない。

本書にもし難点があるとしたら、演出過剰に見える点だろう。この本は、当時「赤旗」の記者だった下里正樹が取材（データマン）を、森村誠一が執筆（アンカーマン）を担当する分業体制で書き進められた。ノンフィクションの世界ではよくある手法で、好みの問題を別にすれば、それ自体が非難される筋合いはない。ただ、そこは名うての推理小説家である。前半の記述は資料に依拠した慎重さが目立つものの、後半に行くにしたがって文章のテンションは上がり、ドラマチックな表現が増える。ありていにいえば「おもしろすぎる」のだ。

いまも日本政府は認めていない

敗戦から三五年以上たって明るみに出た事実。当時の読者の中には、センセーショナルなタイトルに惹かれ、「怖いもの見たさ」で手にした人もいただろう。しかしともあれ、旧日本軍の悪《あく》行《ぎょう》を大胆に暴いたノンフィクションが、シリーズ累計三〇〇万部を記録するベストセラーになったことは、負の歴史に目を向ける人がそれだけいたことを意味している。

七三一部隊の研究はその後さらに進み、「NHKスペシャル・731部隊の真実――エリート医学者と人体実験」(二〇一七年八月一三日)などにその一部が反映されている。二〇一八年には、国立公文書館に保管されていた七三一部隊の隊員三六〇〇人余の氏名と階級が公表された。唯一残る最大の問題は、今日にいたるまで、この事実を日本政府が公式に認めていないことである。その意味でも『悪魔の飽食』の歴史的役割はまだ終わっていないのである。

名作度★★★　使える度★★★

森村誠一(もりむら・せいいち、一九三三〜)――推理作家。ホテル勤務ののち、ホテルを舞台とした『高層の死角』で江戸川乱歩賞を受賞しデビュー。新本格派の代表的な作家とされる。著書に『腐蝕の構造』『人間の証明』『悪道』など。

無駄に優雅な大学生の生活と意見

田中康夫『なんとなく、クリスタル』●一九八一年／河出書房新社・河出文庫

『なんとなく、クリスタル』（一九八一年）。一九八〇年に文藝賞を受賞した、田中康夫のデビュー作である。翌八一年の芥川賞には落選したが、単行本はたちまちミリオンセラーになり、「クリスタル族」という言葉まで生んだ。当時の知名度・注目度でいくと、直前（一九七九年）に『風の歌を聴け』でデビューした村上春樹より田中康夫ははるかに上だった。

もっとも、この小説は取り上げないつもりだった。拙著『文壇アイドル論』（二〇〇二年）でかなり詳しく論じてしまったし、他でも何度か言及したので、これ以上書くことはないと思っていたからだ。ところがその後、やや事情が変わった。続編『33年後のなんとなく、クリスタル』（二〇一四年）が、まさに三三年ぶりに発売されたためである。

はたして『なんクリ』は、いまも再読にたえるのだろうか。

意味不明なカタカナ語の洪水

〈ベッドに寝たまま、手を伸ばして横のステレオをつけてみる。目覚めたばかりだから、ター

ン・テーブルにレコードを載せるのも、なんとなく億劫な気がしてしまう。／それで、FENにプリセットしたチューナーのボタンを押してみる。なんと朝から、ウィリー・ネルソンの「ムーンライト・イン・バーモント」が流れている〉

この書き出しは年長の読者を仰天させた（あるいは激怒させた）。この頃はまだレコードの時代だったのかという感慨はさておき、いきなりカタカナと固有名詞の洪水である。「なんと朝から」といわれても、この曲の雰囲気を知らなければ読者はチンプンカンプンだ。

物語は「私」こと由利の一人称小説の形で進行する。

由利は一九五九年生まれ（ちなみに山口百恵と同い年）。現役の大学生だが、モデルクラブにも所属している。商社勤めの父の関係で幼少時はロンドン、中学二年から高校までは神戸ですごした。両親はいまはシドニーにいて、由利が東京で同棲生活を送っていることは知らない。

同棲相手の淳一は二歳上。留年したため、小田急線沿線の大学の五年生だが、一方では、フュージョン系のバンドでキーボードを弾く、プロのミュージシャンである。

二人が知り合ったのは千駄ヶ谷。由利が所属するモデルクラブと、淳一が所属する音楽事務所が同じマンション内の隣同士の部屋だったのだ。音楽の趣味と生活感覚が似ていたことから意気投合。セックスする場所に困ったこともあり、神宮前四丁目の1DKで同棲生活をはじめた。

もっとも本人たちは〈共棲という言葉の方が似合ってい〉ると思っている。

とまあ、設定はそんな感じ。たぶん由利は青山学院大学、淳一は成城大学の学生で、学生だてらに二人とも自活しているのがアッパレではある。

ただ、これといったストーリーはないに等しい。淳一が地方公演で東京を留守にしている間に、由利はディスコで知り合った男の子とデートついでに寝てみたが、絶頂感は得られなかった……。それが唯一の事件らしい事件で、物語の隙間を埋めるのは、衣や食や街や音楽に関するおびただしいディテールである。

〈野菜や肉を買うなら、青山の紀ノ国屋がいいし、魚だったら広尾の明治屋か、少し遠くても築地まで行ってしまう。パンなら、散歩がてらに代官山のシェ・リュイまで買いに行く〉なんていうスノッブな食生活。〈特別な日には、フランス料理を食べに行く〉とばかりに披露される〈六本木なら、古株のイル・ド・フランスや新しくできたオー・シ・ザアーブル。私のバースデーなら、天現寺橋のプティ・ポワンまで行って〉式のグルメ情報。〈六本木へ遊びに行く時には、クレージュのスカートかパンタロンに、ラネロッシのスポーツ・シャツといった組み合わせ。ディスコ・パーティーがあるのなら、やはりサン・ローランかディオールのワンピース〉といった、輸入ブランドをとっかえひっかえするファッション情報。

書き出しで仰天した読者が、さらに「引いた」のはいうまでもない。当時の反応はプロ・アマ含めてむしろ嫌悪に近かった。こんなのが小説といえるのか、というわけだ。

しかし、『なんクリ』の評価はその後、大きく変わったのである。

バブルを一〇年先取りしていた

第一に注目すべきは、この小説が恐ろしく時代を先取りしていたことである。

一見バブリーなこの小説は、じつはバブル全盛期（一九八七～九一年）の一〇年近く前の若者風俗を描いている。舞台は七〇年代末の東京なのだ。たまたま淳一と同じ大学に同じころに在籍していた私は、学内にこういう子たちがいることは知っていた。知っていたが、それが東京の生活スタイルとして普及、定着するとは思ってもみなかった。

第二の注目ポイントは、この小説の形式、すなわち本文と註の関係である。

右ページには本文、左ページには「ＮＯＴＥＳ」と称する註を配した特異な設計。註の数は四四二もあり、たとえば先に挙げた「紀ノ国屋」には〈青山五丁目交差点角にある高級スーパー・マーケット〉、「イル・ド・フランス」には〈六本木三丁目のドンク地下にある、商売上手なビストロ〉といった、批評的ないし無機質な解説がつく。

『なんとなく、クリスタル　新装版』（河出文庫・二〇一三年）の解説で、高橋源一郎が『なんクリ』と『資本論』の類似に言及し、〈これほど深く、徹底的に、資本主義社会と対峙した小説を、ぼくは知らない〉と書いているのは必ずしもハッタリではない。数々の商品を冷静に批評した左ページの註と、その具体的な使用例である本文を交互に読めば、本書で描かれたような風俗が、資本主義の爛熟《らんじゅく》形態であることに気づくだろう。

〈僕らって、青春とはなにか！　恋愛とはなにか！　なんて、哲学少年みたいに考えたことってないじゃない？　本もあんまし読んでないし、バカみたいになって一つのことに熱中することもないと思わない？　でも、頭の中は空《から》っぽでもないし、曇ってもいないよね〉

と由利の浮気相手の正隆はいう。この台詞に本書の思想は凝縮されていよう。本にまつわる一文につけられた註は〈いくら、本を読んでいたって、自分自身の考え方を確立できない頭の曇った人が一杯いますもの。本なんて、無理に読むことないですよ〉。

なんちゅう挑発。過去の青春小説に、思いっきり蹴りを入れてるわけですよ。

由利たち「なんクリ世代」は、六〇年代の高度成長期に子ども時代をすごし、政治の季節の後の七〇年代に青春時代を送り、八〇年代後半のバブル期に三〇代を迎えている。個人の成長曲線と経済成長が同じカーブを描く、いわば最後の「得した世代」だった。五〇代になった由利たちが豊かな暮らしを満喫しているのは、その余禄だろうか。

『33年後の…』は、『なんクリ』の同窓会兼バックステージ風の作品。作中に「ヤスオ」なる人物が登場する点は虚実半ばした私小説風だ。由利は大学を出た後、フランス系の化粧品会社に就職した。阪神・淡路大震災の際、ヤスオに頼まれ、被災者のために化粧品を提供したのも由利だという。その後、自費でロンドンに留学。五四歳になったいまは独立してPR会社を立ち上げ、外資系の製薬会社の広報を担当するなど忙しく働いている。ちなみに独身。淳一との同棲は一年半余りで解消し、大学四年のときにモデルもやめたらしい。ま、プチ成功者ですかね。

若者の貧困が理解できない世代？

『なんクリ』を読んだ今日の大学生は驚くだろう。なんでこんなに優雅に遊び暮らしていられるんだ、と。五十代以上が若者の貧困に無理解なのは、八〇年代に青春を送ったせいかもしれない。文学史的価値が上がった半面、当時の店の多くは消え、バブル崩壊後、小説としての現役感も失われた。今じゃ怒った若者たちに本を引き裂かれても文句はいえない。

ただ、少しだけ弁護しておくと、『なんクリ』は暗い未来も予測していた。巻末の統計資料がそれである。一九七九年の合計特殊出生率は一・七七人。六五歳以上の老年人口比率は八・九％だったが、老年人口比率は二〇〇〇年には一四・三％に上がるだろうと予測されている。実際、現在の合計特殊出生率は一・三人台まで下がり、老年人口比率は三〇％にも迫る勢いだ。予想を超える少子高齢化の進行。由利たちが豊かな老後を迎える保証はもうないのだ。

名作度 ★★★　使える度 ★★

田中康夫（たなか・やすお、一九五六年〜）——作家・政治家。元長野県知事。一橋大学法学部在学中に執筆した本書は「クリスタル・ブーム」を巻き起こした。著書に『昔みたい』『サーステイ』など。

日本のピッピ、世界を席捲する
黒柳徹子『窓ぎわのトットちゃん』●一九八一年／講談社・講談社文庫

世にベストセラー、ロングセラーは多々あれど、この本はちょっと別格だろう。

黒柳徹子『窓ぎわのトットちゃん』（一九八一年）。出版された年に四五〇〇万部を売り、現在では八〇〇万部を軽く超える「戦後最大のベストセラー」である。三五か国以上の言語に翻訳され、世界中で大人気。もはや中古典ではなく古典と呼ぶべきだろう。

トットちゃんとは、幼いころの著者のニックネームだ。〈これは、第二次世界大戦が終わる、ちょっと前まで、実際《じっさい》に東京にあった小学校と、そこに、ほんとうに通っていた女の子のことを書いたお話です〉という断り書きの後、本文ははじまる。

〈自由が丘《おか》の駅《えき》で、大井町《おおいまち》線から降《お》りると、ママは、トットちゃんの手をひっぱって、改札口《かいさつぐち》を出ようとした。トットちゃんは、それまで、あまり電車に乗ったことがなかったから、大切に握《にぎ》っていた切符《きっぷ》をあげちゃうのは、もったいないなと思った〉

おおー、自伝というより「お話」のノリだ！

戦時下の夢のような学校生活

内容は、みなさま、だいたいご存じであろう。

小学一年生のトットちゃんはちょっと変わった女の子。最初に入った小学校（公立の尋常小学校）は、奇行が目だって退学になってしまった。机のふたを何度も何度も開け閉めしたり、授業中ずっと窓ぎわに立っていたり、窓から外にむかって「チンドン屋さーん」と呼びかけたり、図画の時間に描いた絵が紙の外の机にまではみだしたり……。

先生の訴えを聞いたママは考える。〈たしかに、これじゃ、他の生徒さんに、ご迷惑すぎる。どこか、他の学校を探《さが》して、移したほうが、よさそうだ〉

そしてママがようやく見つけだしたのが、自由が丘のトモエ学園だった。

そこはどこまでも型破りな学校だった。校舎は電車のリサイクル。生徒数は全校あわせても約五〇人で、一年生は九人。教室ではどの席に座ってもよく、時間割もなく、子どもたちは好きな学科からやっていい。校長先生との面談で、話したいことを全部話してごらんといわれ、何時間も話し続けたトットちゃんは考える。〈なんだか、生まれて初めて、本当に好きな人に逢《あ》ったような気がした。だって、生まれてから今日まで、こんな長い時間、自分の話を聞いてくれた人は、いなかったんだもの〉。校長の小林宗作《そうさく》との出会いだった。

晴れてトモエ学園の生徒となったトットちゃんの毎日は、驚きの連続だった。「海のものと山のもの」の入ったお弁当を持って登校し、午前中の勉強が終わったら、午後は散歩。夏は裸のままでプール遊び。夏休みには講堂で「野宿」をし、九品仏《くほんぶつ》の寺で肝だめしをやり、汽車と船を乗り継いで土肥《とい》温泉に泊まりがけで出かける。秋の運動会もユニークで、鯉のぼりの口から入って尻尾から出る競争とか、講堂につながるコンクリートの階段を上って降りるリレーとか、ほとんどが校長先生が考えた競技だった。一二月の四十七士の討入りの日には泉岳寺《せんがくじ》までの長い道を「天野屋利兵衛《あまのやりへえ》は男でござる」といいながら歩いた。

何もかもが夢のような学校生活。仲良しの友達もできた。

〈「俺、小児麻痺《しょうにまひ》なんだ」／「しょうにまひ?」／トットちゃんは、それまで、そういう言葉を聞いたことがなかったから、聞き返した。その子は、少し小さい声でいった。／「そう、小児麻痺。足だけじゃないよ。手だって……」／そういうと、その子は、長い指《ゆび》と指が、くっついて、曲がったみたいになった手を出した〉〈「僕の名前は、やまもとやすあき。君は?」／トットちゃんは、その子が元気な声を出したので、うれしくなって、大きな声でいった。／「トットちゃんよ」／こうして、山本泰明ちゃんと、トットちゃんのお友達づきあいが始まった〉

読者はみんな思うだろう。こんな学校がほんとにあるの? ほんとに戦争中なの?

夢のような学校生活は、トットちゃんが二年生になっても三年生になってもまだ続くのだが、戦争の影は少しずつトモエ学園にも迫っていた。そして……。

まるで『長くつ下のピッピ』

著者の黒柳徹子も、版元の講談社も、この本がまさかこれほどのビッグヒットになるとは、当初予想していなかっただろう。「徹子の部屋」や「ザ・ベストテン」の名司会で知られる人気タレントが、自らつづった子ども時代の物語。世間の受け止め方も、そのくらいだったにちがいない。それがなぜ、ここまでのロングセラーになったのか。

ひとつ考えられるのは、日本人が好きな「子どもの私小説」に似ていたことだろう。変な話だけれども、日本じゃ「子どもの私小説」がよくベストセラーになるのだ。豊田正子『綴方教室』(一九三七年)とか、安本末子《すえこ》『にあんちゃん』(一九五八年)とか。

もっともそれは些末な話。本書の類いまれなる特徴は、子どもから老人まで、国籍も年齢も文化的背景も問わず、誰でも熱中できるポイントがあることだ。著者自身は子どもの読者がつくとは想像していなかったと「あとがき」で述べているが、いやいやこれは、まず子どもが熱狂するタイプの本である。トットちゃんって、ちょっと誰かに似てません?

私が連想したのは、『赤毛のアン』(モンゴメリ)とか『長くつ下のピッピ』(リンドグレーン)とかだ。機関銃のようにしゃべり出すと止まらないのも、大人が驚くような行動に出るのも、アンやピッピにそっくり。つまり、とっても「お話の主人公」っぽいのである。

夢のような学校。トイレに落とした財布を探すとか、悪戦苦闘して泰明ちゃんを木に登らせるとか、鉄条網の下をくぐってパンツをジャギジャギに破くとか、おもしろいことを次々やらかす主人公。それを見とがめもせず、おおらかに受け止める校長先生。ピッピが世界中の子どもたちを熱狂させたのと同様に、トットちゃんも世界中の子どもを夢中にさせる。

一方、大人の目で読めば、本書は理想的な学校教育の姿を示した教育実践の書だ。自身の体験に照らして、読者は教育のあり方を考えずにいられない。皇国史観教育の時代を知っている世代に、トモエ学園は世界の七不思議くらいに見えただろう。

そのうえここには、悲しいエピソードも仕込まれているのである。仲良しの泰明ちゃんの死。おそらく殺処分にされた愛犬ロッキー。小使いさんの良ちゃんの出征。そしてラスト、読者は衝撃の事実を知らされる。〈B29の飛行機から、焼夷弾《しょういだん》は、いくつも、いくつも、トモエの、電車の校舎の上に落ちた。／校長先生の夢だった学校は、いま、炎《ほのお》に包まれていた〉

それも知らず、「また逢おうな!」という先生の言葉を胸に、東北に向かう満員の疎開列車の中で眠るトットちゃん。物語はここで終わる。なんというドラマチックな幕切れ!

すべてを肯定する姿勢

著者自身も記しているように、トットちゃんは、いまならLD（学習障害）と診断されたかもしれない。それは何を意味するだろう。

〈校長先生は、トットちゃんを見かけると、いつも、いった。／「君は、本当は、いい子なんだよ!」〉。しかし、〈苦情《くじょう》や心配の声が、生徒の父兄や、他の先生たちから、校長先生の耳にとどいているに違いなかった〉と著者は書く。〈その言葉を、もし、よく気をつけて大人が聞けば、この「本当は」に、とても大きな意味があるのに、気がついたはずだった〉

小林校長は、尋常小学校のように、トットちゃんの奇行を排除しなかった。だから彼女は幸せだった。だが、実際には幸せではない出来事もあったのではないか。母・黒柳朝《ちょう》のエッセイ『チョッちゃんが行くわよ』（一九八二年）によると、トモエ学園在校中に著者は最愛の弟を亡くしているはずなのだが、そのことも、この本には書かれていない。

『窓ぎわのトットちゃん』は大人になった著者が、子どものころの自分と自分を肯定してくれた環境を、最大限の愛情をもって描き出した本である。小林校長がトットちゃんを肯定し、受け入れたのと同じように、著者も過去の自分を肯定し、受け入れる。だからこの本には一切の反省がない。校内暴力などで学校が荒れた時代に生まれた、楽園のような学校の物語。すべてを肯定する物語は、すべての人を勇気づける。だから本書は世界中で受け入れられたのだ。

名作度★★★　使える度★★★

黒柳徹子（くろやなぎ・てつこ、一九三三〜）——女優・タレント・エッセイスト。ユニセフ親善大使。ＮＨＫ専属のテレビ女優第一号。テレビ番組「徹子の部屋」「ザ・ベストテン」の司会などで活躍。著書に『トットチャンネル』『トットひとり』など。

まるで酔った上司のお説教
鈴木健二『気くばりのすすめ』●一九八二年／講談社

いきなり余談だが、一九八三年のＮＨＫ紅白歌合戦の司会者は、紅組が黒柳徹子、白組が鈴木健二だった。「今年の司会者はベストセラーコンビ」みたいな内容の広告（二人の頭頂部のみを描いたイラストつき）をどこかで見た記憶がある。どこで見たのだろう。

黒柳徹子『窓ぎわのトットちゃん』はタレント本の域《いき》を超える本だった。では、鈴木健二『気くばりのすすめ』（一九八二年）はどうだろう。『トットちゃん』には負けるとしても、こちらの部数も立派。正・続合わせて四〇〇万部も売れたのだそうだ。

当時の鈴木健二は、「歴史への招待」や「クイズ面白ゼミナール」などの人気番組で司会者を務めるＮＨＫの看板アナウンサーだった。タイトルからも想像できる通り、ジャンルでいえば、本書はいわゆる自己啓発書である。さて、その内容は。

松茸狩りで天下統一を語る

第一部「気くばりのすすめ」は、嫁姑の話からはじまる。

ちょっとした気くばりで険悪だった関係が改善することがある。嫁姑の仲を改善する方法もそれで、嫁はひと言でも多く「お母さん、お母さん」といっておけばよい。

〈「お使いに行ってきます」というところは、／「お母さん、私お使いに行ってきます」／「きょうは夕飯の仕度《したく》、私がします」ではなく、／「お母さん、きょうの夕飯の仕度は私がします」／であり、／「お母さん、私がお茶碗洗います」、「お母さん、先に寝《やす》ませていただきます」〉

姑も同じく「花子さん、花子さん」と嫁の名前を連発するのがいい。

V9を達成した巨人軍の川上哲治監督も、「お前」などの代名詞ではなく、選手の名前を必ず呼んだ。部下は上司に名前を呼ばれると「自分は信頼されている」と感じる。〈だから同じ呼ぶなら代名詞でなく、ちゃんと名前を呼んだほうが部下掌握《しょうあく》の決め手になる〉

余計なお世話と思いながらも、ここまではいちおう実行可能、前向きな提言である。

本書の実力はしかし、まだまだこんなものではない。

次の話題は、いきなり日本と海外のビジネスマンの比較である。

GM（ゼネラル・モーターズ社）やGE（ゼネラル・エレクトリック社）など、アメリカの巨大企業では、社長になるためのテストがある。といっても社長候補は経済ではなくシェイクスピアの本を一冊わたされ、レポートを書けといわれるだけ。テストの狙いは「人間理解」で、作品の登場人物の心も理解できないようでは、大勢の社員を理解することもできないからだという。

このように〈会社経営の根幹は「人間理解」にあるということを欧米の企業は忠実に守り抜い

ている〉が、日本は〈どうもこの点で心もとない気がするのである〉。
かくして、渾身《こんしん》の苦言が登場する。〈要するに、日本人が伝統的に持っていたはずの相手に対する気くばり、思いやりの心が希薄になってしまったのである〉
一転、そのまた次の話題は時代を大きくさかのぼる。
豊臣秀吉が権勢をきわめていた頃、今年は松茸がよく採れたと聞き、急に松茸狩りに行くといいだした。松茸を採り尽くした後だった家来たちは、前の晩、あわてて松茸を植え直した。家来たちがびくびくして見守る中、〈殿、この松茸は昨夜植え直したものでございますぞ〉と注進に及んだ家来がいた。ま、まずい……。ところが秀吉はいった。〈わかっている、わかっている〉〈わしは百姓の子だ。松茸がどんな具合に生えているかはお前たちよりもよく知っている〉。最初から変だとは思ったが〈それは皆の善意から出たことだ。急にいい出したわしの期待に応えようという気持ちの現れをなんで叱れようか。むしろうれしく思っているぞ〉。
そして、渾身のひと言が出る。〈秀吉がなぜ天下統一を成し遂げることができたかというと、それは彼が人心を収攬《しゅうらん》する術を心得ていたからである〉
紹介しといていうのもナンだが、いずれもいまいちピリッとしない逸話である。社長試験で内外のビジネスマンの質の差を、松茸狩りで秀吉の天下統一を語られてもねえ。

「いまの日本人」を叱りたい

自己啓発書は「日本人論」と似ているようで微妙に異なるジャンルである。「日本人論」の多くは西洋近代との比較論だった。本書にも同様の箇所は見つかる。先にあげた日欧のビジネスマン比較論はそれだろう。ただ、この話には続きがある。

日本のビジネスマンは〈鈴木さん、いったいどんなしゃべり方をすれば、お客は私の会社の商品を買う気になるんでしょう〉としか聞いてこないが、西欧のビジネスマンは〈ミスター鈴木、何といったら日本人は私と握手してくれますか〉と質問してくる。〈商品を売る、金を儲《もう》けること〉しか頭にない日本人と、〈相手と心を通わせることを優先している〉西欧人。日本には昔から商品を〈どうぞ先にお使いになってください。もしお気に召しましたら、なにがしかのお代を〉という「先用後利」の精神があったが、そのお株は海外に奪われてしまった……。

この話は、日欧の「文化の差」ではない。過去と比較して「いまどきの日本人はなっちょらん」という小言である。この本で著者がいちばんいいたかったのはたぶんそこなのだ。だから、本書は「いまの日本人」のオンパレードだ。

〈いまの日本人はまずそのやさしさが欠けているのである〉〈いまの日本人はずっと昔から連綿《れんめん》と引き継いできた〝けじめ〟をなくすことが、進歩的で自由だと思っている人がいる〉〈いまの日本人は、人の話が聞いていられない〉〈いまの日本人はこの「ありがとう」をいうのがたいへん下手になってしまった〉〈いま大きな問題と思われるのは、戦後の日本が民主主義を受け入れる一方で、日本の文化と伝統に根ざした数々のよりよく生きるための知恵を、古いもの、旧体制の遺物として捨て去ってしまったことなのである〉

酔った上司の説教か社長の訓示かという感じ。ウンザリついでにもうひとつ、「秀吉の松茸狩り」のような歴史上の人物の逸話も、本書の得意技である。

〈東郷元帥《とうごうげんすい》は、リーダーとして傑出した人物であるが、その東郷さんですら日本海海戦のとき、一つのまちがいを犯しているのだ〉〈なぜナポレオンは英雄ナポレオンたり得たか。彼は日常の雑事を片づけ、その中からいろいろ考えていく能力が衆にすぐれていたからだ〉〈あの徳川家康《とくがわいえやす》も、はるか彼方にあった自分の野望のために、長い間かかって秘かに砲術の研究をしている〉〈おそらくつくり話だろうが、楠正成《くすのきまさしげ》が湊川《みなとがわ》に出陣するにあたって、息子の正行《まさつら》に一巻の巻物を渡した。そこには一つの目の絵が描かれていたという〉

これはべつに著者が「歴史への招待」の司会者で、歴史に通じていたからとか、そういう話じゃないと思いますね。彼はおそらく本気で同時代の日本を憂えていたのだ。そして世の中がめまぐるしく動いている時代には、保守的な言説を歓迎する人が必ず存在するのである。

軍拡路線には否定的

近著の『最終版　気くばりのすすめ』（さくら舎・二〇二〇年）で、九〇歳になった鈴木健二は〈敗戦から昭和平成の終りまでのおよそ70年間に、失った最たるものは、日本人らしい行儀作法でした〉と書き、「歩きスマホ」を嘆いている。さすがのブレのなさである。

ただ、これほど保守的な本でも、「いまの日本人」の軍拡路線には否定的だった。〈一部の人間たちがおそらく裏側で武器産業と手を握っているのだろうと思われるが、「国家は自らの手で守れ」の美名のもとに、防衛費と称する軍事力の増強に躍起となった。／いま、何かをしなければ、とんでもない方向に日本ないし日本人が行ってしまうのだということを、誰しもが漠然と感じ始めた〉（『気くばりのすすめ』あとがき）

八二年は軍拡と改憲を標榜する中曽根康弘政権が誕生した年である。風景などの写真と条文を組み合わせた『日本国憲法』（一九八二年）がベストセラーになったのも同じ年だった。戦争体験者がまだ社会の中枢にいた時代。八〇年代の保守のスタンダードは護憲だったのである。

名作度★　使える度★

鈴木健二（すずき・けんじ、一九二九〜）――アナウンサー。テレビ番組「歴史への招待」「クイズ面白ゼミナール」などの司会者として高視聴率を獲得し、「東海道新幹線開通」「アポロ11号月面着陸」等の生中継で国民的アナウンサーとして親しまれた。

均等法前夜のサクセスストーリー

林真理子『ルンルンを買っておうちに帰ろう』●一九八二年／主婦の友社・角川文庫

八〇年代は働く女性、ないし女性の働き方が大きく変わった時代である。一九八六年には男女雇用機会均等法が施行され、総合職と一般職という区分ができたりもしたのだが、企業に就職する以外のもうひとつの選択肢がフリーランスである。

私が働く出版業界でも、ライター、デザイナー、イラストレーター、カメラマンなど、大勢のフリーランサーがいた。収入は不安定。時間は不規則。仕事は過酷。それでも、そこそこ食べて遊べるくらいの仕事はあったのだから、まあ幸せな時代だったのだろう。

林真理子はそんなフリーランサーの、いわば出世頭だった。『ルンルンを買っておうちに帰ろう』（一九八二年）は林のデビュー作である。当時、彼女は二八歳。パッとしない境遇から転身し、八一年にコピーライターの登竜門であるＴＣＣ（東京コピーライターズクラブ）新人賞を受賞。女性誌などに登場する、売りだし中の新進コピーライターだった。

糸井重里、仲畑貴志、川崎徹ら、売れっ子コピーライターは当時のスターだった。女子の就職先が限られていた均等法以前の時代。彼女が注目されたのは当然だったかもしれない。

あの人だって批判しちゃう

当時ゴマンと出ていた女性ライターのエッセイと比べても、実際、本書は抜きん出ていた。「まえがき」からして、この鼻息の荒さである。

〈今回私がこういった本を書くことになったのは、ひがむ一方だった女からの反撃なのである。だいたいね、女が書くエッセイ（特に若いの）とか、評論っぽい作文に本音が書かれていたことがあるだろうか〉〈彼女たちはその本の中ではやたらパンツ脱いで男と寝ちゃうけれど、文章を書くということにおいては、毛糸のズロースを三枚重ねてはいている感じ〉〈とにかく私は言葉の女子プロレスラーになって、いままでのキレイキレイエッセイをぶっこわしちゃおうと決心をかためちゃったのである〉

一方、「あとがき」は、このしおらしさ。

〈「とにかくいままで女の人が絶対に書かなかったような本を書いてください」／と担当の方にいわれた。／だからできるだけ正直にいろんなことを書こうと思ったのだが、書きすすむうちにあまりのエゲツなさにわれながら悲しくなってしまったことが何度もある。／本当に私って嫌な女ね、と壁に頭をぶっつけて泣きたい日がつづいた。／それなのに担当のM氏は、私のできあがった原稿を見ては、いつもゲラゲラおなかをかかえて笑うのである〉〈これはそんなにおもしろい本なのだろうか〉

自嘲的に書いてますけどね、これは「エゲツなさ」に対するエクスキューズであると同時に

「読めばゲラゲラ笑えるよ」という裏返しの宣伝、自負の現れなんですよ。

事実、「ラブ篇」「ジョブ篇」「リブ篇」の三章で構成された本書は、いままでにないテイストを備えていた。特に〈女だって、金、地位、名誉がほしいのだ〉という視点。〈お金ってあると気持ちいいよー。狭い業界とはいえ、少しは名前が売れてくるのってチヤホヤされて最高よー〉とか〈私は麻布《あざぶ》の豪華マンションに住み、南青山にアシスタント付きの事務所を構えるまでになっていた。／これを破格の出世といわずしてなんといおう〉とか。

その合間合間に、同時代の女性表現者に対する容赦ないツッコミが入る。

〈女の下半身打ち明け話っぽいものが本になりはじめたのは、いったいいつ頃からだっただろうか〉〈私が思うに、小池真理子さんの「知的悪女のすすめ」なんかが先鞭《せんべん》をつけたと思う。いまの女子大生作家の、なりふりかまわないエゲツなさにくらべると、まだまだおとなしいものだが、最初にあの本を読んだ時、／「へえー、こんな卒論のできそこないみたいなものが本になるわけ――」／と当時の私はかなりふんがいしたものである〉

作家未満だった林真理子が、作家未満だった小池真理子にイチャモンをつける。二人とも直木賞作家となったいまとなっては「歴史的因縁」である。

我が世の春のスタイリストだって批判しちゃうぞ。

〈「原由美子の本」つうのは（私まで買った）ベストセラーになったらしい。だけどあれ絶対におかしいと思うのよね。「原由美子の世界」といったって、全部あれは他のデザイナーがつくったもんでしょ。コーディネイトする才能とかなんとかいったって、上も下もコム・デ・ギャルソンじゃない。あれは「原由美子が借りてきた服の世界」というべきじゃないだろうか、絶対に〉

自慢と自虐はワンセット

自由奔放に筆を走らせているように見えるかもしれないが、侮るべからず。この本はきわめて周到に、戦略的に書かれているのである。本書の三原則を列挙すれば、こうなるだろう。

①自慢と自虐はワンセット。
②悪口はヒガミやネタミとともに。
③視点は常に低いほうに置く。

〈現在私は人が羨《うらや》むような、豪華マンションの住民となったわけだが〉だけなら、ただのイヤミな自慢だが、同時に彼女は〈広々としていたリビングも読みっぱなしの新聞に、ガードルとストッキングの二段重ね脱ぎっぱなし〉な現実や、〈上京して最初に住んだところは、トイレも共同の、三畳の学生アパート〉だったという話も出してくるのだ。

同性の表現者や業界人に対する罵詈《ばり》雑言《ぞうごん》も、「大事にされてこなかった私」が下から見上げる形でいうから、読者は「そうだそうだ」と思えるわけ。コピーライター志望の子たちを評して彼女はいう。〈「書くことが好きなんです」／「広告という仕事に興味があって」／とかまあみんな一応のことをいうけれど、／「有名になりたい」／「華やかな世界に入りたい」／「お金ほしい」

／まだ彼女たち自身も気づいていない、ホントの声があるはずだ。／私だってそうだったもの〉私だってそうだった。——ここが重要な共感ポイント。

林真理子がこの本で追求しているのは圧倒的に「笑い」である。

それまでの女性ライターにとって「笑い」は総じて苦手科目だった。『天国にいちばん近い島』（一九六六年）であれ、『スプーン一杯の幸せ』（一九七三年）であれ、林が論難した『知的悪女のすすめ』（一九七八年）であれ、笑いはどこかでスベッていた。ベストセラーになった本でさえそうなのだから、あとは推《お》して知るべしである。林真理子は、そのへんの技術の低さを見抜いていたにちがいない。私ならもっと上手く書ける、と。

そして八〇年代は、女性ライターと女性読者に「笑うゆとり」がようやく生まれた時代だった。たとえ虚像でも、キャリアウーマンという言葉は普通に流通していたし、林真理子のような成功のお手本もあった。「男社会に意地悪された」と愚痴ってもはじまらない。肩肘張って自立自立と騒ぐのはもうダサい。そんな気分に『ルンルン…』はハマったのだ。

野心が通用した時代

三一年後の『野心のすすめ』（二〇一三年）で、〈あの時は、悪魔に魂を売り渡してもいいとさえ思っていました〉と林真理子は書いている。〈普通のことを書いていたら、無名の自分が世の中に出られるはずはないとわかっていたので、何か過激なことをしなければならなかった〉。〈欲望をカタチにするためなら、いざという時に少々かっこ悪くたっていいではありませんか。せいぜい八十年、一度きりの自分の人生なんですから〉とも。

もっとも彼女の成功には時代が味方したのも事実である。九〇年代、バブルの崩壊と同時に広告業界や出版業界のフリーランサーは大打撃を被り、華やかそうに見えた業界がじつはブラックだったこともバレてしまった。後年の林真理子がときに分別くさく見えるのは、成功しすぎたためだろう。どんなに彼女が自虐を気取っても、もう「下から目線」は通用しない。

上り坂の時代のサクセスストーリー。ちなみにこの本と、現役女子大生の本音を率直につづった下森真澄&宮村裕子『ANO・ANO』（一九八〇年）で、日本の若い女性の精神文化は夜明けを迎えたのだと私は思っている。経済がよかった時代にはエッセイにも馬力があったのだ。

名作度★★　使える度★★

林真理子（はやし・まりこ、一九五四～）――小説家・エッセイスト。コピーライターをへて、本書で人気エッセイストに。小説家に転身後も第一線を走りつづけ、直木賞をはじめ名だたる文学賞の選考委員をつとめる。小説に『不機嫌な果実』『白蓮れんれん』『綴る女』など。

不倫にのめった中年男の夢と無恥

渡辺淳一『ひとひらの雪』●一九八三年／文藝春秋・集英社文庫

私にとっての彼は一貫して「失笑作家」だったけど、世間じゃちがう。なんだかんだいっても、渡辺淳一は誰もが認めるベストセラー作家だった。新聞連載小説の常連であり、さらにいえば「恋愛小説の大家」ということになっていた。『失楽園』（一九九七年）、『愛の流刑地』（二〇〇六年）など、日経新聞に連載された不倫小説で後に大ブームを起こしたナベジュンだが、医療小説、歴史小説、評伝など、それなりに多様な作品を書いてきた彼が恋愛小説への傾斜を強めていったのは八〇年代。

その転機となったヒット作が、上下二巻の『ひとひらの雪』（一九八三年）である。初出連載紙は一九八一年三月〜八二年五月の毎日新聞朝刊。八五年には津川雅彦と秋吉久美子の主演で映画化もされ（根岸吉太郎監督）、こちらも大きな反響を呼んだ。

ひとりは人妻、ひとりは部下

物語は『失楽園』などの読者にはすでにおなじみの不倫劇である。

主人公の伊織《いおり》祥一郎は四十代半ば。美術館や博物館の設計を得意とする建築家だ。原宿に建築事務所を持ち、青山には仕事場と称するマンションがあって、週に一度大学で教える以外は青山か原宿で仕事をしている。自由が丘には妻と二人の娘（高校一年生と中学二年生）が住む家があるが、妻とは別居中で、生活の場もいまは青山のマンションである。

その伊織が、あるパーティでひとりの女性と一五年ぶりに再会した。高村霞、三五歳。亡くなった友人の妹で、現在は鎌倉と銀座に英善堂なる画廊を持つ美術商・高村章太郎の妻である。五〇歳をすぎた章太郎は再婚で、章太郎の娘を霞は五歳のときから一九歳になる今日まで育ててきた。霞に心を奪われた伊織は、パーティの後で霞をホテルのバーに誘い、三度目のデートで関係を持った。それにしてもなぜ？　言い分を聞こう。

〈英善堂の夫人であれば、経済的に困ることはない。実際、そのとき着ていた、裾に白鷺《しらさぎ》の舞う綸子《りんず》はよく似合った。ものごしも落着いて、外からみるかぎり幸せそうである。しかし伊織はその満ち足りた表情のなかに、なお不幸の翳《かげ》りを探していた〉

「不幸の翳り」ねえ。伊織にはしかし、すでに別の恋人がいた。伊織の建築事務所で秘書をしている相沢笙子《しょうこ》である。笙子は二八歳。女子大の美術科を出たが、建築関係に興味を持って伊織の事務所に就職した。それがまたなんで？　理由を聞こうじゃない。

〈笙子は生真面目で少し融通がきかないところがある。彼女自身もそれに気がついて、自分からその殻を破ろうとした時期があったらしい。伊織の愛を比較的素直に受け入れたのも、そういう

気持と無関係ではなかったようである〉

今度は「殻を破ろうとした」。不倫のきっかけはまことにいろいろである。まあ、いいや。とまれこうして笙子との関係を続けながら、伊織は霞との関係を深めてゆく。三角関係だし、伊織にも霞にも家族がいるし、波乱の展開が予想される。

作中には二度のイベントが用意されている。六月、伊織は霞を誘って仕事がてらに京都と奈良に一泊旅行に出かける（上巻）。一一月、やはり霞と二人、彼は一〇日間のヨーロッパ旅行に出かける（下巻）。さあ、どんな波乱が起きるのか！　と思うじゃない？　ところが……。

〈「切符は僕が持っています」／まわりの視線を意識して、伊織はことさらに素気《そっけ》なさを装う。／「今日は遅れてはいけないと思って、必死でした」〉

これが東京駅で新幹線に乗った直後の会話で、あとはただの京都&奈良旅行記。

〈「しかし、よくこられたね」／伊織が感心したようにつぶやくと、霞は少し怒った口調で、／「切符まで買ったのに、こないと思ったのですか」〉

これが成田で出国手続きをした後の会話で、あとはただの欧州旅行記。

もめない、悩まない、トラブらない。よってドラマもない。

全体を通していえるのは、霞や笙子も含め、伊織の周囲がきわめて寛容か、伊織に無関心であることだろう。妻との関係はとうに破綻していて、伊織のマンションに訪ねてもこない。よって女性は連れ込み放題。毎日来る家政婦もイヤミをいう程度だし、霞との仲を疑う友人も彼を特には追及せず、建築事務所のスタッフも伊織と笙子の仲を知っていながら容認している。

鈍感男のお気楽な不倫の恋

伊織の不倫がどれほどお気楽か、他の不倫小説と比べてみよう。

たとえば檀一雄『火宅の人』（一九七五年）。作家自身をモデルにしたこの小説は『ひとひらの雪』の少し後（一九八六年）に映画化された。妻と五人の子どもがいる作家（桂一雄・四五歳）が、若い新劇女優（矢島恵子・二六歳）と恋愛関係に陥るという、これも不倫劇だが、家族に問題は起こる、不倫相手ともこじれる、桂一雄はどんどん追い詰められ、国内からヨーロッパまで、各地を転々とせざるを得なくなる。男の浮気にはリスクが伴うという話である。

ひるがえって『ひとひらの雪』のお気楽さはどうだ。

霞は毎度、伊織が好む和服と結い上げた髪で現れてくださるし（この人はヨーロッパ旅行にまで和服を持参しちゃうのだ）、笙子は笙子で、旅に出かける伊織のカバンに「お茶とおかき」を忍び込ませるサービスのよさ。〈お気をつけて行ってらっしゃいませ。お二人の楽しい旅でありますように　笙子〉という当てつけがましい手紙つきだとしてもである。

渡辺淳一には『鈍感力』（二〇〇七年）というベストセラーになったエッセイがある。『ひとひらの雪』が退屈な理由もたぶんそれ。伊織祥一郎は小心者だが「鈍感力」の人なのだ。

第一に、彼は社会的地位も経済力もあり、建築業界や美術業界に顔が利く文化人である。こういう人は、ふつうにモテる。女性の側にもメリットがあるからだ。美術商の妻である霞にとって、伊織は平板な結婚生活を埋め合わせ、プライドを満たしてくれる存在だっただろう。笙子にとっての伊織は雇用者で、迫られたら拒否しにくい半面、仕事上の利点もないとはいえない。女たちを伊織につなぎ止めているのは愛というより一種の打算だ。

第二に、こういうお山の大将の男には周囲も意見しにくい。半分芸術家みたいなもんだし、わざわざ事を荒立てて怒りを買いたくはないし。ところが伊織は、霞や笙子との関係を対等な恋愛と信じて疑わない。だからバカバカしいのである。

もっともこんな関係は、そういつまでも続かない。

伊織と霞がヨーロッパから帰ってきた直後、笙子は「長いあいだありがとうございました」という手紙を残して事務所をやめた。部下の話によると、どうも結婚するらしい。

さらにそのタイミングで、長く離婚を拒んでいた妻から離婚届が送られてきた。

そして霞は、三月、伊織との二度目の京都旅行に来なかった。後日、彼の前に現れたのは、かおりと名乗る霞の義娘だった。〈母ともう逢わないでください〉とかおりはいった。〈わたし、ママとおじさまのことはみんな知っています〉。過去の二度の旅行も彼女の協力で実現したのだと。

男たちを勘違いさせた罪

三人の女を一度に失った伊織。女が忖度するのをやめた途端、男はこういう目にあうわけだ。

さしもの渡辺淳一もそのくらいは知っている。では伊織は？

〈妻、笙子、霞、そしてそれ以前に知った女性達の顔が走馬灯のように、ぐるぐる廻りながら、浮かんでは消えていく。伊織は夢でも見るように、その一人一人にゆっくりとうなずく。／いま改めて彼女たちにいうことはなにもない。ただ、いま少しへこたれているので、彼女達の優しかったときの顔を懐しんでいるだけである。みんな、それぞれに誠実で好ましかった。／だが、それにしても、女達はなんと強いことか……〉

なにが走馬灯よ。さすが鈍感力の人、あいかわらずのおめでたさだ。

本書を読むと、セクハラや強制性交で告発された男たちがなぜ狼狽するかがよくわかる。彼らは力関係の差から生じた非対称な関係を恋愛と思い込み、女は押せば落ちる、ベッドにねじ伏せれば大人しくなる、関係を拒まないのは自分を愛しているからだ……と考える。そんな思想を『ひとひらの雪』は読者に叩き込む。男たちを勘違いさせた罪は大きいと思いますね。

名作度★　使える度★

渡辺淳一（わたなべ・じゅんいち、一九三三〜二〇一四）――小説家。本書のほか『化身《けしん》』『うたかた』『失楽園』などが大ヒットし、恋愛小説の教祖的存在となる。伝記小説に『花埋み《はなうずみ》』『遠き落日』など。

ポストモダンって何だったの？

浅田彰『構造と力――記号論を超えて』●一九八三年／勁草書房

トマ・ピケティ『21世紀の資本』の邦訳（山形浩生ほか訳）が出版されたのは二〇一四年一二月。発売前から話題になっていたこの本は、翌一五年の二月には一三万部を叩き出した。この種の本の一〇万部超えは、十分「空前のベストセラー」といえる。

それで思い出したのがこの本、浅田彰『構造と力』（一九八三年）である。こっちの本の刷り部数も当時たしか一四万部で、このへんが「難しげな本を買う人数のマックスだ」と聞いたことがあったのだ。むかし『構造と力』、いま『21世紀の資本』。もっとも『構造と力』はその後も版を重ね、現在は五六刷（約一六万部）。この本の力はまだ衰えていないらしいのだ。

いきなり、なんのこっちゃ

『構造と力』は、当時、京都大学人文科学研究所の助手だった浅田彰二六歳のデビュー作である。サブタイトルは「記号論を超えて」。八〇年代中盤を席捲した、いわゆる「ニューアカ（ニューアカデミズム）・ブーム」を牽引した一冊といわれている。

しかし、じゃあ「ニューアカ・ブーム」とは何かというと、これが説明しづらいんですね。しづらいが、キーワードは「記号論」「構造主義」「ポスト構造主義」「ポストモダン」「脱構築」あたりだろうか。構造主義、ポスト構造主義は六〇年代後半にフランスで起こった思想運動だが、日本で一世《いっせい》を風靡《ふうび》したのは八〇年代に入った頃だ。アカデミズムとは無縁の私にも、巷《ちまた》では記号論ってのが流行っているらしいぞ、という噂だけは耳に入ってきた。

私の勝手な理解では、「ニューアカ」は「ポスト・マルクス主義思想」だったのではないかと思う（その意味では「ニューアカ＝ニュー赤」といってもいい）。戦後日本の言論界・思想界（文学や歴史学も含む）を席捲していたのは圧倒的にマルクス主義で、あとはせいぜいサルトルが唱える実存主義が力を持っている程度だった。べつだん社会主義革命を起こそうとかいう話ではなく、世界の権力構造を相対化する視点としてマルクス主義は有効だった。だけども、飽き飽きしてたのよね、おんなじような発想と言説に。

そこにもたらされた、おフランス発の新しげな思想。噂だけは聞いていた知的大衆に、「ポスト構造主義の入門書」と喧伝された『構造と力』は魅力的に見えたんじゃないだろうか。

しかしながら、よくある入門書のつもりで手に取ると、多くの読者は面食らうはずである。嘘と思うなら、「構造とその外部　あるいはEXCÈSの行方——構造主義の復習とポスト構造主義の予習のためのノート」という、ごたいそうなタイトルの第一章を開いてごらん。それは〈はじめにEXCÈSがあった〉という一文ではじまる。

〈この命題はすでにミスリーディングである。はじめにXがあったと言うとき、Xは何らかの実体としてイメージされるだろう。ＥＸＣÈＳとは、しかし、そのような確実な原点なのではなく、むしろ、デリダのいう差延化（différance）の如きもの、従って、「ＥＸＣÈＳがあった」という形でしかとらええぬものなのである。／端的に言って、ＥＸＣÈＳとはズレである。何からのズレか？　生きた自然の織りなす有機的秩序からの、である〉

いきなり、なんのこっちゃである。みなさまはこれを理解していたのだろうか。悪いけど、このレベルについて来れないキミは教室から出てってね、と宣告するような書きだしだ（実際、それで教室から出ていった読者も相当いたのではないかと想像する）。

「ＥＸＣÈＳ」は辞書を引けば「過剰」の意味だと了解できる。が、それがわかったからといってチンプンカンプンなことに変わりはない。山のように繰り出されるカタカナと漢語と欧文。多くの読者がはじめて出会うであろう固有名詞や専門用語を「周知の事実」のように語る話法。『構造と力』はほぼ全編、こういう調子で書かれているのだ。

もし現代思想に入門したいなら、『別冊宝島・わかりたいあなたのための現代思想・入門』（一九八四年）とか、上野千鶴子『構造主義の冒険』（一九八五年）とか、橋爪大三郎『はじめての構造主義』（一九八八年）とか、今村仁司編『現代思想を読む事典』（一九八八年）とかのほうが効率的だ。ただし、こうはいえるかもしれない。つまり読者を煙に巻くような『構造と力』がなかったら、右にあげたような入門書を読者が手にとることもなかったんじゃないか、と。

説明の手順が普通とは逆

『構造と力』をベストセラーにした最大の要因は「天才少年あらわる」の衝撃（当時の言葉でいえば「新人類の旗手」登場）だったかもしれない。と同時に（いまから思えば「若気の至り」ともいえる）この話法そのものが新しかったのだ。

普通の入門書は、キーパーソンの名前と彼らの思想を時系列で配列する形で進行する。構造主義でいえば、ソシュール（言語学者）を源流とし、マルクスやサルトルを乗り超える形でレヴィ＝ストロース（文化人類学者）が道を開き、フーコーやバルトやアルチュセールやラカンやデリダやドゥルーズが出てきて……みたいな展開だ。『構造と力』は逆である。固有名詞は「周知の事実」のような顔で本文の中に埋め込まれ、抽象化された思考のエッセンスだけが「未知の事実」として抽出されるのだ。わかりにくいはずだよ。

「あとがき」で〈チャート式参考書のように明快に〉書こうと努めたと浅田彰は述べているが、この本でもっともキャッチーなのは巻末に掲げられた表だろう。

図解もまじえて、「プレモダン」「モダン」「ポストモダン、理想的極限としての」における思考方法の差異を、彼はこのようにまとめている。

〈差異を完結したシステムに封じ込め、それによって同一性に従属させる〉のがプレモダン。〈たえず新たな差異を作り出し、それを運動エネルギー源としてエクスプロイット［斎藤註：利用］する〉のがモダン。〈差異を差異として肯定し享受する〉のがポストモダン。

この表は、本書のダイジェストになっているだけではなく、「ポストモダンな知のあり方」を示している。ポストモダンとは、はて何か。「序に代えて」によると……。

〈対象と深くかかわり全面的に没入すると同時に、対象を容赦なく突き放し切って捨てること。同化と異化のこの鋭い緊張こそ、真に知と呼ぶに値するすぐれてクリティカルな体験の境位《エレメント》であることは、いまさら言うまでもない。簡単に言ってしまえば、シラケつつノリ、ノリつつシラケること、これである〉

文学でいえば、『なんとなく、クリスタル』はこのノリだった、島田雅彦『優しいサヨクのための嬉遊曲』（一九八三年）もこれだったといまなら思える。最終章で浅田彰は言い放つ。

〈常に外へ出続けるというプロセス。それこそが重要なのである。憑かれたように一方向に邁進し続ける近代の運動過程がパラノイアックな競争であるのに対し、そのようなプロセスはスキゾフレニックな逃走であると言うことができるだろう〉

やっと出てきた、知ってる単語。偏執型《パラノイア》、分裂型《スキゾフレイニー》は、その後「スキゾ／パラノ」という流行語になり、浅田彰は『逃走論——スキゾ・キッズの冒険』（一九八四年）でこの概念をさらに補強。パラノ人間を「住む人」、スキゾ人間を「逃げる人」と定義して、「逃走」という名の限りない相対主義が肯定されるに至った。

ほんとのポストモダンになってみると

振り返ればしかし、八〇年代はまだバリバリの「モダン」だったのだ。

その後、世界の枠組みは大きく変わった。東西冷戦は終結し、産業界の主役は工業生産からITビジネスに移り、産業構造の変化とグローバリズムの進行で絶望的な経済格差が広がった。二一世紀の現在、世は掛け値なしのポストモダンである。世界中で右派勢力が台頭し、中間層が衰退し「知との戯れ」どころか、いまや「知」自体が危機に直面している。

ちなみにピケティの『21世紀の資本』は、資本収益率（r）は常に経済成長率（g）を上回る、すなわち貧富の差は手当てしないと必ず広がるということを過去にさかのぼって証明した本である。拡大する一方の格差は八〇年代から進行していたのだ、と。経済の面から見れば、ポストモダンはプレモダンと同じだったという笑えない現実。逃走、いまでもできるかな。

名作度★★　使える度★

浅田彰（あさだ・あきら、一九五七〜）——批評家・経済学者。京都芸術大学大学院学術研究センター所長。本書や翌年刊行された『逃走論』がベストセラーとなり、ニューアカデミズムの旗手と呼ばれた。雑誌『GS』『季刊思潮』『批評空間』などの編集に関わった。

うわべで勝負の最強レジャーガイド

ホイチョイ・プロダクション『見栄講座――ミーハーのためのその戦略と展開』

●一九八三年／小学館

ホイチョイ・プロダクション『見栄講座』(馬場康夫＝作、松田充信＝絵)。正式なタイトルは『見栄講座――ミーハーのためのその戦略と展開』(一九八三年)。

知らない人もいると思うが、私はこれが八〇年代を代表する本だと思っている。空前のバブル景気に日本中が浮かれるのは八〇年代の後半だが、前半のプレ・バブル期でも、世間はすでに浮ついていた。若者たちは夜な夜な「カフェバー」や「ディスコ」に集い、夏はテニスやサーフィン、冬はスキーと遊び回り、「ギョーカイ人」が幅を利かせ、「ネクラ」なやつが排斥され、みんながシティボーイやシティガールを気取っていた。

こうした都市遊民の生態を描いた小説が田中康夫『なんとなく、クリスタル』(一九八一年)。ギョーカイ人の実態を暴いたエセ職業ガイドが渡辺和博とタラコプロダクション『金魂巻』(一九八四年)。そして、『見栄講座』はこの時代、すなわちプレ・バブル期を象徴するレジャーガイドだった。浅田彰は否定するかもしれないが、私見では、いずれも『構造と力』の実践例だ。

見よ、この人を喰ったカバーの惹句を。

〈現代は見栄ライフ・スタイルの時代と申せましょう。地道に生きたって所詮ムダ。適当にやって、いい加減に生き、見かけの体裁さえとりつくろえば、それでいいのです。本書は、ミーハーなあなたが、社会生活のあらゆる局面に於て、苦労なくして、うわべだけカッコよく見せかける技術を習得するための、画期的実用講座です。あなたも、当講座を勉強し、りっぱな見栄ライフ・スタイルの実践者となって、ルンルン・ギャルをビシビシひっかけようではありませんか〉

努力と一対の見栄レジャー

コンセプト自体は、『ポパイ』（七六年創刊）や『ホットドッグ・プレス』（七九年創刊）といった当時の若者雑誌と同じ、つまりはレジャーを介したナンパ・マニュアルだ。ただ、巷の雑誌が「マジ」だったのに対し、『見栄講座』はどこまでもふざけていた。〈「自分がどうあるべきか」などと言う問題は、さして大きな意味を持ちません。重要なのは他人からどう見られるかです〉。浅田彰がいう「ポストモダンな知」ですよね、これ。

かくして、巻頭の「見栄ライフ・スタイルへの誘い」にはじまり、「見栄テニス」「見栄スキー」「見栄フランス料理」「見栄海外旅行」「見栄オートバイ」などのレジャー関係から「見栄キャリア・ウーマン」「見栄軽井沢」「見栄湘南」「見栄シティー・ボーイ」といったライフスタイル（これもレジャーか）まで全一〇講の講義が続く。

あくまでパロディのスタイルを貫きつつ、本書はウソとホント、硬と軟を巧みに混在させて読者を挑発するのである（なのでコレを本気のマニュアルとして読むバカもいた）。

〈ウエアは、ラケットとは逆に、ブランド物はなるべく避けるよう、心掛けて下さい。テニス・コートは、フィラやエレッセでいっぱいです。ウエアに高い投資をしても、期待したほどの効果は得られません〉（「見栄テニス」）

〈多くのギャラリーは、とりあえず、あなたが曲がるときにどのくらい脚を開くかで、あなたの技量を判断します。パラレル・ターンができるようになったら、次の段階として、一生できっこないウェーデルンの練習に時間を割くよりは、ゲレシュプの真似ごとや、片脚スキー、ステップ・ターンなどの姑息なテクニックを身につけることに専念しましょう〉（「見栄スキー」）

〈イタリアンに乗るからには、とにかく飛ばさなくては意味がありません。イタリアンのライダーは、自分のスピードに絶対的な自信を持ち、「生と死の狭間《はざま》を走りながら、生を実感する」というような、飛ばしの論理を信奉します。彼らのモットーは、黄色当然、赤勝負。サムライのように眼光鋭く、痩身で、事故を起こせば美しく即死し、太り始めたらすぐにアメリカンに転向しなければなりません〉（「見栄オートバイ」）

クソ、上手いなあ、もう。

いま読むと、しかし、いろいろ思うところは多い。なにより感心するのは、八〇年代の若者はなんて努力家だったのだろうということである。テニスもスキーもオートバイももちろんただの遊びだが、ただの遊びにかけるカネと時間とエネルギーは半端じゃない。

①道具一式とウエア一式を買いそろえなければならない。
②コートを取る、スキー宿を予約する、二輪免許を取得するなどの面倒な準備が要る。
③いくらミーハーでも、陰での練習なくして見栄は張れない。
たとえ目的は「女の子にモテる」ことでも、「モテる」ためだけに普通、ここまでやるか？
まあ、やってたんですけどね、モテようと思ってない人でもね。

楽しいことは外にしかなかった

思えば当時は、パソコンも携帯電話もインターネットも生活圏の中にはなかったのだ。家庭用のテレビゲーム機、いわゆる「ファミコン」が発売されたのは『見栄講座』と同じ八三年。ビデオデッキはまだ高価で、だからこそ本書にも港区の「ビデオ・バー」（最新式のAV装置をそろえて環境ビデオや古い映画を見せる店）が紹介されているのだし、レンタルビデオショップもほとんどなかった。ワープロもポケットベルもあまねく普及しているとまではいえず、若者が所有する電子機器はせいぜい「ウォークマン」までだった。

つまり八〇年代の中頃まで、おもしろいことは常に「家の外」にしかなく、刺激は人との出会いの中にしかなかったのである。見栄を張るというコンセプト自体、ギャラリー（観客）がいなければ成立しない。だから若者たちは概してみんなアクティブだった。

『見栄講座』が描く風俗の数々は高度成長期以来人々が求めてきた豊かさの、いわば「上がり」

で、若者たちはこの後、電子ゲーム、映像機器、インターネットなどによって、急速にインドア化、バーチャル化していく。スマホは若い人たちを再び外に連れ出すことに成功したが、かつてレジャーに費やされたカネと時間は通信会社に吸い取られ、オンライン・ゲームもネット通販も無料配信動画も外からアクセスできる現在、もはやテニスやスキーの出番はない。

実際、四〇年近くたって、テニスラケットを手にした女子大生はほぼ絶滅し、往時はリフトの一時間待ちがざらだったスキー場も相当数が消滅し、二輪車の主流はオートバイから大型スクーターに変わって本格ライダーは中高年ばかりになった。

ホイチョイ・プロはこの後、本来のテリトリーである映像の分野に戻って「私をスキーに連れてって」(一九八七年)などの映画をヒットさせる一方、『見栄講座』の外食部分を独立させた『東京いい店やれる店』(一九九四年)をヒットさせる。つまり残ったのは外食だけ。

とまあいうわけなので、若者たちの生活スタイルが変わり、レジャーのツールも大きく変わった現在、マニュアルブックとしての本書の実用的価値はほぼゼロである。ただし、このセンスと文章技術は学ぶところ大なのだ。絶版なのが残念だわ。リア充のお手本なのに。

いまやレジャーの主役は中高年

と思っていたが、ホイチョイ・プロは懲《こ》りていなかった。三五年のときを経て、なんとこの本の続編が出たのである。題して『ホイチョイのリア充王』(講談社・二〇一八年)。

〈この国の国民のすべての活動の目的は、その場の楽しさや盛り上がりではなく、SNSに写真を上げて「いいね！」を貰うことになったのです〉

これが見栄の現在形だ。ただし、時代は変わった。『レジャー白書』なども参照して、レジャーが盛んだった一九九四年と二〇一六年を比べると、スキー人口は一六七〇万人から三三〇万人に（八〇％減）、ゴルフ人口は一三七〇万人から五五〇万人に（六〇％減）、テニス人口は一二四〇万人から五七〇万人に（五四％減）激減。テニス界は再び始めた五十～六十代はいても若者の新規流入はなく、ゴルファーは団塊世代と元「オヤジギャル」だけだそうである。あな恐ろしや、むかし取った杵柄《きねづか》組。

余談だが、ホイチョイ・プロの主力メンバーは小学校から中高大学までの成蹊学園卒業生で、同じ学年には安倍晋三がいた。ホイチョイと安倍の間には何の接点も感じられないが、彼を見てると、「見栄総理」という言葉がふと浮かぶ。「やってるふり」だけの総理大臣の意味である。

名作度★　使える度★★★

ホイチョイ・プロダクション——クリエイター集団。現在は「ホイチョイ・プロダクションズ」。「私をスキーに連れてって」「彼女が水着にきがえたら」「バブルへGO!!」などの映画でも知られる。著書に『東京いい店やれる店』『気まぐれコンセプト』など。

元祖子育てエッセイのまさかの展開
伊藤比呂美『良いおっぱい 悪いおっぱい』

●一九八五年／冬樹社・中公文庫

妊娠・出産・子育てなんていうものは、エッセイの題材じゃなかったのよね、むかしは。それはプロの領域で、新米のお母さま方は『スポック博士の育児書』（一九四六年）とか、松田道雄の『私は赤ちゃん』（一九六〇年）とか『育児の百科』（一九六七年）とかを読んでたわけよ。

それが少し変わってきたのは、八〇年代からだろう。

伊藤比呂美『良いおっぱい 悪いおっぱい』（一九八五年）は、自身の妊娠・出産・育児を率直に語った実用書兼エッセイの先駆けだった。このジャンルは後に、石坂啓『赤ちゃんが来た』（一九九三年）、まついなつき『笑う出産』（一九九四年）といったベストセラーを生み、妊娠出産エッセイのちょっとしたブームまで巻き起こすことになる。

この種の本の源流をたどると、「女のからだ本」に行き着く。中山千夏『からだノート』（一九七七年）とか、ダイヤグラム・グループ編『ウーマンズボディー』（池上千寿子、根岸悦子訳・一九八〇年）とか、『モア・リポート』（一九八三年）とかである。スローガンは「女の身体を女の手に取り戻そう」。リプロダクティブ・ヘルス／ライツ（性と生殖に関する健康と権利）の初期形態ともいえ、当然そこには妊娠も出産も含まれていた。

極意は「がさつ・ぐうたら・ずぼら」

さて、この本は現在、二五年後に加筆した『良いおっぱい 悪いおっぱい【完全版】』（二〇一〇年）として刊行されている。後の著作に比べると未熟な点はあり、子育て事情が変化した今日、本書の情報がそのまま使えるわけではない。それでもさほど古びた感じがしないのは、本書がごく率直な「問いと答え」で構成されているためだろう。

たとえば〈赤ちゃんができたとわかった時、どんな気持ちでしたか。また夫に言う時はどんな気持ちでしたか〉という問いへの答え。

〈吐いてすっぱいものばっかりほしがって、夫がおかしいと思っていたら、妻が会社に電話をかけてきて、あの、ちょっとお話があるの、と今日病院に行ってきたことを打ち明け、夫は青天のヘキレキにびっくり仰天しながらも狂喜するという、TVドラマ的なパターンを考えていらっしゃるのでしたら、あんなものは嘘です。月経が遅れた時点ですでに妻は気づいており、当然まともな夫婦ならそのことについて話しあっています。妊娠というのは、夫婦で「こまった」とか「やったね」とか、まあ、感想はいろいろありましょうが、疑いながら、霧が晴れていくように、徐々にわかっていきます。わたしの場合、最初に月経の遅れに気づいた時には、「ほれみろ」「どじ」と責任を転嫁する気持ちで事実を伝えました〉

〈母乳がいいことはよくわかりますが、母乳で育てることができない場合、ミルクだと、子どもに基本的な借りをつくっているような気がしませんか〉という問いには……。

〈おっぱいファシズムについては、母乳の悪い点で触れましたが、もうひとつ悪い点は、そのファシズムが、自分のアカンボに対してだけでなく、ミルクで育てている他の母親に対しても向けられることがある、という点です。つまり、ミルクで育てている母親はなにがしかの負い目のようなものを、母乳で育てている母親はなにがしかの優越感を感じるということです。これはばかばかしい〉

本書が推奨する子育ての奥義《おうぎ》は次の一文に尽きる。〈がさつ／ぐうたら／ずぼら／何しろこれさえきちっと押さえれば何も問題は起こりません。育児ノイローゼも子殺しも大丈夫です。がさつ、ぐうたら、ずぼら。何度もくりかえして覚えておきましょう〉

産婦人科医や小児科医などの専門家が（上から目線で）指導していた時代に、このメッセージは新鮮だった。既存の育児書の教えも、この本は蹴散《けち》らかす。

赤ん坊には話しかけてあげましょうと育児書には書いてあるけど〈じつを言うと性格的にわたしには、この、話しかけるというのができないのです。あきちゃう。おもしろくないから〉。でもって〈わたしは話しかけてやらない、おっぱいをやりながら本を読むという非常識なことをずっとしていたわけですが、わたしのアカンボは育ちました〉。

読者投稿をメインに、等身大の「隣の子育て」を覗き見するような雑誌『たまごクラブ』『ひよこクラブ』(いわゆる『たまひよ』)が創刊されたのは一九九三年だ。それより八年も早く出た本音満載の『良いおっぱい…』がどれほど画期的だったか、日本中の母やその予備軍をどれほど励まし、救ったか、容易に想像できるはずである。

余談ながら八〇年代の初頭、私は子育て雑誌の駆け出し編集者で、魅力的な書き手や取材対象を常に探していた。この雑誌は三年であえなく休刊したため、本書が出た八五年の時点では「時すでに遅し」だったのだが、もし雑誌が存続していたら、即、彼女に連絡していただろう。

まさか三〇年も続くとは

話はしかし、ここでは終わらないのである。特筆すべきは、この本がその後三〇年以上も続く長大なシリーズに発展したことである。

『良いおっぱい 悪いおっぱい』は長女カノコちゃんが一歳になり、第二子の妊娠に気づくところで終わるのだが、伊藤比呂美の子育てはまだ続き、続編の『おなか ほっぺ おしり』(一九八七年)では次女のサラ子ちゃんが誕生(八六年)。二人の娘の成長の記録はさらに『おなかほっぺおしりそしてふともも』(一九八九年)に引き継がれ、『コドモより親が大事――おなかほっぺおしりPART3』(一九九三年)で一旦完結する。

しかしこの後、伊藤比呂美は離婚と再婚を経験し、年の離れたイギリス人の夫と暮らすため、二人の娘を連れてカリフォルニアに移住するという第二ステージに突入する。

実家がある熊本と行き来しながら、『伊藤ふきげん製作所』(二〇〇〇年)で語られるのは思春期を迎えたカノコちゃんとの七転八倒、『おなかほっぺおしりトメ』(二〇〇四年)で描かれるのはアメリカで生まれた末っ子トメちゃんを加えた一家の暮らしだ。

そして二〇〇〇年代後半に入ると、エッセイと人生の中心的な課題は子育てから介護へとシフトする。『とげ抜き 新巣鴨地蔵縁起』(二〇〇七年)、『閉経記』(二〇一三年)、『父の生きる』(二〇一四年)。いずれも熊本で暮らす両親の介護から看取りへと向かう物語であり、その間にはカノコさん(と呼ぶべきですよね)の結婚と出産も挟まる。

『たそがれてゆく子さん』(二〇一八年)はいわば家族の最終章。カリフォルニアに居を移して二〇年。八七歳になった夫を送り、三人の娘もアメリカに根付く形で独立し、伊藤比呂美は六〇歳をすぎ、末っ子のトメちゃんも結婚した。『良いおっぱい 悪いおっぱい』は、長い長い家族の物語の、じつは序章にすぎなかったのである。

人生はいつまでも「つづく」

〈じっくり観察しまくったものしか書けない。それが、自分と家族だった。だから家庭の中のことばかり書いてきた。夫や子どもや親や、離婚や子育てや介護や、自分や自分の体や。/六十をすぎた今となっては考える。これもまたあたし。社会的な問題じゃなくて、家庭の中の問題を書いていくのが、あたしの闘い方だったんだな。そうやって社会や他の女たちにつながってきたん

だな、と〉(『たそがれてゆく子さん』中央公論新社)

『良いおっぱい 悪いおっぱい』が出た当時、それがこれほどの長丁場になるとは誰も(本人も)予想しなかったはずである。伊藤比呂美の場合は、詩と小説とエッセイの間に明確な境界がない。読者はつまり三十数年、彼女の新著が出るたびに、家族の近況を知り、自身の変化と重ね合わせて、心配したり共感したり笑ったり励まされたりしてきたわけだ。

日本には私小説というジャンルがあり、もちろん自伝的小説や自伝的エッセイも多数存在する。けれど、ひとりの女性の人生と同時進行で、読者がここまで深く付き合ったケースは稀なのではあるまいか。伊藤比呂美の人生はしかし、まだ終わっていない。この後待っているのは自身の老いである。いつも「つづく」で終わる物語。作家と読者の幸福な関係というべきだろう。

名作度★★　使える度★★

伊藤比呂美(いとう・ひろみ、一九五五〜)——詩人。性と身体をテーマに八〇年代の女性詩人ブームをリードし、同時に本書で「育児エッセイ」という分野を開拓した。著書に『とげ抜き 新巣鴨地蔵縁起』『父の生きる』『たそがれてゆく子さん』など。

職場と見まがう刑務所内ツアー

安部譲二『塀の中の懲りない面々』●一九八六年／文藝春秋

バブル時代の初期。一九八七年の年間ベストセラー第一位に輝いたのはあの本だった。

〈「この味がいいね」と君が言ったから七月六日はサラダ記念日〉

さよう、俵万智《たわらまち》のデビューを飾った歌集『サラダ記念日』（河出書房新社）である。しかし私は、『サラダ記念日』と聞くと、どうしてもこっちを思い出してしまうのだ。

〈「この刺青いいわ」と女《スケ》が言ったから七月六日はカラダ記念日〉

筒井康隆の短編「カラダ記念日」（『薬菜飯店』新潮社・一九八八年所収）に収録された一首である。「カラダ記念日」は『サラダ記念日』をパロった歌集風の作品で、八七年のもうひとつのベストセラーも意識していた。安部譲二のデビュー作『塀の中の懲りない面々』である。

『サラダ記念日』が第一位で、『塀の中の懲りない面々』が第三位（第二位は、G・キングスレイ・ウォード、城山三郎訳『ビジネスマンの父より息子への30通の手紙』）。

なぜこのような本がミリオンセラーになったのか。いまとなっては謎だけど、八七年のベストセラーはトップ10圏内にあと二冊、『極道渡世の素敵な面々』と『塀の中のプレイ・ボール』が入っていたのだから、この時期の安部譲二はまちがいなく人気作家だったのだ。

一見すると職場ルポ

この本の初出は、山本夏彦が主宰する雑誌『室内』の連載コラムだった。
〈府中刑務所、北部第五工場というのが、木工場の正式な名前で、普通ホクゴと呼ばれています。／常時二千二百人以上の懲役を捕まえてある巨大刑務所、府中刑務所の塀の中には、懲役を働かせるための工場が、大小、新旧とりまぜ二十以上もあるのです。／ただ閉じこめておけばよい禁固刑と違って、懲役刑は、懲らしめ働かせる刑罰なのですから、働かせる看守も大変ですが、不遜といわれようと、懲役もダイ大変なのです〉

以上が最初のコラムの書きだし。府中刑務所は、著者が敬意をこめて「懲役太郎《ベテラン》」と呼ぶ再犯者ばかりの刑務所である。

〈このホクゴでは、毎日、出所やいろんな反則や事故による人員の減少と、そのための新入りの補充を繰り返しながら、何時《いつ》でもほぼ八十人ほどの懲役が働かされています〉。作っているのは整理簞笥、ロッカー、本棚といった「安物の家具」その他だが、〈仕事の性質上、そこいらじゅうに刃物や玄翁があるのですから〉誰でもここで働けるってわけじゃない。〈看守も含めて全員の生命にかかわることなので、ホクゴで働かせる懲役は、官も新入りの中からとくに慎重に選ぶのは当然でしょう〉。著者に与えられたお仕事は〈リップソーという回転鋸の先取りで、リップソーから挽き割られて出て来た材木を、機械がつかえないように次々と素早く取って、横に据えてある手押車に積んでいく、気取らずにいえば助手の役です〉。

一見ふつうの職場ルポだが、いやいやここは職場じゃない。

なんといってもホクゴは、明治の昔と大差ない、物相《もっそう》（食器）、喫食《きっしょく》（食事）、願箋《がんせん》（希望などを書く紙）、配役《はいえき》（職に就くこと）、役席《えきせき》（職場での配置）なんていう言葉が厳然と生きている刑務所で、規則に反したり看守の機嫌を損ねたりしようものなら即、懲罰房行き。そして、あまりに過酷なこの待遇。

〈刑務所の冬は地獄です。／これまでの長い無頼《ぶらい》な暮しで、それはさんざんな目に会い続けた私ですが、冬の刑務所ほどの非道《ひど》い辛さは、覚えがないのです。／府中刑務所の舎房には、暖房はおろか火の気もないので、工場で働かされる日はともかく、免業の日曜日や祝日だと一日中閉じ込められたままですから、お陽様まで免業なんてことになれば、懲役たちはもう冷蔵庫の中に入れられてしまったのと同じでした〉

こういった辛く厳しい現実もまじえつつ、「塀の中」のおかしくてやがて悲しい日常を、ツアーガイドよろしく案内する。各コラムで紹介されるのは塀の中の、まさに懲りない面々である。後にダッカの日航機ハイジャック事件で「超法規的措置」により釈放された赤軍派の城崎勉、娑婆《しゃば》でも家具職人で後のトップ女優を囲っていたと豪語する忠さん、書類を処理するために紙を呑み込む訓練をしていたメエ……。こうした人々を前に、ときにヘエーと驚き、ときにホロッとし、ときにガハハと笑っているうちに一冊読み終えるという寸法である。

なぜにあなたはそこにいる？

この本がヒットした最大の理由は、もちろんこの巧みな語りの芸であろう。誇張や脚色がまじっているにしても、登場する人物はすべて短編小説の主役になりそうな面子《メンツ》である。

ただし、じゃあ著者である安部譲二がどんな経歴の持ち主で、なぜ「そんなところ」にいるのかというと……それが、よくわからないんだな。

最初の情報は〈昭和五十年の五月中旬に逮捕された私が、控訴する気力もなくし、一審の判決が確定して、小菅の拘置所から府中刑務所に送られたのは、もう秋のことでした〉というだけ。ようやく〈この辺で、ざっと私自身のことを申しあげておかなければなりません〉という言葉が出るのは最後の章。それも中身はごくあっさりしたものだ。

〈私は、昭和十二年の東京生れですから、戦争の終ったのが、当時国民学校なんていった小学校の二年の夏でした。／（略）日比谷高校に通う兄と、麻布中学に入った私を見て、父は満足のようでしたが、それも束の間、私は中学の二年生で、呆れたことに、早ばやとぐれにぐれてしまったのです。／父は呆れ果て、母はただ歎き悲しみ、姉は無言で気味の悪い虫でも見るように私を見詰め、兄は軽蔑をあらわにして私を無視しました。私は十六歳になると家に寄り付かなくなり、丸にAの字の、通称安藤組のバッジをもらって長い渡世《とせい》のスタートを切ったのです〉

麻布中学（当時もいまも、日本有数の東大合格率を誇る名門中高一貫校である）の二年生でぐれて、一六歳で安藤組に！　公式ホームページなどで後に明らかにされた安部譲二の人生はその後もアップダウンの連続なのだが、本書では全部はしょって、はい、この通り。

〈そしてそれから二十五年経ち、一時はそれでも、ヤクザとして可成《かなり》なところまで行った私でしたが、持って生れた性格の甘さを咎《とが》められ、この刑を受ける直前には、親分から破門を受けるという最悪のところに追い込まれていました〉

で、結局、彼が何をやらかしたかは謎なのだ。再犯というからには、その前にも何かやったのだろうけれど、それも謎。つまり安部譲二は、自伝を書こうとはまるで思っていないのである。獄中記的な体裁をとってはいても、彼がやりたかったのは、あくまでも刑務所見聞録であり、おもしろ交友録であって、彼の立ち位置はむしろゴシップ誌の記者に近い。であればこそ読者は著者に警戒心を抱くことなく、無責任にこの本を楽しめたのだ。

反社会的勢力に寛容だった時代

思えば、戦後の日本人は、極道というか暴力団、いわゆる「ヤクザ」に独特な恐れと親近感を抱いていた。高倉健主演の映画「網走番外地」や、菅原文太主演の「仁義なき戦い」の絶大な人気はその例証（どちらも原作は実話をもとにしている）。獄中生活への興味もそれと地続きだったのではないか。この本と同時期に、家田荘子『極道の妻たち』（一九八六年）がヒットしたのを見ても、八〇年代は極道への親近感が残る最後の時代だったように思われる。

しかし、九二年に暴力団対策法が施行され、二〇〇〇年代に都道府県で暴力団排除条例が次々制定されると、暴力団に対する寛容な風潮は一掃された。彼らは今日「反社会的勢力（反社）」と呼ばれ、いまや完全に排斥の対象である。

獄中記としては、その後、山本譲司『獄窓記』（二〇〇三年）が注目を集めたが、こちらは政策秘書給与の流用で実刑判決を受け、栃木県黒羽刑務所に送られた元衆院議員の、きわめて真摯なノンフィクションだ。「塀の中」の描写を娯楽として楽しみ、笑う余裕があったのは、「塀の外」の労働と「塀の中」の懲役には大きな差があると、みんなが思っていたせいだろう。人権の観点からいえば、ほんとは「塀の中」も「塀の外」も問題があるんだけどね。

名作度★★　使える度★★

安部譲二（あべ・じょうじ、一九三七〜二〇一九）——小説家。日本航空パーサー、クラブ経営、ノミ屋などさまざまな職につき、刑務所での実体験をもとにした本書で人気作家になる。著書に『塀の中のプレイ・ボール』『絶滅危惧種の遺言』など。

危険なアイドル製造プロジェクト
小林信彦『極東セレナーデ』●一九八七年／朝日新聞社・新潮文庫

業界ならぬギョーカイというおバカな言葉が、バブルの時代にはあった。

広告、出版、放送、映像、芸能などのちょっとスカした業種の総称で、「ギョーカイ人の男」は名刺を出すだけでモテるといわれた。往時の威光も今は昔。かつて花形職種だったマスコミはいまや「マスゴミ」などと呼ばれる始末である。トホホ。

小林信彦『極東セレナーデ』（一九八七年）はそんな八〇年代らしい「ギョーカイ」を描いた小説である。朝日新聞に連載されていたのは一九八六年一月〜八七年一月。こういう軽いノリのギョーカイ小説が朝刊に連載されていたのが、この時代だったのである。

ビジネスとしてのアイドルになる

主人公の朝倉利奈は一九六四年一二月生まれの二〇歳。短大の英文科を卒業後、あやしげなポルノ雑誌のアルバイト編集者になるが、雑誌は廃刊になり、四か月でリストラされた。『とらばーゆ』で仕事を探すも、これといった職もなく、ぼろアパートで貧乏暮らし。

その利奈に夢のような仕事が舞い込む。ニューヨークに滞在し、ショービズ関係の情報を集めてレポートを送れというのである。だがそれは表向きの理由。NYで利奈を待っていたのは予想外の展開だった。なぜか有名百貨店の「ジャパンフェア」のキャンペーンガールに抜擢されて、ショーが終わるや、「極東エージェンシー」の社員と名乗る人物に打診された。

〈「日本に帰ったら、会社にでもつとめる気持ちで、〈ビジネスとしてのアイドル〉をやってみないか。給料が良くて、休日は最低、週一日を保証する。ニューヨークにこられるような休暇も考える。つまり、歌手や女優になるためのプロセスとしてのアイドルではなく、期間をきめて、〈ビジネスとしてのアイドル〉をつとめるわけだ」〉

ええーっ！　このプロジェクトはすでに始動しており、利奈をNYに行かせたのも箔《はく》をつけるためだったという。ムッとしつつも、フリーライター志望の利奈は「めったにないチャンス」と考える。〈〈アイドル〉になり、映画に出演したとして、そのプロセスをノートにつけておけば、異色のノンフィクションができあがるのではないか〉

帰国した彼女は、こうして「知的なアイドル」への道を歩みだす。西麻布のマンションを与えられ、化粧品のキャンペーンガールに起用され、主演映画「危険を買う娘」は大ヒット。CMソングがヒットしてLP（大判のレコード）製作の話が進み……。

ま、あり得ない話です。あり得ない話なんだけど、バカげたカネを使ってバカげた商売を考える人たちが実際いたのも、この時代ではあった。そのうえ利奈の周りを固めているのがまた、いかにもギョーカイ然とした怪しいやつばっかりなんだ。

仕掛人の氷川秋彦は広告会社「極東エージェンシー」の企画部長と、タレント事務所「オフィス・グリフィン」の経営を掛け持ちする典型的なギョーカイ人。CMソングの作詞や映画のシナリオを担当する片貝米比古《かたがいよねひこ》は、放送作家で作詞家でDJでグルメ評論家でもあるという「新人類」。氷川の部下の伊吹兵助は腹に一物ありそうだし、氷川の元上司だった瀬川老人も意味ありげ。唯一利奈が気を許せるのは、エロ漫画家のアシスタントをやめ、「付き人」として彼女のマンションに同居するイラストレーター志望の大西比呂くらい。

舞台は一九八四〜八六年、すなわちバブル前夜である。東京とニューヨークを行き来しながら、物語は、パロディ感、フェイク感いっぱいに進行する。

なんだけど、それだけだったら、これはただの楽しいドタバタ喜劇小説だっただろう。物語が急展開するのは終盤、一一章においてである。その夜、利奈は氷川と神戸のポートアイランドで映画の成功を祝って祝杯をあげていた。ところが、ここで不吉なひと言。

〈そのころ、遠い土地で異変が起こっていた〉〈キエフから百三十キロほど北の町チェルノブイリでは、危機が迫っていた。チェルノブイリ原子力発電所の四号基——もっとも新しい原子炉が、制御不能におちいっていた。／「ニューズウィーク」によれば、ソ連以外の国が〈事故の兆候〉に気づいたのは、二日後の四月二十八日（月曜）である〉

どうする、原発安全キャンペーン

小説に実際の事件や事故が盛り込まれるのは珍しいことではない。しかし、小説の新聞連載中に起きた事故が、連載中の物語に反映されるのは稀だろう。チェルノブイリ原発の事故後、ほどなくして、元部下の伊吹から、氷川は打診される。

〈放っておくと、どんな反対運動が出てくるかわかりません。ここだけの話ですが、関係官庁と電力業界は、反対運動を防ぐために、できる限りの手を打つつもりです〉。ついては〈わが国の原子力発電は安全です〉と宣伝するポスターとパンフレットに朝倉利奈を起用したい。

渋る氷川に、極東エージェンシーの上層部からも圧力がかかる。

〈営業局としては、モデルが朝倉利奈、コピーが片貝、というベスト・メンバーを想定して、仕事をすすめている。パンフレットの文章も、片貝米比古が面倒を見てくれるらしい〉〈これはクライアントの要望だ。クライアントの声は神の声だからな〉

さあ、どうする氷川。そして利奈の運命は！

福島第一原発の事故（二〇一一年）の後、この小説を読み直した私はその先見性にあらためて舌を巻いた。右にいう「神の声」とは、通産省（現経産省）、資源エネルギー庁、電気事業連合会（電事連。全国の電力会社が加盟する組織）などを指す。

周知のように、日本の原子力行政は、安全キャンペーンに巨費をつぎこみ、電通を筆頭とする広告代理店と手を携えて推進されてきた。そして大きな事故があるたびに、広告費を増大させてきた。本間龍『原発プロパガンダ』（二〇一六年）によると、東京電力は、米国スリーマイル島の原発事故（一九七九年）の翌年に四三億円だった広告費を五三億円に、チェルノブイリ原発事故の翌年には、一二一億円だった広告費を一五〇億円に引き上げている。広告代理店にとっては「おいしい商売」である。多額の広告費が入るマスメディアとてそれは同じ。軽いノリを身上とするギョーカイが、じつは国策の手先だった！

『極東セレナーデ』はかかる現実をやんわりと暴き出す。文化人やタレントを積極的に活用した、巧妙な原発安全キャンペーンがスタートしたのが九〇年代だったことを思えば、不吉な未来を予言していたともいうべきかもしれない。

〈だって――日本の原子力発電は安全なんだもん〉というトンチキなキャッチコピーを考えて、最後までやる気満々だった「新人類」の片貝はともかく、氷川はにわか勉強して原発の安全性に疑問を持ち、意向を聞かれた利奈は〈原発問題って、正直なところ、わかんないんです〉とアイドルぶってはぐらかしつつ、やはり懸念を示した。〈ああいう大事故のあとで、原発大好き、みたいなキャンペーンを手伝っちゃうと、原発反対の人たちを敵にまわすことになります。そういうのって、アイドルのやることじゃないですね〉

後世だったら圧力がかかった？

『極東セレナーデ』が政治を巧みに回避しながらも反原発の姿勢を示せたのは、チェルノブイりの事故の直後で、ニュースの量が多く、世論も反原発に傾いていたからだろう。先にも述べたように、原発マネーはその後、めきめき増加を続け、二〇〇三年に東京電力のトラブル隠しが発覚した後は三〇〇億円近くまで膨らんだ。在京キー局のニュース番組のスポンサーになる、新聞や雑誌にタイアップ記事を出すなどの形で経営の根幹を握られたメディアでは、報道でも原発批判がタブー化する。二〇〇〇年代だったら、この小説にも圧力がかかったかもしれない。「それ、新聞小説にどうしても必要なプロットなの？」とかなんとか。

思えば「マスゴミ」という呼び方も、御用学者を重用した3・11後の曖昧な報道ゆえに貼られた不名誉なレッテルだった。『極東セレナーデ』は、虚飾に満ちたギョーカイのそんなうさん臭さを、茶化した視線ですでに十分に描きだしていた。八〇年代の小林信彦は、こうした茶化しやコカしの名人だった。朝倉利奈は引退した。邯鄲《かんたん》の夢と消えたアイドルの日々。まさに泡《バブル》。

名作度★★　使える度★★★

小林信彦（こばやし・のぶひこ、一九三二〜）——小説家・評論家。『ヒッチコック・マガジン』の初代編集長。テレビの放送作家をへて作家活動に専念。ミステリーから純文学、評論、書評まで幅広い活躍を続ける。著書に『うらなり』『日本の喜劇人』など。

過剰な「性愛と死」があなたを癒す

村上春樹『ノルウェイの森』●一九八七年／講談社・講談社文庫

群像新人文学賞を受賞した『風の歌を聴け』（一九七九年）でデビューして八年。一九八七年九月、上巻は赤、下巻は緑という鮮やかな装丁で、村上春樹『ノルウェイの森』は発売された。発売時のキャッチコピーは「１００パーセントの恋愛小説!!」。文庫も含めると、上下あわせて累計一〇〇〇万部を超える驚異のベストセラーである。この作品で村上春樹は日本一売れる作家、ひいては世界の村上春樹になったといっていいだろう。

もっとも、デビュー当時から村上春樹を読んできた文学ファンにとって、これは微妙な作品だった。世間の評判とは裏腹に、読書家の間での評価は必ずしもよくなかったのである。現実と幻想が一体となった村上春樹作品の中で、本書はいままでにない完全なリアリズム小説だった。はたしてそのことがもたらした効果とは……。

セックスの話ばっかりだな

〈僕は三十七歳で、そのときボーイング７４７のシートに座っていた。その巨大な飛行機はぶ厚

い雨雲をぐぐり抜けて降下し、ハンブルク空港に着陸しようとしているところだった〉

これが書きだし。着陸した機内で流れてきたのはオーケストラが演奏するビートルズの「ノルウェイの森」だった。そのメロディーは「僕」ことワタナベ・トオルを激しく動揺させる。そしてこの曲を引き金に、彼の意識は一八年前に飛ぶのである。

〈それは一九六九年の秋で、僕はもうすぐ二十歳になろうとしていた〉

一九六八年の春、東京の大学に入り、学生寮で新しい生活をスタートさせた「僕」は、中央線の電車の中で、直子と偶然再会する。直子は「僕」の親友だったキズキの高校時代の恋人で、三人はよくいっしょにすごした。しかし高校三年の春、キズキは死んだ。排気パイプにつないだゴムホースを車の中に引き込んで自殺したのである。遺書もなければ動機も不明。

放心状態のまま「僕」は高校を卒業した。

〈東京について寮に入り新しい生活を始めたとき、僕のやるべきことはひとつしかなかった。あらゆる物事を深刻に考えすぎないようにすること、あらゆる物事と自分のあいだにしかるべき距離を置くこと――それだけだった〉

そんな世捨て人状態の中で一年ぶりに再会した直子。二人は一年ほどつかず離れずの関係を続けるが、翌六九年の春、彼女の二〇歳の誕生日にはじめて寝た後、直子は東京のアパートを引きはらって実家のある神戸に帰ってしまった。七月に来た直子からの手紙には、彼女が大学を休学し、京都の山の中の精神科系の療養施設に入るつもりだと書かれていた。

〈あなたが一年間私のそばにいてくれたことについては、私は私なりに感謝しています。そのことだけは信じて下さい。あなたが私を傷つけたわけではありません。私を傷つけたのは私自身です。私はそう思っています〉

直子の不在で再び放心状態におちいる中、「僕」は新しい女友達を得る。大学の一級下の小林緑である。都内の小さな書店の娘だという緑はよくしゃべる快活な子で、冗談とも本気ともつかぬ性的な妄想を口にしては「僕」を戸惑わせる。こうして「友達以上恋人未満」ともいうべき直子と緑という二人の女性との関係性を軸に物語は進行する。

さて、この小説をどう読むか。一読しておそらく誰もが感じるのは、第一に「セックスの話ばっかりだな」であり、第二に「やたらと人が死ぬな」であろう。

それもそのはず。性と死、少し気取ったいい方をすれば、エロス（性愛または性の本能）とタナトス（死の衝動）。極端な話、『ノルウェイの森』はほとんどこの二つしか書いていないのだ。

「祭り」に背を向けた人々の物語

わかりやすい例が、冒頭近くで名指しされた「一九六九年の秋」の出来事だ。その日「僕」は京都の療養施設に直子を訪ねる。そこで、直子と同室でアラフォーのレイコさん（石田玲子）がギターで弾いたのが「ノルウェイの森」だった。この曲はつまり療養所ですごした三日間、より直接的には直子と共有した特別な時間に直結している。

〈「ねえ、ワタナベ君？」と僕の耳もとで直子が言った。／「うん？」／「私と寝たい？」／「もちろん」と僕は言った。／「でも待てる？」／「もちろん待てる」／「そうする前に私、もう少し自分のことをきちんとしたいの。きちんとして、あなたの趣味にふさわしい人間になりたいのよ。それまで待っててくれる？」／「もちろん待つよ」〉

ここで終わればどうってことはないのだが、直子はたいへん親切な娘で、〈今固くなってる？〉〈出してあげようか？〉と申し出た末、〈僕のズボンのジッパーを外し、固くなったペニスを手で握っ〉て「僕」の射精を手伝ってやるのだ。サービス過剰である。

性に対して過剰あるいは過敏なのは直子だけではない。緑は〈一回くらいちょっと私を出演させてくれない？　その性的な幻想だか妄想だかに〉などとしょっちゅう「僕」に迫るし、レイコさんの病が再発したのはピアノの教え子だった美少女に性的に弄《もてあそ》ばれたのが原因だった。一方、「僕」は、ゆきずりの女の子とすぐ寝るし、彼と同じ寮に住む東大生の永沢はセックスはゲームだとでもいうように七〇人以上と寝たと豪語する。

このような「過剰な性」と同時に作中に存在するのは「過剰な死」である。

キズキの自殺ではじまった物語は、直子の自殺で幕を閉じる。

偶然なのか、六九年は『二十歳の原点』の高野悦子が自ら命を絶った年でもあるのだが、本書における死者の多さはただ事ではない。直子の六歳上の姉もじつは直子が小学生の頃に一七歳で自殺している。一見快活な緑は二年前に母を脳腫瘍で亡くしており、同じ病の父を看取る過程にいる。脇役である永沢の恋人までもが後に剃刀《かみそり》で手首を切る。

ここに出てくる人たちは、みな広義の病人といってもいい。キズキの死から立ち直れない「僕」も、心を病んだ直子も、性的な妄想を語らずにはいられぬ緑もだ。

性と死にとらわれた彼らは外界との健康的な接触を拒絶し、政治にも社会にも関心がない。だから本書は六〇年代末の大学生の物語に見えない。〈大学は解体なんてしなかった。大学には大量の資本が投下されているし、そんなものが学生が暴れたくらいで「はい、そうですか」とおとなしく解体されるわけがないのだ〉が「僕」の認識だ。高野悦子とは逆に、『ノルウェイの森』は同時代の「祭り」に背を向けた人々の物語なのである。

〈死は生の対極としてではなく、その一部として存在している〉と太字で記されているのはなぜなのか。死の影から逃れるために性愛を求める。性愛へのこだわりが死を招き寄せる。性と死は常にワンセット。ラスト近く、「僕」とレイコさんが直子の葬式と称して寝るのは、直子の死という過去から脱するために必要な「儀式」だったと解するべきだろう。

絢爛豪華な『野菊の墓』

このへんがしかし、本書の評価が分かれる所以《ゆえん》なのだな。『羊をめぐる冒険』(一九八二年)や『世界の終りとハードボイルド・ワンダーランド』(一九八五年)のような手の込んだ世界とは逆。性と死という人にとってあまりにプリミティブな現象を描いたこの作品は、それまで春樹文学に親しんできた読者には一種の裏切りに見えた。しかし、であればこそ、こういうのは国籍や時代を超えて響く人には響くのだ。身近な人を失った経験、死の衝動にかられた経験がある場合は特に。『ノルウェイの森』がもたらすのは一種のカウンセリング効果である。

したがって、この小説がバブル期にベストセラーになったのは偶然ではない。世の中が浮かれていればいるほど、祭りから疎外された人々の孤独は深いからだ。

前にも述べたように、日本文学には繰り返しベストセラーになる物語のパターンがある（四九ページ参照）。『野菊の墓』（伊藤左千夫・一九〇六年）などに端を発する「若くして死んだ女を生き残った男が回想する物語」である。何人もの死者を配し、直子と緑という対照的な二人の女性を登場させ、未遂の行為も含め多様なセックスシーンを挿入することで読者サービスに努め、最終的にはプリミティブな感情に訴える。『ノルウェイの森』は『野菊の墓』の系統のもっともゴージャスな物語だったのではないか。そう考えると妙に腑に落ちるのだ。

名作度★★　使える度★★

村上春樹（むらかみ・はるき、一九四九〜）——小説家。一九八七年、本書が空前のベストセラーとなったことで国民的作家に。その作風や文体はのちの作家に大きな影響を与えた。著書に『世界の終りとハードボイルド・ワンダーランド』『ねじまき鳥クロニクル』など。

「みなしご」になった少女の回復の物語
吉本ばなな『キッチン』●一九八八年／福武書店・新潮文庫

村上春樹もだけれど、八〇年代後半の文学界は、吉本ばなな抜きには語れない。

一九八九年の年間総合ベストセラー・ランキングは、一位が『キッチン』、二位が『TUGUMI』、五位が『白河夜船』、六位が『うたかた／サンクチュアリ』、七位が『哀しい予感』で、ベスト10のうち、じつに半数の五冊を吉本ばなながが占めていた。受賞歴も華々しく、「ムーンライト・シャドウ」は八八年の泉鏡花文学賞を、『うたかた／サンクチュアリ』は同じく八八年の芸術選奨新人賞を、『TUGUMI』は八九年の山本周五郎賞を受賞している。芥川賞も直木賞も受賞できなかったのが、むしろ不思議なくらいである。

『キッチン』は、一九八七年に『海燕』新人文学賞を受賞した、吉本ばなな二三歳のデビュー作である。国内でベストセラーになり、英語、フランス語、スペイン語、イタリア語、ドイツ語、中国語、韓国語などに翻訳され、さらには九〇年代〜二〇〇〇年代を通じて中高生（の特に女子）に愛読されるロングセラーとなった。いったいなぜだったのだろうか。

アンやハイジの末裔だった

〈私がこの世でいちばん好きな場所は台所だと思う。／どこのでも、どんなのでも、それが台所であれば食事を作る場所であれば私はつらくない〉。これがよく知られた書きだし。

『キッチン』はひと言でいってしまえば、唯一の身寄りだった祖母を亡くし、天涯孤独となった主人公が、喪失から回復していく過程を描いた物語である。といっても文章は簡素、事実関係についても最低限のことしか語られない。たとえばこんな感じ。

〈私、桜井みかげの両親は、そろって若死にしている。そこで祖父母が私を育ててくれた。中学校へ上がる頃、祖父が死んだ。そして祖母と二人でずっとやってきたのだ。／先日、なんと祖母が死んでしまった。びっくりした〉

これ以上のことを語り手はとやかく説明しないのだ。広すぎる家にひとり残された彼女のもとに、同じ大学に通う一歳下の田辺雄一が訪ねてくる、そのくだりも以下のごとし。

〈「住む所、決まりましたか？」／「まだ全然。」／私は笑った。／「やっぱり。」〉という会話に続けて雄一はいった。〈母親と相談したんだけど、しばらくうちに来ませんか〉

こうして彼女は田辺家に転がり込むのである。雄一と生前の祖母が花屋のバイトと常連客の関係にすぎないことを思えば、いささか現実性を欠いた展開である。だけど、ばなな作品の場合、世の常識とか物語の整合性とかは、わりとどうでもいいのよね。

テキストの中心を占めるのは事実関係ではなく語り手の心象風景で、むしろ現実性を欠いた展開こそ、国境を超えて読者を獲得した要因かと思われる。単純な話、『キッチン』は世界中の女子に愛されてきた海外発の少女小説と設計がよく似ているのだ。

まず、主人公ね。翻訳モノの少女小説の主人公といえば「みなしご」である。『小公女』も『秘密の花園』も『あしながおじさん』も『赤毛のアン』も『ハイジ』も、両親を亡くした少女が未知の環境の中で健気《けなげ》に成長していく「みなしご」の物語だった。

『キッチン』も「みなしご」の物語である。桜井みかげが脈絡もなく田辺家に引っ越すのは、アンがプリンスエドワード島のマシュウとマリラ兄妹の家に置いてもらい、ハイジがアルムの山の祖父に引き取られるのと構図としてはいっしょである。

さらに、恋愛とは少しちがった男の子との関係。いくら母がいても、大学生のみかげと雄一が同居するとなれば、多少の葛藤があってもおかしくない。実際、物語にはみかげの元カレなる人物が登場し、〈田辺んとこにいるんだって?〉〈大学中の話題だよ〉と注進に及んだりもするが、肝心の雄一は意に介さず、修羅場にも発展しない。

こういう男女関係も、少女小説ではおなじみである。アンとギルバート（『赤毛のアン』）、ハイジとペーター（『ハイジ』）、メアリーとディコンないしコリン（『秘密の花園』）。『若草物語』のジョーとローリーを加えてもいい。少女小説に恋愛は御法度である。田辺雄一は「草食男子」を先取りしたような若者だし、料理好きではあるにせよ、みかげもまた今日でいう「女子力」の高い娘とはいえない。二人の間にあるのは友情か肉親の情に近いのだ。

お母さんはトランスジェンダー

もちろん『キッチン』の何もかもが、少女小説の型を踏襲しているわけではないですよ。ただ、オジサンたちが首をひねって解釈に苦慮した『キッチン』は、十代の女子にはわりと受け入れやすい物語だったという話。非現実的なことを彼女たちは気にしない。

非現実的といえば、誰より非現実的な人物が、雄一の母・えり子さんである。

えり子さんにはじめて会った日、みかげは彼女のあまりの美しさに息を呑む。〈肩までのさらさらの髪、切れ長の瞳の深い輝き、形のよい唇、すっと高い鼻すじ――そして、その全体からかもしだされる生命力の揺れみたいな鮮やかな光――人間じゃないみたいだった〉

〈みかげさん、うちの母親にビビった?〉と問う雄一。頷くみかげに〈だって〉と雄一はいった。〈整形してるんだもの〉〈「しかもさあ、わかった?」本当におかしくてたまらなそうに彼は続けた。「あの人、男なんだよ」〉。雄一がいうには、〈母が死んじゃった後、えり子さんは仕事を辞めて、まだ小さなぼくを抱えてなにをしようか考えて、女になることに決めたんだって。(略)半端《はんぱ》なことが嫌いだから、顔からなにからもうみんな手術しちゃってさ、残りの金でその筋の店をひとつ持ってさ、ぼくを育ててくれたんだ〉

してみると『キッチン』はLGBT小説のハシリだったのか!と一瞬思うが、今日の認識に照らせば、生活上の必要性から「女になった」というえり子さんの人物像は、肯定的に描かれているにせよ、トランスジェンダーの実態に即しているとはいえない。男に生まれた人が女になるのがどんなに面倒か、あなた、わかってる？

というような外野の声を『キッチン』はまるで気にしない。みかげが〈人間じゃないみたいだった〉と評しているように、えり子さんは性を超越した存在で、だからこそ三人の共同生活が成立するのである。仮に雄一が父と二人暮らしか、母と二人暮らしだったら、物語はもっと現実的で、生々しくなっただろう。

祖母の死で家族すべてを失ったみかげ。産みの母と（もしかしたら父も）失った雄一。妻を亡くし、自ら女になったえり子さん。喪失感を抱えた三人がひとつ屋根の下で暮らし、ひとつの食卓を囲んで食事をする。穏やかな彼らの暮らしの根に沈殿《ちんでん》するのは「死の影」である。そんな彼女を生の側に引き戻すのが、食事をつくる場としての台所なのだ。

現実性を欠いた設定と、大切な人を亡くした人物。九〇年代に入って村上春樹と吉本ばななが「世界文学」に昇格したのは、喪失からの回復、もっと単純化すれば「癒やし」という、よくいえば普遍的、悪くいえば俗情に訴える力を持っていたからだろう。

成熟を拒否する少女と少年

かくて続編の「満月——キッチン2」（『キッチン』所収）はまたもや唐突なひと言からはじまる。

〈秋の終わり、えり子さんが死んだ。／気の狂った男につけまわされて、殺されたのだ〉

おいおい、そんな大層な話をたった二行ですませるか？

だが、例によって物語は誰も大騒ぎすることなく淡々と進み、すでに田辺家を出ていたみかげが、母を二度も失って「みなしご」となった雄一を救う、という形で展開する。「喪失からの回復」というテーマが、もう一度、今度は雄一の側から繰り返されるのだ。

みかげと雄一は、年齢の割に成熟しているとはいいがたい、脱性化された少女と少年である。そこにえり子さんという、やはり性を超越した存在が加わる。

八〇年代は「女子大生ブーム」から「おニャン子クラブ」まで、若い女性の広義の「商品化」が急激に進んだ時代だった。性役割の押しつけに辟易していた十代の女子に、『キッチン』は解放感を与えたのではなかっただろうか。大人の男の批評家たちが寄ってたかって何をいおうと、彼女たちにはそんなの、どうでもよかったのである。

名作度★★　使える度★★

吉本ばなな（よしもと・ばなな、一九六四～）――小説家。一九八〇年代後半から九〇年代、新しい感覚の文体と人間関係の描写が若者を中心に爆発的な人気を集めた。著書に『TUGUMI』『とかげ』『白河夜船』など。

バブル期日本の過信と誤謬

盛田昭夫・石原慎太郎『「NO」と言える日本――新日米関係の方策《カード》』

●一九八九年／光文社

冷戦真っただ中の時代、レーガンの対ソ強硬策を強力に支持した中曽根康弘（八〇年代）。9・11後、ブッシュが仕掛けたアフガン攻撃やイラク戦争を、特措法をつくってまでバックアップした小泉純一郎（二〇〇〇年代）。――日本の対米従属ぶりは、いまにはじまったことではないものの、ドナルド・トランプに対する安倍晋三の態度もたいがいである。

アメリカファーストを掲げる商人・トランプに対し、安倍政権は武器を爆買いする上客、というかカモである。役に立たない地上配備型ミサイル迎撃システム・イージスアショアの配備計画は断念したものの、事故が絶えない垂直離着陸輸送機・オスプレイは一七機で三六〇〇億円。欠陥だらけでポンコツと噂されるステルス戦闘機・F35は一四七機（A型を一〇五機、B型を四二機）で総額一兆七〇〇〇億円。気前よすぎでしょ。

ことあるごとに「日米同盟は強化された」と強調する日米の首脳だが、日本政府が武器を爆買いするのは、貿易不均衡を緩和するためらしい。「うっとこの武器を買いなはれ。でないと、おたくの自動車の関税、上げたるで」。パシリの上に、日本はすでに金ヅルなのだ。

日本の先端技術が米ソを変えた

では、このころはどうだったのだろうか。

『「NO《ノー》」と言える日本』（一九八九年）。副題は「新日米関係の方策《カード》」。盛田昭夫と石原慎太郎の共著で、元号が昭和から平成に変わった年の大ベストセラーである。ソニーの会長で経団連の副会長だった盛田は当時六七歳。石原は当時五六歳。総裁選への出馬にも意欲を燃やすバリバリの自民党衆院議員だった。財界と政界をリードする二人が、米国にNOを突きつけているらしい、となれば、そりゃあみなさん興味を持ちますわね。

バックグラウンドに軽くふれておくと、ときは竹下登政権の時代。日米関係は貿易摩擦でギクシャクしていた。日本製の自動車や半導体が大量に輸出され、日本の貿易黒字は増大したが、アメリカは製造業の業績不振で、貿易赤字と財政赤字という「双子の赤字」に苦しんでいた。米国内の対日感情は悪化し、激しいジャパンバッシングが起きたのだが、バブル景気に浮かれる日本では「それもまた経済大国になった証し」くらいの受け止め方だった。

そういう時代の産物だと思うと、『「NO」と言える日本』はまことにおもしろい、というか恥ずかしい本である。大言壮語というか傲岸不遜というか、二人とも吹きまくっており、「人間、増長するとこうなります」という見本のようだ。

対談形式ではなく、二人のエッセイ（または談話？）をほぼ交互に並べる形でこの本は構成されている。それでは石原慎太郎のお山の大将発言からいってみよう。

石原はまず、八七年に米ソ（レーガン大統領とゴルバチョフ書記長）の間で締結されたＩＮＦ〈中距離核戦力〉全廃条約を話題にする。この条約は互いにとっての奇襲手段を放棄しようという軍縮策のひとつだが、石原によれば〈アメリカ人もロシア人も人道主義の観点からもやっと核兵器の危うさ無意味さに気がついたということでは決してない〉という。

では何が米ソを歩み寄らせたのか。

原因は〈軍事力の心臓部を握ってしまった日本の先端技術〉だと石原はいうのである。

現代は〈中距離弾道弾にしろ、大陸間弾道弾のＩＣＢＭにしろ、兵器としての精度を保証するのはコンパクトで精度の高いコンピューターでしかない〉時代であり、機材として何を採用するかというと、〈生産管理が著しく進んでいる日本でしかその提供はありえない〉。

〈要するに日本の半導体を使わなくては精度の保証ができなくなってきており、彼らがどんなに軍拡を続けたところで日本が、チップを売るのを中止する、と言えばどうにもできないところまできている〉〈技術が進歩すればするほどアメリカ人も、ロシア人も、何のことはない、その精度という点で、日本人のイニシアティブに頼らざるを得ないということになると、もうばかばかしいからよそう、ということになったのだろうと私は思います〉

日本の先端技術が米ソの軍事政策を変えたと彼はいうのだ。すげえ我田引水！

ジャパンバッシングの正体は人種偏見

一方、盛田昭夫は、物づくりの伝統を忘れてマネーゲームに走るアメリカに警鐘を鳴らし、日本製品はなぜ高品質で、なぜ売れるのかを解説する。

〈日本の産業力が強くなったのは、基礎技術については、確かに外国の物を使うことが多々ありますが、その基礎技術をどうしたら製品化できるかという点で世界をリードしてきたからです〉

加えて運命共同体にも似たすばらしい企業風土が日本にはある。

〈今、日本の大会社で社長になっている人は、昔、組合の委員長だった人がたくさんいます。（略）ですから、会社側が将来のためにこの利益をプールしたいとか、設備投資に回したいとか言えば、組合も無理は言わず、コンプロマイズ、妥協するところが発見できるのです〉

経営側と組合の麗しき連帯。『「甘え」の構造』『ジャパン アズ ナンバーワン』以来の日本神話だが、やっぱ発想が経営者。おめでたいわよね。

さて、ではそんな二人は、アメリカの日本叩きをどう考えるのか。

〈私は日本とアメリカのフリクション、摩擦のベースには、レイシャル・プレジュディスが頑として存在していると思います〉が石原の見解だ。レイシャル・プレジュディスとは人種偏見のこと。〈ちょうど今、白人が築いてきた近代文化が実質的な終焉の時期にさしかかっており、それが戦後白人の代表たるアメリカ人の焦燥感を一層駆り立てているのだ〉と彼はいう。〈日本を含めたアジアに対する偏見〉を是正しない限り、アメリカの〈自由主義圏でのリーダーとしての地位を維持できなくなっていくと思います〉。

石原慎太郎がアジア人への偏見に苦言を呈す。約一〇年後（二〇〇〇年）、都知事時代の石原が「不法入国した多くの三国人、外国人が非常に凶悪な犯罪を繰り返している」という「三国人発言」で非難囂々《ごうごう》になると思うと片腹痛い。一方、盛田昭夫は日本人にも反省を促す。〈なぜ日本人だけが叩かれるかというと、日本は国際化をしていないと言うとおかしいけれど、要するに〝郷に入っては郷に従え〟という、同化する努力を怠っている〉。人種偏見は〈われわれの努力によって解消する以外に方法はないと思うのです〉。

『ジャパン アズ ナンバーワン』（一九七九年）から一〇年。アメリカの社会学者に世界一と持ち上げられた日本は、自国の生産力と技術力を盾にアメリカに意見するまでになったのだ。本書がいう「NO」の真意をまとめれば、こうなるだろう。

〈今や、生産することを日本にまかせてしまっているアメリカは日本なしには、やっていけなくなってきています〉。だからこそ、理不尽な要求に対してはノーといわなければならない（盛田）。〈日本は、ハイテクという米ソの軍事力の心臓部を握る技術を押えているわけです〉。それなのに日本の外交は、そのカードを有効に使っていない（石原）。

中韓にNO、米国にはYES

豚もおだてりゃ木に登る。周知のように、バブル期、日本の資本はアメリカの不動産を買いまくっていた。強気の姿勢は概して危うい。自国の経済力を過信するさまは、国力を過信して無謀な戦争に突入した昭和戦前期の日本を彷彿させる。

現にその後の日本はどうなったか、GDP世界第二位の座は中国に明けわたし、かつて日本が誇った電子産業は韓国に大きく水をあけられた。石原慎太郎が外交カードとまでいい放った半導体産業は、日米半導体協定（八六年）と米国のファブレス（工場を持たない企業）の躍進で、九〇年代以降、大打撃を被った。この傾向は二一世紀にも続き、二〇一八年版の「科学技術白書」は、科学技術における日本の基盤的な力は急激に弱まったと認めるに至った。

かつて米国政府が日本を警戒したように、二一世紀の日本政府は国力をつけてきた中国や韓国を警戒し、日本叩きならぬ中国・韓国叩きに励んでいる。そして、アメリカには気前よく「YES」を出しまくっている。慢心はやはり未来を見誤らせるのだ。

名作度★　使える度★

盛田昭夫（もりた・あきお、一九二一〜一九九九）——実業家・ソニー創業者。独創的な製品の開発でソニーを世界的企業に躍進させた。著書に『学歴無用論』『Made in Japan』など。

石原慎太郎（いしはら・しんたろう、一九三二〜）——小説家・政治家。元東京都知事。一橋大学在学中に執筆した『太陽の季節』で芥川賞受賞、「太陽族」は流行語となった。著書に『弟』『化石の森』『生還』など。

一九九〇年代

利用された自尊史観
司馬遼太郎『この国のかたち』●一九九〇年／文藝春秋・文春文庫

経済人や政治家に愛読書を問うアンケート調査を行うと、司馬遼太郎は必ず上位にあがる作家である。少なくとも、少し前まではそうだった。

もちろん司馬は『竜馬がゆく』（一九六三〜六六年）、『国盗り物語』（一九六五〜六六年）、『坂の上の雲』（一九六九〜七二年）といった歴史小説で知られるベストセラー作家である。だが後半生はフィクション以外のジャンルでも健筆をふるい、独自の価値観に基づく歴史観は「司馬史観」と称され、日本の来《こ》し方《かた》行く末を語る「ご意見番」的な地位を確立した。

彼をそのような地位に押し上げた代表的な作品が、版元の編集者らが随行する大名旅行だったとはいえ自ら日本中を歩いて執筆した「街道をゆく」（『週刊朝日』で一九七一年から死去する一九九六年まで連載）であり、月刊誌『文藝春秋』の巻頭随筆として続けられた「この国のかたち」（一九八六年から、やはり一九九六年まで連載）であろう。「街道をゆく」が地理的な観察に根ざした随想なら、「この国のかたち」は歴史に取材した随想である。

自前の思想も英雄も持たなかった国

現在、『この国のかたち』は全六巻の文庫にまとめられている。第一巻に収められているのは、一九八六〜八七年に書かれた二四本の随筆だ。記念すべき第一回の書きだしは……。

〈――日本人は、いつも思想はそとからくるものだとおもっている。／と、私が尊敬する友人がどこかに書いていた〉

おおっと、いきなりシバリョー節だ。「……と誰それが書いていた」「……と言った人がいる」「……と聞いたことがある」など、伝聞の形で人に責任を押しつけながら断定的にモノをいうのが司馬の得意技なのだ。続きは、田村高廣《たかひろ》（NHKのテレビ番組「街道をゆく」で朗読を担当した往年の名優である）の声と口調を念頭にお読みいただきたい。

〈この場合の思想とは、他の文化圏に入りこみうる――つまり普遍的な――思想をさす。古くは仏教や儒教、あるいはカトリシズム、回教、あたらしくはマルキシズムや実存主義などを念頭においていい。／むろん、かつての日本がそういうものを生み出さなかったというのは、べつにはずかしいことではない。普遍的な思想がうまれるには、文明上の地理的もしくは歴史的条件が要《い》る〉

外から入ってきた思想に学びながらも、自前の思想を形成しなかった日本。だからダメだというのかと思いきや、この話は意外な方向に向かう。日本は〈ヨーロッパや中近東、インド、あるいは中国のように、ひとびとのすべてが思想化されてしまったというような歴史をついにもたなかった〉が、〈これは幸運といえるのではあるまいか〉。

思想を持たなかったかわりに、思想に憧れ、書物を愛した日本人。それは素晴らしいことじゃないかと、司馬は暗にいうのである。同様の趣向は第一巻の別の箇所でも開陳される。

〈「日本史には、英雄がいませんね」／と、私にいった人がいる。私が敬愛しているアメリカ人の学者で、この感想は正鵠《せいこく》を射ていると思った〉

と、まずシバリョー節でカマす。以下は再び田村高廣の声でどうぞ。

〈英雄とは、ヨーロッパや中国の近代以前にあらわれた人間現象のことで、たとえばアレクサンドロス大王や秦《しん》の始皇帝、あるいは項羽《こうう》と劉邦《りゅうほう》といった地球規模で自己を肥大させた人物をさし、日本史における信長、秀吉、家康という、いわば「統治機構を整えた」という人達を指さない〉。だからどうなのかというと、結論はやはり意外な方向に向かう。

〈世界史的典型としての英雄を日本史が出さなかった――というよりその手の人間が出ることを阻《は》みつづけた――というのは、われわれの社会の誇りでもある〉

これは一種、逆転の発想である。世界を支配するような思想も人物も生まなかった、小国としての幸運と誇り。小国であった日本の歴史を、彼はプラスにとらえるのだ。その瞬間、劣等感は優越感に変わる。名づけるならば「自尊史観」。歴史を俯瞰《ふかん》した物語性の高さにおいて、戦後延々と書き継がれてきた「日本人論」は、本書でとどめを刺された感がある。

ただ、司馬は日本の歴史をすべて肯定していたわけではなかった。

歴史修正主義に利用された司馬史観

俗にいう「司馬史観」とは、明治維新以来築き上げてきた近代国家が、日露戦争の勝利によって形相を一変させ、昭和に入って瓦解した、というものである。

〈昭和ヒトケタから同二十年の敗戦までの十数年は、ながい日本史のなかでもとくに非連続の時代だった〉と彼はいう。〈あんな時代は日本ではない。／と、理不尽なことを、灰皿でも叩《たた》きつけるようにして叫びたい衝動が私にある。日本史のいかなる時代ともちがうのである〉

日本の選択を誤らせたのは旧陸軍の参謀本部であり、参謀本部の将校らが牛耳る「天皇の統帥権」だった。明治憲法は三権分立を謳《うた》った。三権に「統帥権」は入っていない。だが、憲法の私的解釈によって「統帥権」はガン細胞のように独立し、〈昭和十年以後はあらゆる国家機関を超越する権能を示しはじめた〉。〈昭和十年以後の統帥機関によって、明治人が苦労してつくった近代国家は扼殺《やくさつ》されたといっていい。このときに死んだといっていい〉

この説は軽々に鵜呑《うの》みにはできない。司馬がいうほど明治の日本がよい時代だったのか。昭和戦前期は日本史のなかで、ほんとに「特異な時代」だったのか。実証性を重んじる歴史家の司馬評価は総じて厳しく、中村政則は司馬の歴史観を「鳥瞰史観」「大局史観」と呼び、「明るい明治／暗い昭和」の二項対立を批判しているし（『「坂の上の雲」と司馬史観』二〇〇九年）、司馬に好意的な磯田道史《みちふみ》も、司馬作品は人物の単純化が著しいので、読者には「司馬リテラシー」が必要だと述べている（『「司馬遼太郎」で学ぶ日本史』二〇一七年）。

司馬史観にはたしかに危うい点があった。実際、九六年に司馬が七二歳で他界すると、司馬史観は最悪の形で利用されることになったのである。

司馬が他界したのと同じ一九九六年、藤岡信勝＋自由主義史観研究会『教科書が教えない歴史』（産経新聞ニュースサービス）という本がベストセラーになったのをご存じだろうか。「自虐史観」という言葉を流行させる元凶になった一派の本である。

その巻頭言で、藤岡信勝は胸を張る。〈私たちの考えでは亡くなった司馬遼太郎さんの「司馬史観」も自由主義史観と同じ立場にあります。「国家像や人間像を悪玉か善玉かという、その両極端でしかとらえられない」歴史学を司馬さんは批判しました〉

「自由主義史観」という一見中立的なネーミングを用い、司馬史観の正当な後継者を標榜していた彼らは、翌九七年「新しい歴史教科書をつくる会（つくる会）」を発足させ（後に分裂）、日本の植民地支配や侵略戦争の正当化に向かった。南京大虐殺はなかった、慰安婦の強制はなかった、関東大震災時の朝鮮人虐殺は捏造である、などと主張する「歴史修正主義」は、ここから広がったと考えていい。その後台頭した「ネトウヨ（ネット右翼）」の源流である。

ナショナリズムは眠らせておくべき

『この国のかたち』のなかでも、司馬は時代のイデオロギーで変化する「善玉・悪玉」史観を批判しているし、〈昭和十年から同二十年までのきわめて非日本的な歴史を光源にして日本史ぜんたいを照射しがちなくせ〉に疑問を呈してもいる。だが、学徒出陣で満州（中国東北部）に送られた体験を持つ司馬は、先の戦争も当時の価値観も、徹底的に嫌悪し、否定していた。〈「司馬さんには、昭和の戦争時代が書けませんね」／と、いつだったか、丸谷才一氏にいわれたことがある。／なさけないが、うなずくしか仕様がない〉

戦争を客観視できなかった司馬は、こうも書いている。〈ナショナリズムは、本来、しずかに眠らせておくべきものなのである。わざわざこれに火をつけてまわるというのは、よほど高度の（あるいは高度に悪質な）政治意図から出る操作というべき〉だ、と。

はたして修正主義者らは、司馬の存命中にも後継者面《づら》ができただろうか。

興味深いのは、バブル期に当たる八七年の時点で〈日本はやがて衰弱するのではないか〉と司馬が書いていることである。実際その後の日本は、経済的にも思想的にも衰弱に向かった。その一端を、曲解も込みで司馬の「自尊史観」が担ったのだとしたら、なんと皮肉な話だろう。

名作度★★　使える度★★

司馬遼太郎（しば・りょうたろう、一九二三〜一九九六）――小説家。幕末から明治初期にかけての変革期の人間像を、「司馬史観」とよばれる新鮮な解釈で描いた歴史小説で国民的人気作家となった。著書に『竜馬がゆく』『坂の上の雲』など。

バブル崩壊期の典雅な寝言

中野孝次『清貧の思想』●一九九二年／草思社・文春文庫

一九八五年のプラザ合意に端を発する「バブル景気」は、八六年一二月から九一年二月まで続いた空前の好景気を指す。地価が高騰し、財テクがブームとなり、就職戦線は売り手市場。だが、九〇年一月に株価が暴落に転じると、崩壊までも早かった。

中野孝次『清貧の思想』(一九九二年)がベストセラーになったのはそんな時代だ。ちなみに私はリアルタイムでは読んでいない。どうせつまんない自己啓発書でしょ、くらいの認識だった。実際に読んでみれば「つまんない自己啓発書」ではなかった。なかったが、別の衝撃を受けた。こ、これもその種の本だったのか。

「その種の本」とはすなわち、『菊と刀』『タテ社会の人間関係』『日本人とユダヤ人』『「甘え」の構造』などの系譜に乗り、『この国のかたち』で打ち止めかと思われた、あの「日本人論」である。私はべつに日本人論が好きなわけではない。どちらかといえば敬遠したい口である。あぁ、それなのに、なぜか中古典を読もうとすると、しばしばその種の本に出くわすのだ。

『気くばりのすすめ』の高級版？

〈わたしがこれから語ろうとする話は、日本でもいまではあまり聞かれなくなったが、たしかにかつてこの国に生きていた人たちの物語である〉

という思わせぶりな書きだしで本書ははじまる。

そこに込められた思想は次の一文に凝縮されていよう。

〈わたしは、現代の日本のビジネスマンが海外で「かれらは金の話しかしない、すべての価値を金で計ることしか知らない」などと評判を立てられているらしいのを、まことに残念なことと思わずにはいられないのである。紳士というものは社交の席で絶対に金銭の話なぞしないものである〉。そしてご想像の通り、意識は過去の日本に飛ぶ。

〈日本人はかつては決してそうではなかった。かつてはかれらも人前で金銭の話をするのを卑しみ、なによりも名誉を重んじ、高潔にふるまうことを尊んだ。天下国家を論じるときは日ごろ考えることを最も率直に披露し、見識ある人物を重んじ、利得しか念頭にない者を軽蔑したと、わたしはかねがね思うものだから、こうして遠い昔の本阿弥《ほんあみ》一族の話なぞをしているのである〉

はい、ここだけ読めば、あとは読まなくていいです。

というような本ではある。「いまの日本人をいましめる」点では、『気くばりのすすめ』の高級バージョン。どこが高級かといえば、固有名詞が文人寄りの点ですかね。

個々のエピソードは特におもしろいものでもないので割愛するが、I章の登場人物をざっと眺めるだけでも渋さが光る。本阿弥光悦《こうえつ》（江戸前期の芸術家）とその母・妙秀《みょうしゅう》。『方丈記』を著した鴨長明《かものちょうめい》（鎌倉初期の歌人・随筆家）。良寛《りょうかん》（江戸後期の僧侶・歌人・書家）。池大雅《いけのたいが》（江戸中期の文人画家）。与謝蕪村《よさぶそん》（江戸中期の俳人）、橘曙覧《あけみ》（江戸後期の歌人）、『徒然草』の著者・吉田兼好《けんこう》（鎌倉後期の随筆家）。松尾芭蕉《ばしょう》（江戸前期の俳人）、西行《さいぎょう》（平安末期の僧侶・歌人）。

〈八〇年代後半から九〇年初めにかけてすべてバブルだったということになっているけれども、過去数年財テクなどといういやな言葉が横行し、猫も杓子《しゃくし》も株をやって財テクをしないのは人ではないような風潮があった〉と中野は嘆く。そして礼々しく対照的な例を出すのである。

〈そんな風潮が現代の風だとすれば、良寛はまさにそれとはまったく反対の生き方をした人で、生涯金なぞにはまるで無縁、住まうところは草庵《そうあん》で、乞食をして暮した人だ〉

拝金主義をいましめ、先人の逸話を語り、豊かな精神文化を求めよと説く。

ま、バブル崩壊直後にピッタリの本ですよね。そりゃあベストセラーにもなるわけだわ。で終わってもいいのだが、それだと『清貧の思想』について語ったことにはならない。じつはこれ、見かけ以上に原点に近い「日本人論」なのだ。

じつは外国人向けの本だった

本書のそもそもの執筆の動機は、「まえがき」と、Ⅱ章の冒頭で書かれている。

〈いま国外旅行をすると、どの国でも日本及び日本人に対する関心が高いように感じられる。むろん理由の第一は、クルマ、電気機器、エレクトロニクス、時計、カメラなど、日本製品の大量進出にあるだろう〉。しかし、国外旅行で耳にするのは悪口ばかり。いわく、金の話しかしない。いわく、文化に関心がない。いわく、自国の歴史に無知だ。〈そういう意見を聞かされるたびにわたしは情なくなり、かれらの言い分をある面では認めざるをえないのが口惜しく〉〈日本人は昔からそんな人間ばかりじゃないのだ、日本人にはまったくそれとは違う面があるのだ、と話して来た〉。それが『清貧の思想』だというのである。

外国人に向かって日本文化の何たるかを語る。これは日本人論のルーツというべき、内村鑑三『代表的日本人』(一八九四年)、新渡戸稲造『武士道』(一八九九年)、岡倉天心『茶の本』(一九〇六年) なんかと同じ発想だ (以上の本は英語で書かれている)。

論の運びも『武士道』に似ていて、Ⅱ章には外国人の名が並ぶ。タゴール (近代インドの詩人・思想家)、エーリッヒ・フロム (ドイツの社会心理学者)、エックハルト (中世ドイツの神秘主義思想家)、アッシジの聖フランシスコ (一三世紀イタリアの聖職者)。そして説くのだ。良寛と聖フランシスコは〈「貧しくあること」を重要なモメントとし〉た点で同じだと。

たしかに日本人はもともと「清貧」が好きである。質素倹約、質実剛健、シンプルライフなど、「節約の美徳」は常に推奨されてきた。この時代はまた、エコロジーやリサイクルへの関心が高かった。中野孝次も書いている。リサイクル運動など〈わたしの母の世代の者なら、なぜいまさらそんなことを、と思ったことでしょう〉。

問題はしかし、いまもこの本が通用するかどうかである。正直、私はかなり白けた。

第一の理由は、この後の日本経済の衰退をやはり考えずにはいられないからだ。バブルがはじけたといっても、九二年の時点での著者や読者は、まさかこの後「失われた二〇年」と呼ばれる長い不況の時代が訪れるとは予想もしなかっただろう。産業の空洞化が進んで日本の製造業が壊滅的な状態に陥るとも、二一世紀に「格差社会」と呼ばれる新たな階級社会が到来し、「清貧」どころか「貧困」が社会問題化するとも、想像していなかったのではないか。拝金主義に眉をひそめていられるのは、やはり「豊かな時代」だからなのだ。

第二の理由は、まさに「清貧の思想」に、その後の経済政策と合致する点があるからだ。九〇年代後半以降の政府は「財政の健全化」をうたって緊縮財政路線に舵を切り、とりわけ二〇〇一年に発足した小泉純一郎政権は、構造改革、規制緩和、小さな政府などを標榜する新自由主義経済への道を走りだした。緊縮財政とは「節約の美徳」の国家版にほかならない。自分で自分の首を絞めるとも知らず、多くの人が緊縮財政を支持したのは、「清貧の思想」に染まっていたせいではないか。あるいは政府が国民の「清貧の思想」につけ込んだのか。

為政者に都合のいい思想

いいがかりだ、といわれればその通り。でもさ、やっぱり気になるわけよ。

〈日本人は今とかく金銭欲、物欲、所有欲の権化《ごんげ》のように見られがちでありますけれども、日本文化はもともとはそういう欲望とまったく無縁な、むしろそれらの欲望の否定の上に成立って来たものだったのです〉。こういう思想は、為政者に利用されやすいのである。戦時中の「贅沢は敵だ」がそうだったでしょ。貧困を「自己責任」に帰する現代もそう。

『武士道』や『茶の本』が書かれたのは、日本が軍事的な国際デビューを果たした日清・日露戦争の時代。『清貧の思想』が書かれたのは、日本が経済進出を果たした後の時代。評判の悪い自国を擁護すべく、日本の伝統的な精神文化を紹介する。しかし、人が「衣食足りて礼節を知る」のだとすれば、衣食を足らせるほうが先だろう。

しかし中野孝次はいうのである。〈物の過剰の中でわれわれの生が決して充実しないことを知った現在こそ、生産とか所有とかを根本から見直す好機だろうと、わたしは思っている〉

ああ、麗しき清貧。でもやっぱ、それって「持てる時代」「持てる者」の寝言よね。

名作度★　使える度★

中野孝次（なかの・こうじ、一九二五〜二〇〇四）——独文学者・小説家・評論家。カフカやギュンター・グラスなどの翻訳も手がける。著書に小説『暗殺者』、エッセイ『ブリューゲルへの旅』『ハラスのいた日々』など。

夢のような時間とその代償

ロバート・ジェームズ・ウォラー『マディソン郡の橋』

●村松潔訳／一九九三年／文藝春秋・文春文庫

こんな本があったこと、そういえばころっと忘れていた。

ロバート・ジェームズ・ウォラー『マディソン郡の橋』（村松潔訳・一九九三年）。原著が米国で出版されたのは九二年。世界中でベストセラーになり、日本でも大ヒット。クリント・イーストウッド監督&主演で映画化（相手役はメリル・ストリープ）されたのは九五年だ。

といっても当時の私はベストセラーをひそかに軽蔑していたし、まして恋愛小説は興味の対象外だったから、読んだのは文庫化後、それもずいぶん後になってからである。しかし、四半世紀を経たいま読み直すと、なかなか興味深い物件とはいえる。

おとぎ話のような四日間

中高年男女の恋愛小説だということは、すでにみなさまご存じだろう。

〈これからお話しする物語は、フランチェスカ・ジョンソンの日記の内容をもとに、マイケルとキャロリンの助けを借りて書いたものである〉。いかにも「これは実話ですよ」といわんばかりの、そんな長い前置きから、物語ははじまる。

主人公のロバート・キンケイドは『ナショナル・ジオグラフィック』で仕事をする五二歳のカメラマン兼ライター。九年前に離婚しており、子どももいない。

もうひとりの主人公・フランチェスカ・ジョンソンは四五歳。イタリアのナポリに生まれ、女子高校の教師をしていたが、先の大戦後、二五歳で復員兵のリチャードと結婚して渡米したイタリア系移民。主婦として農場を営む夫を支え、二人の子どもを産み育てた。息子のマイケルは一七歳、娘のキャロリンは一六歳、町の高校に通っている。

一九六五年八月一六日月曜日、この二人がフランチェスカの家の前（アイオワ州マディソン郡ウィンターセット）で出会うのだ。そこは屋根つきの橋で有名な土地で、橋の撮影に来たロバートに、フランチェスカが道を教えたのがキッカケだった。まことに都合よく、フランチェスカの家族はイリノイ州の農産物共進会に出かけて、家を留守にしていた。

その日はフランチェスカがロバートを夕食に招いただけで終わったが、翌朝、ロバートが橋の撮影に行くと、一枚の紙が鋲《びょう》でとめてある。フランチェスカが残したメモだった。

〈「白い蛾が羽をひろげるとき」もう一度夕食においでになりたければ、今夜仕事が終わってからお寄りください。何時でもかまいません〉

その日、つまり火曜日に、フランチェスカは町でピンクのドレスとワインとロウソクを買った。日没後、ロバートが橋の写真を撮る姿をそばで見つめ、二人はビールを飲み、ロウソクの灯りの中でダンスをし、そのまま情熱的な一夜をすごした。

水曜日と木曜日も二人ですごし、高級レストランにも行った。

〈わたしといっしょに旅をしよう、フランチェスカ〉と誘うロバート。フランチェスカは答えた。〈わたしにはここでの暮らしに対する責任があるんです〉

金曜日の朝、フランチェスカの家族が戻ってくる前に、二人は別れた。

以上が「四日間の恋」の顚末《てんまつ》である。いやあ、ほとんどおとぎ話だ。

ロバートは長い髪を風になびかせ、首に銀のチェーンをし、しかも芸術を語る男で、〈芸術への情熱を殺してしまうのはマーケットです〉なんて言葉をシレッと口にするのである。そんな男が撮影機材を載せたピックアップトラックを駆って、突然田舎町に飛来したのである。まるで「白馬の王子」のように。退屈な毎日を送る農家の主婦としては、そりゃあピンクのドレスの一枚も買いたくなるさ。この五二歳の王子がまた、いうときゃいうんだ。

〈ぶしつけかもしれないけど、あなたはすごくきれいだ。わめきながらめちゃくちゃに町中を走りまわりたいほどきれいだ。わたしは真面目に言ってるんです。言葉のいちばん純粋な意味で、フランチェスカ、あなたはとてもエレガントですよ〉

キャーッ、ドレスを買ったかいがあったじゃないの、フランチェスカ。

他方、ロバートの側からいうと、旅をしながら写真を撮っているくらいだから、たぶん彼は都会の水が合わなかったのだろう。着飾った若い女も、仕事ができる中年女性も見慣れていたはずだ。そんな男の前にですよ、風景を撮るためだけに訪れた田舎町でですよ、白いシャツとジーンズ姿の、若くはないが知性を感じさせる女性が忽然《こつぜん》と現れたのである。その女性に家庭料理なんか振る舞われた日には、そりゃイチコロでしょうよ。

耐える女が美しい

さて、しかしもしこれだけだったら、本書はここまでヒットはしなかっただろう。『マディソン郡の橋』が他の恋愛小説と一線を画している点、それは時間を利用していることだ。実話然とした前置きに加え、物語自体も六七歳の誕生日（一九八七年）に、フランチェスカが二二年前を回想する形式で語られている。つまりこの恋には後日談があるのだ。

六五年九月一〇日、ロバートから二枚の写真と手紙が送られてきた。以来フランチェスカは『ナショジオ』を定期購読し、誌面を通じて徐々に年老いていくロバートの姿を見守ってきた。だが、七五年を境にロバートは誌面から消え、七九年、夫のリチャードが死んだのを機にかすかな期待をもって『ナショジオ』に連絡すると、彼は消息不明だとわかった。

八二年二月二日、小包が届いた。差し出し人はロバートの遺産管理を委託された法律事務所で、そこにはフランチェスカ宛ての手紙、銀のチェーン、カメラ一式、そしてあの日彼女が橋に残したメモが入っていた。ロバートは六九歳で死去し、遺灰はあの橋の近くに散骨されたという。

〈ああ、ロバート……ロバート……ひどいわ〉

この小説はつまり、二二年の歳月という長い時間を最強のスパイスとして成立しているのである。物語にはしかも、さらに後日談があって、二年後の八九年にフランチェスカがロバートと同じ六九歳で死んだこと、遺灰は橋の付近に撒《ま》かれたこと、母の死後にすべてを知った娘のキャロリンと息子のマイケルが、作家の「わたし」に執筆の依頼をしに来たことまでが、明かされている。ああ、四日間の思い出を胸に、灰になってやっと結ばれた二人！

純愛といっても、まあ不倫は不倫ですからね。読者を納得させ、二人への同情を誘い、涙腺を決壊《けっかい》させるには、二重三重の仕掛けが必要だったのだろう。

独身の男と人妻の恋。文学史的にいえば、『マディソン郡の橋』は一七世紀ヨーロッパの、『クレーヴの奥方』に端を発する「姦通《かんつう》小説」の系譜を継いでいる。

『チャタレイ夫人の恋人』（ロレンス）のような例外はあるにしても、姦通小説はほぼハッピーエンドにはならない。ヒロインが人妻である以上、情熱だけでは突っ走れないし、仮に突っ走っても待っているのは倦怠《けんたい》か幻滅だけ。なので多くの姦通小説はヒロインの死で終わる。『ボヴァリー夫人』（フローベール）も『アンナ・カレーニナ』（トルストイ）も、ヒロインは恋愛の一歩先に踏み出して、結局は命を落とす。『マディソン郡の橋』はどうか。

フランチェスカはその後、二〇数年も生きた。四日間の思い出があったから、退屈な日々に耐えることができたともいえるだろう。だがその歳月はあまりにも長い。耐える女が美しい。いい思いをしたんだから、そのくらいの代償は払って当然って話ですよね。

心の中で思うだけにしておきな

二人が四日間をすごした一九六五年は、ジョンソン米大統領が北爆（北ベトナムへの爆撃）を開始し、ベトナム戦争が本格化した年である。一方、本書が発表された一九九二年は、湾岸戦争とソ連の崩壊による東西冷戦終結直後で、先行き不安な時代だった。日本も同じで、バブル景気はすでにはじけ、先の見えない時代がはじまろうとしていた。

高齢化社会の反映か、この後も中高年の恋愛小説は次々にヒットした。渡辺淳一『失楽園』（一九九七年）、ベルンハルト・シュリンク『朗読者』（二〇〇〇年）、川上弘美『センセイの鞄』（二〇〇一年）。『マディソン郡の橋』は中高年の恋愛を肯定し、応援しているようで、そのじつ「冒険はやめときな」「心の中で思うだけにしておきな」と釘を刺す。時代の変わり目に出現した、超保守的な姦通小説。祭りの後の長い停滞の時代のはじまりを、暗示しているかのようだ。

名作度 ★★　使える度 ★★

ロバート・ジェームズ・ウォラー（Robert James Waller、一九三九〜二〇一七）――小説家。北アイオワ大学商学部経営学教授在任中に本書を執筆。四〇か国語に訳され、一二〇〇万部を超える世界的ベストセラーとなった。著書に『スローワルツの川』など。

あとがき

本書の元になったのは紀伊國屋書店のＰＲ誌『scripta（スクリプタ）』の連載「中古典ノスゝメ」である。

連載がスタートしたのは二〇〇六年。『scripta』は季刊誌なので、発行されるのは年四回。よって、まさかこの連載がまとまって単行本になる日が来るとは思ってもみなかった。しかし、石の上にも一四年、塵《ちり》も積もれば山となり、気がつけば、優に本一冊分の原稿がたまっていた。

連載というものは、たいていあたふたと進む。締め切りの直前であたふたと本を決め、締め切りをすぎてからあたふたと原稿を書く。計画的にはじめた仕事ではなかったので、選んだ本はアトランダム。そのときどきで「よっしゃ、次はあの本にすっか」とノリで決めただけである。

それでもこうやって年代順に並べ直すと、時代ごとの色彩がそれなりに出るのがおもしろい。六〇年代の本はまだ近代をひきずっている感じだし、七〇年代は反省モードが目立つ半面、新しい時代の胎動も感じさせる。そして八〇年代はなんとなく強気で、なんとなく浮かれている。それが九〇年代に入ると、急に地味に小さく行こう、みたいな話になる。

単行本化するにあたり、結局ほとんど本を読み直し、原稿も書き直すことになった。一四年の間に世の中は進み、同じ本でも二〇一〇年に読んだのと、二〇二〇年に読むのとでは、気分がやっぱり違うのだ。

二〇一一年の東日本大震災と福島第一原発の事故は、人々の意識を変え、本の読み方も変えた。二〇二〇年はおそらく、新型コロナウイルス感染症（COVID−19）の年として記憶されるはずである。世界中が未知のウイルスを前に、都市を封鎖し、交通を遮断し、経済活動をストップさせた。日本でも緊急事態宣言が出され、人々は家に閉じこもらざるを得なくなった。

そんな状況の中で注目を集めたのが、カミュ『ペスト』（一九四七年）であり、デフォー『ペストの記憶』（または『ペスト』。一七二二年）であり、小松左京『復活の日』（一九六四年）であり、ボッカチオ『デカメロン』（一三五三年）である。『デカメロン』は一四世紀のイタリアで、ペストが流行するフィレンツェの街から逃れた人々が物語を語る、稀代のステイホーム文学だ。

たとえ大災害に見舞われても、疫病が世界を覆い尽くしても、人は何かしら古典や中古典を探し出して読む。それが人類の健全な営みってものである。

単行本化にあたって、連載中は五ツ星だった評価を三ツ星に改め、評価の基準も明記した。また、連載中は、紀伊國屋書店（当時）の藤﨑寛之さんと、同じく紀伊國屋書店の有馬由起子さんのお世話になった。記してお礼を申し上げたい。

二〇二〇年七月二〇日

斎藤美奈子

＊本書は、『scripta』一号から五五号（二〇〇六年一〇月〜二〇二〇年四月）の連載「中古典ノスヽメ」から四七本を選び、大幅に加筆修正したものです。橋本治『桃尻娘』の初出は、「（桃尻語で語る）『桃尻娘』がいた頃」『追悼総特集　橋本治（文藝別冊）』（河出書房新社）。

＊引用文は〈　〉で示し、適宜読み仮名を追加しました。

斎藤美奈子（さいとう・みなこ）
一九五六年新潟県生まれ。文芸評論家。児童書等の編集者をへて、九四年に文芸評論『妊娠小説』でデビュー。二〇〇二年『文章読本さん江』で、第一回小林秀雄賞受賞。他の著書に、『紅一点論』『本の本』（以上、ちくま文庫）、『文庫解説ワンダーランド』『日本の同時代小説』（以上、岩波新書）、『名作うしろ読み』『吾輩はライ麦畑の青い鳥　名作うしろ読み』（以上、中公文庫）など多数。

中《ちゅう》古《こ》典《てん》のすすめ

二〇二〇年九月一〇日　第一刷発行

著者　斎藤美奈子

発行所　株式会社　紀伊國屋書店
東京都新宿区新宿三－一七－七
出版部（編集）電話〇三－六九一〇－〇五〇八
ホールセール部（営業）電話〇三－六九一〇－〇五一九
〒一五三－八五〇四　東京都目黒区下目黒三－七－一〇

校正・校閲協力　鷗来堂

印刷・製本　シナノ パブリッシング プレス

ISBN978-4-314-01152-5 C0095 Printed in Japan
定価は外装に表示してあります